愛の思想史

愛の思想史

愛の類型と秩序の思想史

金子晴勇著

知泉書館

序文

愛はわたしたちの日常生活の中で人間関係を満たしている。文化を広義に生活様式として捉えるならば、国々にも個々人にも多様な愛の働きがあり、そこから独自な文化が生まれている。そこにはさまざまな愛が生みだす価値感覚にもとづいた生活が営まれており、この愛から特色ある社会や人格が理解される。このような愛の生ける生命を明らかにするためにわたしたちは愛の領域をこれまで考えられたよりもいっそう広げて考えてみよう。

総じて愛の働きには何かを選択する意志の作用が含まれている。何かを選び取るというのは価値の選択を意味しており、愛が大切に感じるものをまず先取すると、その他のものは後置されることになる。こうした先取と後置が繰り返されて生活に一定の方向性が定まるに伴って、心の基本的な態度や価値感覚が明瞭に備わってくる。こうした態度と感覚にもとづいて、人間関係は愛によって隅々まで色濃く染められるようになる。したがって愛の作用は日々の選択によって目標を設定したり、他者関係を具体的に規定している。

さて、一般的に言ってわたしたち日本人はこれまで「愛」ということばを「恋愛」という男女の性的領域に限定して考えてきた。ここではこれをもう少し広げて、人間関係の全領域に適用させて考えてみたい。なぜなら、人間関係の全領域は愛によって満たされているからである。つまり愛は身近な人たちとの間に家族愛や友愛また恋愛として生じているだけではなく、祖国愛・学問愛・真理愛・神への愛という実に遠大な存在や理念に向かっても働いている。このように愛を広い意味で考えることはこれまでも行なわれてきた。たとえば、儒教の立場から伊藤仁斎などは徳の根本である「仁は畢竟愛にとどまる」とまで説いていた。もちろん当時の江戸町民には、愛は単に愛欲として感じられたに過ぎなかった。だが、自然のままでの愛欲は奔放になりやすく、生活が乱れ、危機的な状況を来したので、儒教精神によって五倫（君臣有義、父子有親、夫婦有別、長幼有序、朋友有信）、五常（仁・義・礼・智・信）の教えが社会生活の秩序として導入されはじめ、明治に入っても支配的な指導理念であり続け、昭和の前半まで維持されてきたのであった。こうしたことから二つの問題が浮かび上がってくる。

第一に、江戸時代における自然主義的な愛の理解は、永く命脈を保っており、明治に入って西欧文化の影響を、とくにキリスト教の影響を受けたにもかかわらず、日本文学では「愛」ということばで、男女や夫婦の「恋愛」が考えられており、広い意味で人間関係を表現する「愛」、さらに仏教の慈悲やキリスト教的な神の愛に見られる宗教的用法も人々の間に行き渡らなかった。これが第一の問題点である。また確かに「恋愛」が広義の「愛」に含まれてはいても、わたしたちは二つのことばの意味を明確に区別しないまま用いてきた。それでは人間生活の中でいかなる性質の愛が芽生え、生活に意味と充実を与える思想が形成され、愛の類型が出てきたのであろうか。したがって多様に形成されてきている愛の類型を思想形成という観点から一度整理しておかなければならない。

第二に、一つの時代の文化が成熟し爛熟すると、それまで支配的であった道徳が無力となり、いたる所で人間関係の破綻が生じてくる。これに対し江戸時代には先の五倫五常の教えが社会的規範として説かれた。これはさまざまな愛の類型を統一しようとする試みであった。五倫五常の教えは日本における「愛の秩序」の教えにほかならず、頽廃的な文化現象に対抗する新しい生活の秩序の確立を試みたものといえよう。では精神的にも社会的にも混沌とした現代の状況にあってどのような愛の秩序が新たに提起されなければならないのであろうか。これが第二の問題点である。

わたしたちはこれらの問題点を考えるに先立ってあらかじめ「秩序」について理解しておかなければならない。

どのような時代においても解決しなければならない問題は山積しており、中でも人間関係には絶えず解決が迫られながら、簡単に一件落着にならないケースが多いのではなかろうか。この事態の根源には人間の本性的な存在が関係しているように思われる。つまり人間は本能的衝動と理性とのダイナミックな統一体であるがゆえに、動物のように本能に従う生活によって生命の秩序に服しているだけではない。生命の秩序の上に精神的な文化を形成しながら生きるのが理性的な存在としての人間の使命である。この使命を一瞬でもゆるがせにするならば、人間関係は利己的な人間の原始状態である「万人の万人に対する戦い」(bellum omnium contra omnes) という修羅場と化してしまう。そこで要請されるのが「人間的秩序」を確立し、人と人との関係が円滑に営まれるように配慮することである。この秩序によって対立している双方が互いに否定したり壊滅させるのではなくて、ともに生かされるのである。対立するものは秩序によって調和的に生かされる。この試みは人類の英知をかけて実行されてきた。しかし、特定の秩序が社会制度として定着すると、それはやがて歴史とともに古くなり、絶えず新たに再形成される必要が出てくる。それればかりか、わたしたちは「秩序」自身の理解や把握の仕方にも注目しなければならない。というのは秩序の理解は歴史的に大きく変化してきたからである。

たとえばギリシア人は混沌としたカオスの世界の中にあって人間が生きる秩序世界であるコスモスを求めてきた。彼らにとって善とは秩序のある生活を意味した。この秩序は神話の時代から言論の時代に移ると、形而上学的な最高存在からすべてを秩序づける試みにまで発展した。この秩序はプラトンのイデア論によく示されているように超越的な範型によって現実世界の変動しやすい行動を規制するものであって、不動の存在が優位を占めている。古代や中世の階層的に固定した社会ではこの存在論的な秩序が妥当性をもっていたが、個人の活動意識が社会を動かす力となってきた近代においては新しい秩序が要請された。それは個人の行動がいかにして究極目標との関連をもちうるかということにほかならず、主体的に形成されると考えられた。しかし、こういう考えは古代からあり、アウグスティヌスの秩序の思想にその萌芽がみられ、近代ではパスカルによって次のように把握された。「この秩序は、どちらかといえば、目標に関連のある個々の点にあれこれ目をくばりながら、しかもつねに目標をさし示して行くことを内容としている」(1)と。今日では秩序が社会や存在の組織よりもわたしたちの行動の連関の中に求められるようになってきた。それはある目的を実現するための行動が機能的に連関を形づくっていることをいう。この意味でシュルツは「秩序とは決して固定した存在論的規定ではなく、むしろ行動の連関に機能的にかかわりをもつことである」と語り、「善とは秩序の総体である」とまで説いている。(2)したがって今日では古代や中世に支配的であった秩序が意味をもたなくなっており、主体的な行動が任意の目的と機能的に合致することに秩序が求められている。そのような任意の目標として現代では人類の福祉とか国際平和といった遠大な目標が立てられており、これに向かって行動が機能的に関わっているとき、秩序が形成されているといえる。

このような秩序の働きこそ愛の力によって造りだされるのではなかろうか。愛は単に人格間に働いているだけでなく、同時に遠大な目標に向かうこともできる。それは祖国愛・真理愛・神の愛などの表現を見ても分かる。この愛は遠大な目標に向かいながらも、現実の具体的な他者に積極的に関与して目的の実現をめざす。こうしてわたしたちは愛の中に目的に合致して秩序づける作用を見いだすことができる。

本書の第一部は「愛の類型」をテーマとして設定し、愛の多様な姿を類型的に分析しながら思想史的に考察する。そのさい多様な愛の現象形態をヨーロッパ文化の源流にさかのぼって探求したい。古代の精神史を見るだけでも愛の基本的な特質はすでに明瞭に表出しており、ギリシア・ローマの古典文化とキリスト教において基本的な愛の類型を取り出すことができる。その後の発展はそれを補足する形で解明できる。

第二部は愛の思想を秩序形成の観点から解明する試みである。多種多様に展開する愛の思想を叙述することはその膨大な資料のゆえに不可能である。そこで、先に述べた秩序の歴史的な発展を考慮して、「愛の秩序」をプラトンから現代のマックス・シェーラーにいたるまで考察してみたい。

目次

目次

愛の思想史

——愛の類型と秩序の思想史——

第一部　愛の諸類型による歴史的考察

愛について論じられている古今東西の文献はまさに無限といえるほど多くあり、そこで明らかにされている愛の形態は無限な多様性を帯びている。そこには実に愛についての各人各様の理解が表明されている。また文献には記録されていない愛の習俗も文化人類学や歴史学、民族学により研究が進められ、おびただしい情報が集められている。このような多様な形態ではあっても、人間行動の一つである以上、小さな差異を問題にしなければ、同一の傾向なり、同じタイプの愛はかならず見いだせるはずである。事実、古代のギリシア語に限ってみても愛は主として三つのことばによりその特質がよく表現されていたし、それらのことばにはある程度共通の意味が認められる。さらに古代から中世に進むと新しい愛についての思想や観念も生じ、近代ではルネサンス以降現代にいたるまでさまざまな傾向やタイプが生じている。そこでまず愛の基本的類型について述べておきたい。

第一章　エロースの諸形態

一　ホメロスからソクラテスまで

ギリシア語で愛の特質を表わすことばには、エロース、フィリア、アガペーの三つがある。これにより愛の三つの基本的類型が示されている。この三類型のなかでもエロースが最も一般的に普及している名称であり、古代ギリシア語圏において多様な形態をもつ愛の世界を展開している。それゆえエロースという概念は簡単に規定したり、定義したりできないし、歴史的にも変化しており、一義的に意味を定めることもできない。したがってわたしたちはこの言葉のいくつかの意味を明確にすることしかできない。

ギリシア最古の文献はホメロスの作品である。ここにはギリシア人の愛の観念が神話の世界とともに一般的に表現されている。なかでも絶世の美女ヘレネと王子パリスとの逐電がトロイア戦争の発端をなしていることはよく知られている。また、彼の作品の中にはヘクトルとアンドロマケの美しい夫婦愛が見事に描かれているし、オデュッセウスが二〇年の空白の後に妻ペネロペイアと再会する幸福な結末はとくに印象深く語られており、夫婦の幸福と操の正しさを称揚することが、ホメロスの目的ともなっている。それゆえ人々はホメロスを終生愛好し、これを模範とも理想とも考えていたようである。とりわけ恋愛は神々の間でも、神と人との間でも、人間どうしにおけるのと同じように生じ、死すべき人間においては愛と死の物語が美しく語り継がれている。一つの例を『オデュッセイア』の第八歌に唱われている「アレスとアフロディテの逢い引き」の場面からとってみると、軍神アレスの間の抜けた野蛮さと美の女神アフロディテの破廉恥とが槍玉にあげられる。「悪行は長く栄えないものだ」と戒められながらも、無限のいましめとすべての神々に見られても黄金のアフロディテと寝たいものだ、と神々は答え、ホメロス的洪笑をまき起こしている。[1] 他方、神々と人間の娘との間に生じた恋愛は、人間の悲惨な死をもって終わる宿命にある。悲劇作家アイスキュロスの『縛られたプロメテウス』では、ゼウスが王女イオに恋したため彼女はゼウスの妻ヘラから虻のさし針により迫害を受ける。イオの嘆きは抗いえないゼウスに愛された者の苦悩となって次のように語られる。

　私にとって結婚が同じ身分のものとであれば、
　怖くはない。でも心配なのは、
　力の強い神々の免れがたい恋の眼差[2]……

このような神との避けがたい恋愛の恐るべき有様は、やがて人間のうちにあって荒れ狂う愛の情念の神格化として物語られている。エウリピデス作『ヒッポリュトス』は妃パイドラーの恋が人倫の掟をこえるアフロディテに発しており、その力に人はとても太刀打ちできず、「キュプリス様のお蒔きになる愛の種子から、地上に住まう私たちは生命を受けて、生まれてきたのでございます[3]」と唱われる。

さらに恋愛は神々の間では遊びにすぎないのに、人間の場合には愛ゆえに死の危険にさらされ、死が運命としてのしかかり、人生のおそるべき意味が愛に刻印されている。たとえばオルフェウスとエウリュディケ、アドメトスとアルケスティス、プロテシラオスとラオダメイアの三組の夫婦の物語が美しくも悲しい旋律を帯びて歌われる。

これらの物語では「愛が女性に死の危険をも冒すことを教え、物語は愛の神のみが冥府の王ハデスもその命ずるところに従う唯一の神であることを示している(4)」。

さて、わたしたちにとりいまはエロースが問題なのであるが、ギリシア世界ではプラトンが『饗宴』でその由来をさまざまに語らなければならなかったことから知られるように、エロースはそれまでとくに注目されていたわけではなかったようである。その意味ではヘシオドスが『神統記』の中で宇宙創成説によってエロースの誕生を語り、エンペドクレスが四元素間の結合力としてとりあげ、アリストファネスが『鳥』の中で秘教的な宇宙創世の神話によってエロースを語っているのが注目される。ここではソフォクレス作『アンティゴネー』で唱われている世界の根源力、宇宙的神性の擬人化としてのエロース讃歌だけをとりあげてみよう。

恋ごころ、かつて戦さに負けたことのない
恋ごころよ、
富も財宝も襲い荒すもの、
また柔かい乙女の頬に、
夜をこめて見張りをつづけ、
また海原の上をさまよい、
野の牧の住居を訪ねる。
恋の思いを免れよう者
不死なる神にも一人もあるまい、
またはかない人間とても同じこと、

とりつかれれば、ただちに狂い立つ。
正しい者も、恋の思い出には、
不義へと心を牽きゆがめられ、
わが身を害う、
また、恋の思い出こそ、人々のあいだを騒がせ、
血を頒けた者同士の争いを掻き立て出した、
美しい花嫁御の眉輪に宿って、
人目に著《しる》く恋情《おもい》を唆る、
あえかさこそは勝ち誇るもの、
広大な天地の法のかたわらに玉座を占めて、
抗《はむか》うことを許さない愛の女神アプロディテーが、
神さびにすさびたもうゆえ。(5)

詩人はエロースが人間のうちに襲いかかると、恋情により動かされる有様を見事に唱っている。その激しさは心を狂い立たせ、不義や争いに人を巻きこみ「天地の法（理法）」さえも無視するほどの勢いであると考えている。そしてこのエロースを操っているものこそほかでもないアフロディテだとみなされている。前に述べたホメロスでも同じで、アフロディテは姦通する愛欲の化身のように描かれていたし、ヘシオドスによるとこの女神がパンドラに授けたものは「乙女の頭に魅惑の色気を漂わせ、悩ましい思慕の想いと、四肢を蝕む恋の苦しみ」であった、と言われている。(6) エロースとアフロディテとの関係は実にさまざまに語られているが、やがて両者の区別も明瞭にな

ってきて、愛がその働きにより分けられる。エロースが精神的でより根源的な力を表わし、アフロディテの方が肉体的情愛に伴って働いていると考えられるようになった。(7) さらにこのような区別は逆にエロースやアフロディテ自身に適用されて、たとえば精神的で天上的なエロースと感性的な万人向きの地上的なエロースとに区別されている。このことはプラトンの『饗宴』におけるパウサニアスのソフィスト的な演説でも表明されている。彼の解釈によると地上的なエロースは身体的欲望にしたがい、女性に向かって行き、身を亡ぼすが、天上的なエロースは精神的であり、徳を目ざしている。(8)

しかし、ここで注意しておかなければならないのは、プラトン時代のギリシアにおいては異性に対する恋愛よりも少年愛の方がいっそう高貴な愛であり、この少年愛でも肉体的な関係より精神的な関係の方がいっそう価値が高いと考えられていた点である。ギリシアの壺に描かれた絵によっても知られるように、この時代に少年愛というかたちで同性愛が一時的にギリシア世界に広がったのは、やはり当時の婦人の地位が低く、教養にも欠けていたことが原因していたようである。スパルタでは軍事力を強化するためのテント生活がこの傾向を助長したのに対し、アテナイなどではソクラテスが身をもって範を示したように国家社会に役立つ人物を育成すべく教育愛に発展していった。この点をクセノフォンがよく捉えており、その著作『饗宴』で彼がソクラテスをしてみずから「自分をプロアゴゴス（周旋屋）あるいはマストロポス（女衒）と称した」と語らせているのは、この間の事情をよく表わしている。すなわち、このマストロポスの仕事というのは「自分が仲介する女や男を、お客に喜ばれるようにしあげて、相手に示す」(9) ことであって、このお客はポリス（国家社会）にほかならず、よき政治活動を実践しうる人物の教育を自分は引き受けている、という意味がそこにはこめられている。もちろん、ソクラテスのプロアゴゴスの仕事は具体的には哲学の方にも向けられていた。

この少年愛の実例としては先に言及したパウサニアスと詩人アガトンとの関係は有名であったし、詩人ソフォクレスも少年を愛しており、悪名高い政治家だったアルキビアデスもその若き日に愛者ソクラテスに嫉妬したり、アンプラキアの僭主ペリアンドロスにいたっては「自分が愛している少年にまだ妊娠していないかなどと問うたので、少年を憤慨させて殺された[10]」りした。それに対しソクラテスは真の意味での恋愛の達人であったことをクセノフォンは『ソクラテスの思い出』の中で次のように想起している。

「たとえば、彼はよく誰それを愛しているということをいったが、しかしそれは決して、肉体が青春美を現わしている者にこがれるということではなく、精神が美徳をこのむように生まれついた者を、愛慕する意味であるのが、明白であった。……こうした人々は、教育されたとき、ただに自分が幸福となり、自分の家をよく治めるばかりでなく、他の人々および国家をも幸福にすることができると、彼は考えたからである[11]」。

ギリシアにおける一般的なエロース観はこのようなものであった。次にこのエロースに対し哲学者たちがどのような解釈を加え、その学説を造りだしたかを考察してみよう。それによりエロースのいくつかの形態がくっきりとその特質を現わすことになる。

二　プラトン

クセノフォンと並ぶソクラテスのもう一人の弟子プラトンはエロース学説を樹立した人としてもあまねく知られていて、「プラトニック・ラブ」として人口に膾炙されているとおりである。プラトンも初期の作品『リュシス』でソクラテスを「色恋の道の達人」として紹介し、当時流行していた少年に対する賛美がいかに高慢を助長し、教育に全く相反する振舞であるかを説かせている。中期の作品になるとプラトンはエロースについても自分自身の思索を深めて行き、美しい肉体から美しい魂へ、さらに知識と美のイデアに上昇してゆくエロースの歩みを捉え、そこに知への愛としての哲学を説くようになった。ここでは彼のエロース説の特質を『饗宴』の中に語られている有名な「エロース生誕の神話」と愛とイデアの関係および『パイドロス』の中の「狂気（マニア）」から明らかにしてみたい。

エロース生誕の神話　プラトンの著作に数多く語られている神話のなかでもエロース生誕の神話は短いけれども傑作というべきもので、そこに彼のエロース観がみごとに浮彫りにされている。

「アフロディテが生れた時のこと、神々の宴がもよおされた。そのなかには、さまざまな神々にまじり、知恵の女神メーティスの息子にあたる、策知の神ポロスも同席していた。そして宴も終った頃のことだが、豊かな馳走も出たこととて、貧窮の女神ペニアが物乞いをしようと姿をあらわし、門のそばに佇んだ。折も折、策知の神ポロスは、神酒にしたたか酔い――その頃葡萄酒はまだありません――ゼウスの園に入りこみましたが、酩酊のため、体を気《け》だるくし、眠りにおちてしまいました。貧窮の女神ペニアは、そこで、わが身の貧しさに思いをはせ、豊かなる策知の神ポロスの子を宿さばや、とのたくらみを胸に、ポロスのそばにその身を横たえ、そこに愛の神エロースを宿したのでした。愛の神が、アフロディテに従うのも、仕えるものとなっているゆえんも、ここにあるのです。つまり、一つには、アフロディテの誕生祝賀の宴に生れたため、一つには、その性、美を好むものであるうえに、かのアフロディテがまた、美しい女神でいられるからなのです(12)」。

この神話に続いてプラトン自身の説明があり、それによるとエロースは母ペニアの性を享けてたえず飢えの状態にあると同時に父ポロスの性を享けて善美なるものを追求しており、一方において自分の貧しさと無知を知り、他方において知を追求する。このように知と無知との中間にあって知を愛し求める哲学の根源となっているのがエロースにほかならず、とりわけ美という価値を追求するダイモーン（神霊）であると説かれている。それゆえエロースは肉体の美を探求することからはじめて絶対美の観照にまでたえず上昇する道をとる。ここにエロースによる思想がみごとに展開している。

愛とイデアの直観　そこでこの上昇の道について考えてみよう。エロースは美しいものにより誘発される感性的衝動でありながら不死への欲求を本質において具えている。感性的衝動なしにはエロースは生じないとしても、不死への欲求が満たされないかぎり、エロースは決してその欲求を満たし、自己実現に達することはない。この探求の道が愛の道程にほかならず、それは美のイデアの直観に至る「上昇の道」をとっている。この道は「愛の段階」(scala amoris) として次のように語られている。

「この愛の問題へ、正しい道を通って進む人の、まずなすべきことは、若い時に美しい肉体へ向うことです。その際、彼を導く人が、正しいやり方で導くとして、まず最初に彼のなすべきことは、一つの美しい肉体を愛すること、そしてその中に、美しい言葉のかずかずを産みつけることです。さて、その次に……一切の肉体における美はすなわち同一なり、と考え得ないのは愚かしいということをわきまえねばなりません。……ただ一つの肉体にあまりに執心する烈しさは、これを軽視軽蔑し、その烈しい力を緩めねばなりません。さて、その次に、彼は、魂に宿る美は、肉体に宿る美より貴いものと考えねばなりません。そういう風習、営みの美、魂の美は、一切親しく結びついていることを、知らしめるためなのです。その結果、肉体の美を軽視せしめることができるように。さて、次には、世の営みをへて、さまざまな知識へと、彼を導かねばなりません。その目的は、知識の美しさを、彼がとくと眺めるためなのです。そしてまた、そこに広々と繰りひろげられた美に目をとどめたうえで、……美の大海原にその身を差向け、その美を観照し、尽きぬ知識愛にむせびながら、美しく、立派な言葉や思想のかずかずを産みつけるためなのです。また、ついには、その美の大海原で鍛えられ、生長し、ある一つの美を対象とする、ある一つの知識を、しっかりと見るようになるためなのです[13]」。

ここに明らかに語られているように愛は美を求めて上昇する。その上昇の段階は三つである。すなわち美しい肉体、美しい魂、美しい知識である。その各段階で愛する人が愛する少年に対し実行する愛のわざは言論活動である。たとえば「美しい言葉のかずかずを産みつける」とか「尽きぬ知識愛にむせびながら、美しく、立派な言葉や思想のかずかずを産みつける」とある。しかし、この言論活動の内容には変化があって、単に美しい言葉から道徳的に優れた言葉へ、さらに学術的な言葉に発展している。次に各段階の内部において対象の全体を通観的に捉える「普遍化」(generalization)が行なわれている[14]。たとえば「一切の肉体における美はすなわち同一なり」とか「魂の美は、一切親しく結びついている」、また「美の大海原にその身を差向ける」とある。これらはすべて普遍化の表現である。これと同時にプラトンは垂直的な超越の方向を示している。「一つの肉体にあまりに執心する烈しさは、これを軽視軽蔑し」、と言って上昇する方向や志向を導いている。

このように普遍化の志向は愛の対象についての反省から生じている。それは「形姿における美」の追求として記されているように、反省作用とともに知覚が捉えている美の「観られた形姿」(エイドス)、つまりイデアなのである[15]。このイデアにより個々の美しいものを見ることが通観的な普遍化という理性の働きである。それに反して、この普遍化にいたらないで個々の美しいものに執着するならば、理性の働きが反省によって生じないため、愚かさの中にわたしたちは陥る。というのは美が可滅的肉体においては一時的に現象するにすぎないからである。すなわち美そのものはイデアとして永遠に持続しても、それを映しだす媒体は可滅的である。にもかかわらず美しいものの「形姿における美」は普遍的であり、永続性を保っている。それゆえ「不死の名誉」や「徳にまつわる不滅の思い出」(16)となる行為、さらに知識は肉体への執着から自由になり、永遠不変のイデアの知識にまでいたり、不死にあずかることが可能である。したがって「もしあなたが、ひとたびたりとその美を観るならば、それこそ黄金や衣裳、美少年や美青年の比ではないと思われることでしょう」(17)とあるように区別と価値判断の基準が定められ、その認識にもとづいて正しい指導がなされることにより、上昇が可能になる。そのためには前に指摘したように「美しい言葉のかずかず」の内容が次第に深められ、知識においてすぐれたものとなっていなければならない。もちろん、相手の少年もこの言論を理解する能力がなければ、上昇は生じない。つまり「心身二つながらの美がその一人の人に同時に備わっている」ことが必須の前提となり、言論によりこの能力を開発し、「徳」(アレテー)の育成が知識によって裏打ちされた指導の下に行なわれ、究極においてイデアの認識にまで発展してゆかねばならない。実際、このイデアの直観において真実の徳が心に形成されることになる。(18)

愛の狂気　次にプラトンの愛についての学説にみられる第二の特質をエロースの「狂気」において把握することができる。プラトンは『パイドロス』で神から授けられたエロースの狂気によって善のなかでも最も偉大なものが生まれてくると語っている。そこにはオルフェウスの密儀宗教の影響があって、ザグレウスの神話が関連している。すなわち、ゼウスはその子ザグレウス(=ディオニュソス)に世界の支配権を授けておいたのに、巨人族のティタンがこれを殺して食べてしまったので、ゼウスは怒ってティタンを滅ぼし、その灰から人間を造った。こうして人間はティタンの灰のゆえに神への反抗心を、灰の中の神の子ゆえに神的性質を具えている。ここから人間には神のもとにまで天馳けようとする不可能なことへの熱望が生じているとプラトンは理解し、これを「神的狂気」と呼び、これを恋する人の飛翔と結びつけて次のように語っている。

「しかり、人がこの世の美を見て、真実の美を想起し、翼を生じ、翔け上ろうと欲して羽ばたきするけれども、それができずに、鳥のように上の方を眺めやって、下界のことをなおざりにするとき、狂気であるとの非難を受けるのだ。……この狂気こそは、すべての神がかりの状態のなかで……もっとも善きものであり、美しき人たちを恋い慕う者がこの狂気にあずかるとき、その人は〈恋する人〉（エラステース）と呼ばれる(19)」。

この狂気と見える飛翔力は自然の傾向や身体的欲望を打ち砕いて天翔ける創造的霊感により生じ、魂は「翼をもった二頭立て馬車の御者」になぞらえられている。その一頭は美しく善い馬、他方は性悪の馬であるから飛翔はいつも困難をきわめている。しかし、魂自身も美の秘儀にあずかり、翼に潤いを与える美の流れを受けて熱くなると、翼が生じ強力な飛翔力を身につける。この翼を生む働きこそエロースであって、地上の美を見て、本来の美を想起し、美少年への愛から発して神的直観にいたる神的生活に向かわせる。愛がキューピットのように翼をもつ姿は絵画でよく見られるが、実際翼なしには愛はどこへも飛び立つことができず、いつも自己のもとにとどまらざるを得ない。それゆえ翼は愛の超越性を象徴している。

エロースに与えたプラトンのこのような解釈は少年愛に発する美的価値を追求していく根源的な憧憬をよく捉えており、愛の理想主義、もしくは精神主義となって歴史上、とくに思想史上にきわめて大きな影響をもつようになった。エロースは男女の恋愛よりも少年愛に発していたため、このような特徴を帯びていたのであって、エロースの形態としては特殊なものではなかろうか。

三　アリストテレス

プラトンが生涯を独身で過ごしたのに対し、その弟子のアリストテレスは二度妻帯し、幸福な結婚生活を送っている。アリストテレスの時代には婦人の地位も向上してきており、夫婦の間にも友愛（フィリア）という高貴な愛が認められ、異性を含めた人間の相互信頼と愛情が自覚されるようになった。この点は第二章で問題にすることにして、彼がエロースとしての恋愛がいかにはかないかを指摘しているところに注目したい。『ニコマコス倫理学』のなかで彼は「若者たちは恋愛に陥りやすい。恋愛は多くは情念的であり、快楽を動機とする。されば彼らは、いま愛しているかと思えばただちにまた愛さなくなるのであって、しばしば同一日のうちに変化が生ずることがある」(20)といっている。つまりエロースとしての愛の本質はプラトンが説いたような美なる価値の追求ではなく、単なる快楽にすぎず、それは激しい情念を伴い、刹那的で不安定であり、他者に依存的であって、とうてい善とはいえない。恋愛がこのようであるのに対し、夫婦の愛は快楽や有用といった価値を含んでいても、本質的には性を異にする存在の間での共同の交わりであって、ここに家庭の社会的意義があり、夫婦愛の基礎は友愛におかれるようになっている。

アリストテレスは本質的には社会的である友愛や夫婦愛を論じ、『政治学』でも同じ立場から結婚について考察しているが、自然学の著作では性交の中に最高の悦楽があるとも述べたため、自然主義に立つ快楽説からも支持を受けるようになった。(21)そこで次に快楽説の元祖エピクロスをとりあげてみよう。

四　エピクロス

ヘレニズム時代の哲学者エピクロスはアリストテレスよりもはるかに厳しくプラトンと対立し、エロース説についても「反プラトン」の大立者となった。プラトンがエロースを神から授けられた賜物とみなしていたのに対し、無神論でデモクリトス的原子論に立つエピクロスは、エロースを「狂気と苦悩を伴う性の快楽の激しい衝動」(22)とみなし、知者の平静心を乱す敵であると攻撃し、アリストテレスと同様に友愛（フィリア）をエロースより優れたものと唱導した。わたしたちは快楽主義というと無軌道で放蕩無頼な生き方を考えやすいが、彼の説く快楽はそれとは全く異質なものであることを知らなければならない。彼は次のように自己の快楽を説明している。

「それゆえ、快が目的である、とわれわれが言うとき、われわれの意味する快は、――一部の人が、われわれの主張に無知であったり、賛同しなかったり、あるいは、誤解したりして考えているのとはちがって――道楽者の快でもなければ、性的な享楽のうちに存する快でもなく、じつに肉体において苦しみのないことと霊魂において乱されないこととにほかならない。けだし、快の生活を生み出すものは、つづけざまの飲酒や宴会騒ぎでもなければ、また美少年や婦女子と遊びたわむれたり、魚肉その他、ぜいたくな食事が差し出すかぎりの美味美食を楽しむたぐいの享楽でもなく、かえって素面《しらふ》の思考が、つまり一切の選択と忌避の原因を探し出し、霊魂を捉える程度の動機の生じるもととなるさまざまな臆見を追い払うところの、素面の思考こそが、快の生活を生み出すのである(23)」。

古代の快楽説はこのように節度を保った知者の主張なのであって、ここで説かれている「素面の思考」は冷静そのものであって、プラトンの詩人的感動を冷徹にもしりぞけ、少年愛などもきっぱり拒否している。エピクロスは欲望のなかでも食欲のように、自然的で必須なものと、性欲のように、自然的だが必須でないものとを区別しているばかりでなく、自然的でもなくて、空しい思いなしによって生じるものを指摘し、それに属するものとして名誉心、金銭欲、少年愛をあげている。

このような区別は実に知者にふさわしい優れた分別から説かれているといえよう。同様にエロースに対する彼の理解も卓越している。たとえば「見たり交際したり同棲したりすることを遠ざければ、恋の情熱は解消される」と彼は言っている。また先の区分にしたがえば性欲は自然的だが必須なものではないがゆえに、これを作為的に過度に刺激しなければ、これなしにも生きられるわけで、エロースに対するわたしたちの観念の中にこそ病いがひそんでいることになる。こうして彼は性愛に対し女色を遠ざける独身主義者のようになっている。これに対し肉体の衝動が募ってくる場合はどうしたらよいかとの質問に対し、彼は「いまだかつて性愛がだれかの利益になったためしはない」(24)と言明してはばからなかった。とはいえ現在までに残っている彼の文章は断片的なものが多く意味が曖昧でもあり、このような考えと正反対のものも見いだされる。たとえば「もしわたしが味覚の快を遠ざけ、性愛の快を遠ざけ、聴覚の快を遠ざけ、さらにまた形姿によって視覚に起る快なる感動をも遠ざけるならば、何を善いものと考えてよいか、このわたしにはわからない」(25)と彼は言う。これは彼のこれまでの説と正反対のように思われるが、実は知者エピクロスは、このような感性的な快楽も心身に苦痛をもたらす程に過度となることを戒めていたのだといえよう。

五　ルクレティウス

エピクロス派のラテン詩人ルクレティウスによってこの派のエロース観が実にラディカルに表明されるにいたる。後に論じる現代の自然主義的愛の理論が古代において先駆者を見いだしたといえよう。ルクレティウスはエピクロスの唯物論的原子論を受け継ぎ、野性的な原始的自然主義に立って宇宙の生殖力としてウェヌスを賛美し、人間の愛を性衝動のメカニズムに還元している。ラテン語のウェヌスというのはギリシア神話のアフロディテを指し、ヴィーナスのことであるが、同時にそれは愛欲や交合をも意味している。有名な彼の著作『物の本質』第四巻において、彼は愛を物理的に分析できる感覚の働きとみなし、生理的発達のある時期になると人間は種族の再生産のために種子を造りだし、この種子は美少年なり女性なりによって性的に刺激されると、刺激された方向にむかって人はそれを放射せざるを得ない、と彼はあたかも物理現象を扱う科学者のように説きはじめる。

　このようにして、ウェヌスの矢で痛手をうけた人は
　女のような手足をした少年によってか、または全身から
　愛をまきちらしている女性によって射られたにせよ、
　傷をおわせたその人に向かってゆき、それと一体となり
　体から体に液をふきだし射込もうとこがれる、
　なぜなら暗黙の欲望はきたるべき悦びを知っているのだから。
　これが私たちのウェヌスというものである。そこから

愛という名が生じ、そこからまず、かのウェヌスの甘美な雫が
心臓の中にしたたってき、そして氷のような悩みがそのあとにつづく。……
たまった液を誰にでも射込むべきであり、
それを残してただ一つの愛を思いつめ、
必ずおそう悩みと痛みとを待つべきではない。(26)

愛欲をルクレティウスは生理現象として捉え、恋愛の苦悩から逃れるように勧告している。しかし食欲が満たされるのとは違い、性愛の方は「人間の顔と美しい色香」だけでは、単に刺激されるだけで、決して充実することがない。そこで彼は性愛から愛をのぞいたセックスだけを賛美する。「愛をさける人はウェヌスの楽しみを失わないで、かえって苦痛もなくその利益だけを受けとる。なぜならその悦びは恋に悩む人よりも恋をしていない人にとってより純粋なのだから(27)」と彼は言う。これは現代のライヒなどが説く性器的人間以外のなにものでもないことになるし、恋愛しないで肉体関係だけに生きようとする恐るべき性器的人間は現代のルクレティウスということになろう。恋人の熱情はたしかに定めのない不安にさらされ、そこから心の痛みが生じるとはいえ、「しかしウェヌスは愛の中にこの痛みを軽くやわらげる」といえるであろうか。とりわけルクレティウスは「愛においてウェヌスは像で恋人を欺く」といい、実体のない像でたき付けられた恋愛は鎮められることなく、人を狂気と絶望にかり立てると語り、口づけし抱擁し、一体となろうとしても、「無駄なことだ、そうしたからといって何一つもぎとることもできないし、体ごと体に突きいり、突き抜けることもできはしない(28)」とまで述べている。たしかに愛は恋人との合一を願望するが、これは現実には決してかなえられないものである。しかし、性器においてもその願望はかなえられないのではなかろうか。それゆえ彼も先の主張を訂正し、「さいごに、たまった欲望が筋肉からとびだすと、は

げしい熱情の火も少しの間おさまる」と言い換えている。これも暫くの間でまた同じ不幸が繰り返すことになる。そこでルクレティウスはこのような性愛の現実をしっかり認識し、平凡な結婚をするように勧め、秩序ある理性の力を結集するように説いた。

六　オウィディウス

プラトンのエロース説と対決したのはこれまで見てきたようなエピクロス派だけではなく恋愛詩人オウィディウスもエロースを男女の性愛における身体的現象とみなし、愛とは人間化された性にほかならない点を力説してやまなかった。美しいラテン文でつづられたあの有名な『変身物語』はすべてエロースの多様な姿を形象化したものであるが、ここでは「ピュグマリオンと神像」の物語をとりあげて、この物語の中にプラトン的な美のイデアの像が人間化され、それが人間の妻となることによって愛の人間化が象徴的に表現されている点を指摘してみよう。物語はキュプロスの英雄ピュグマリオンが現実の女性に失望し、独身生活を守りながら自らの手で創作した純白な象牙の美しい彫像に恋を覚えるようになった、と述べてから、その美をプラトン風に賛美しながらも、人間的にその像に関わってゆく。

ピュグマリオンは呆然と像を眺め、この模像に胸の火を燃やした。
これが生身のからだなのか。ほんとうに象牙なのかを調べようと、絶えずこの作品に手をあてがうのだったが、
いまだに、これが象牙にすぎないとは認められないのだ。
口づけを与え、反応があると考え、話しかけて、抱きしめる。

肌に指を触れると、そこがへこむようにおもう。
からだを押しつけると、そこに青痣《あおあざ》ができはしないかと心配だ。
甘い言葉を語りかけるかとおもうと、女の子が喜ぶ贈り物を
持って来たりする。(29)

やがてピュグマリオンはウェヌス女神の祭礼の日に象牙の乙女を妻にしていただきたいと願いでて、それがかなえられ、家に帰ると象牙が柔らかくなり、人間となっていることを発見する。「まぎれもない人間のからだだった。……そして、とうとう、ほんものの唇に、唇を重ねる。乙女は、口づけに気づいて顔を赤らめ、おずおずと目をあげて、日の光を仰ぎ、恋いこがれるピュグマリオンと、大空とを、同時に見た。女神は、みずからが仲だちした結婚に立ち会った(30)」。この物語こそオウィディウスのプラトン批判を展開しており、美の化身から人間のもとにまで下った人間化されたエロースを唱って、エロースにより人間が精神的秩序に結びつけられることを説く理想主義を愚かとみなしている。

オウィディウスはまた人間的な愛の特質を『アルス・アマトリァ』(恋の手ほどき)のなかで具体的に説いたので大変有名になった。「恋の手ほどき」とは愛の技術のことで、この書の冒頭で彼は次のように語りはじめる。「早い船が帆や櫂で進むのも、技術あってのことである。軽捷な戦車の走るのも、技術あってのうえである。恋愛も技術をもって指導されなければならない。愛の神は私をやさしい愛の技術の指導者にしてくれた(31)」と。彼はローマ人らしく愛のわざを交戦にたとえており、自分の経験にもとづいて「安全な恋と許されたる秘密」を語ってゆく。この愛の交戦は三つの段階をとっている。「今や始めて兵として新しい武装に身を固めてきた者は、まず第一に愛さんとする目標をさがすのに努力することだ。つぎになすべき努力は、気に入った女の心を奪うことである。第三に

は、愛を長期にわたらしむることである。これが私の限界だ。この競走路こそ私の戦車が〔轍を〕印そうとするところのものだ。これが、私の戦車を走らせて突き込むべき決勝標だ[32]」。こうなると女性はクピドーの矢を放って鳥を捕えるようにして獲られる戦利品のように考えられているが、彼は女性にも武装することを勧め、ウェヌスに軍神マルスを支配させるべく、「たくましい婦人がたよ、武器をとりウェヌスの下に勝利せよ」と説いている。だから、男女の戦いの条件はゲームのように同じである。しかし愛の成功いかんは愛の技術にかかっていると彼は信じ、「おん身たちを破滅せしめたものはなにゆえであるかを言おうか。愛し方を知らなかったがためだ。おん身たちには技術が欠けていたのだ。恋愛は技術によって永続する[33]」。

では、この技術とは具体的にはどのようなわざであろうか。それは男女の日常生活における交戦状態のなかで激しい対立を愛のやさしい言葉によって、時には追従をもって、あるいは性交の喜びによって、和合と和睦にいたらせる技術をいう。彼の説く愛の技術、もしくは技巧のもう一つの特質は愛をできるかぎり持続させ、オルガスムにおいて共歓の合一に達することに求められるであろう。この性愛の喜びは男女とも平等であり、義務からではなく、共感から生じるもので、ここに「許された秘密」を彼は見ている。オウィディウスがエロースの本質をこのような身体的オルガスムに見ているのは、ルクレティウスがエロースを挿入と射精に見るのとは相違していても、二人とも愛を性欲という本能の作用と考えている点では一致していたといえよう。

プラトンが精神価値である美や美のイデアが宇宙を支配し、人間の愛を導いていると説いていたのに対し、ルクレティウスとオウィディウスとは日常生活における本能と欲望の達成のうちに愛は満たされ、人間の幸福が成り立っていると主張した。この点で今日のフロイトの考えと彼らは共通していたといえよう。フロイト自身『性に関する三つの論文』のなかで次のように言っているのを見ても、その点は明瞭となる。

「古代世界と現代世界の愛情の生活における深刻な相違は次の点にある。すなわち、古代人は欲動に重点をおくのに、現代人は対象におくという点である。古代人は欲動を賛美し、これによって下等な対象をも品位づけようとすることに備えているのに、われわれは、欲動の活動自体をさげすみ、ただ対象の優越性によってこれを許そうとすることにあろう[34]」。

この発言はプラトンにではなく、ルクレティウスとオウィディウスのエロース説に妥当し、フロイトはこの観点に立って現代人のプラトン主義を批判し、精神分析等による下部構造一元論というエロースの自然主義理論を提唱しているといえよう。

第二章　フィリア（友愛）

これまでギリシア人のいだいていた一般的な愛の観念としてエロースについて述べてきたが、ギリシア語で愛をあらわす第二に重要なことばはフィリア（友愛・親愛）である。この愛の特質は高貴であり、これについて次に考察してみたい。エロースは対象や相手の特性また所有物の価値により引き付けられ、動機づけられて、いっそう高い価値に向かう上昇の運動であって、わたしという主体から価値を含んでいる対象に向かう一方的な関与であった。それに対し、フィリアは原則として人間同士のあいだに生じる相互的な交わり（コイノニア）において成立している。友愛には「(同) 類が友を呼ぶ」と言われるような、等しい性質や境遇の者同士のあいだに生じる親愛の情が交流していて、同等性や類似性の上に立って生じる相互性が愛を規定している。

このフィリアとしての愛の具体的な特質をここではプラトン、アリストテレス、キケロの友情論を手がかりにして明らかにしてみよう。

一　プラトン

初期の著作『リュシス』でプラトンは友愛について論じているが、そこでの主題は、当時一時的に隆盛になっていた少年愛に見られる誤りを指摘し、「友」(フィロス)の定義から真の師弟愛の本質を反省することであった。そこでプラトンはソクラテスをしてその友人ヒッポタレスが美少年リュシスに対してとった軽薄な行動を批判させ、愛する少年(パイディカ)への賛歌が少年の高慢を助長するのをいましめ、少年が自己の無知を知って知を愛するような教育愛を実践するように説かせている。ここに少年愛を教育愛に導いて行こうとするソクラテス的愛知活動、つまり哲学の基本姿勢が示されている。ここまでは前節で述べたプラトンのエロース観と同じ内容である。

彼は次にこの対話篇で友愛が成立する根拠をたずね、それをまず有用性に求める。つまり役に立たないと人はだれにも愛されないというわけである。そこには「友だち」(フィロイ)とその「友愛」(フィレイン)について次のように語られている。「それでは何かわれわれにできないことがあって、そのことではすこしも人の役にたてないようなばあい、そのことで人の友だちになったり、人に愛されたりするだろうか。けっしてそんなことはありません。してみると、役にたたない人間であるかぎり、だれからも愛されず、お父さんが君を愛されることもなくなるわけだね[1]」。愛がこのように有用価値を求めるとみなすと、自分に役立つかぎり友に向かう一方通行となり、友愛の相互性は姿を消し、エロースの価値追求の働きしか残らなくなる。そこで真実の友(フィロス)の定義が問題となり、そのさいエンペドクレスの有名なことばを引用して、次のように規定されている。

「さて、正真正銘の友というものについて彼らの述べているところは、たしかに、見のがすことのできないものであって、彼らによれば、その友というものは、じつに神さまがみずから、おたがい同士を結びあわせておつくりになるというのだ。……似たものが似たものにとってつねに友であることは必然であると、すぐれた賢者たちの文章に述べてあるのに出会ったことはないかね[2]」。

このように友は「おたがい同士」の相互性から生じる友愛により成りたつが、そこには存在の類似性が前提となっている。たしかに友になる人には性格や趣味などの似ていることが条件となっており、この類似性の内容についての反省が次に議論されている。類似性といっても悪人同士の場合は、たがいに傷つけ合うので友となり得ず、善人同士でも、たがいに似ていて同じなら、相互に役立たないので、友となりがたいし、善人は自足しているので他者を必要としない。そこで類似性より相反性の方が友となりやすい点がヘラクレイトスの説により反定立のかたちで主張される。こうした議論のすえ友愛が成り立つ可能性として「善くも悪くもないものを友とするか、あるいはやはり自分と同じようなものを友とするか」が問われ、似た者同士は友にならないから、「善きものと善くも悪くもないものとが友となるだけ」との結論に達している。

このような結論は、「善いもの」は自分がすでに善であるから善を求めず、「善くも悪くもないもの」は自分の状態を自覚して善を求めるため、「悪の存在のゆえに、善の友である」ことが成立するというもので、ここにソクラテス的な無知の知が友人関係の本質を規定していることが示されている。しかし、似たもの同士のあいだに相互的愛として生じる友愛フィリアが、プラトンの思想においてはいつのまにか一方が他方の善という価値を探求するエロースに変身している事実をさらけだしており興味深いものといえよう。また似たもの同士は有用性の観点から友人になれないという議論も高貴な愛であるフィリアを利害関係に還元して解釈する見方ではないだろうか。このような視点の狭さに由来する問題は次のアリストテレスになると完全に克服されている。

二　アリストテレス

『ニコマコス倫理学』第八巻と第九巻にはフィリアについての詳しい議論が展開している。その中でもとくに重要と思われる思想をあげてみよう。

(1)　まず「愛（フィリア）とは自他の共同（コイノニア）なのである」とアリストテレスは明確にフィリアを規定している。彼は友愛のみならず多様な愛の形態について論究していき、恋愛や夫婦愛をもこのフィリアという高貴な愛から考察してゆこうとする。というのは友愛が人間の精神がもっている基本的資質たる徳（卓越性）に結びついており、どのように大きな財産の所有者といえども、「親愛なひとびと（フィロイ）なくしては生きることを選ばないであろう」と言われるほどの計り知れない価値を担っているからである。したがって「親しい相手と生を共にする」ということは何よりも好ましいものであって、「ともに飲み、ともに双六をし、ともに体育や狩猟を行なったり、ともに哲学する」ことこそ生きる意味の源泉になっている。(3)

(2)　友愛は有用性においては成立しない。これはプラトンが『リュシス』で愛すべき価値を有用性において捉えていたのと対立し、アリストテレスは愛されるべきものを、善きもの・快適なもの・有用なものという三つに分けて論じ、価値を善価値・快適価値・有用価値に分類した優れた視点から愛自体をも三つの種類に分けている。彼によると若者たちの愛は自分にとっての快楽を求め、恋愛の多くは情念的であり、快楽を動機としている。それに対し、有用のための愛は、実利を追求する老人や、効益を追求する壮年に見られ、共同の生を求めようと願わず、実利だけを目的にして他者にかかわっている。したがって快楽と有用とのゆえに愛している人は、相手を相手自身に即して愛するのではなく、自分にとり快適もしくは有用であるかぎりにおいて愛している。それゆえ、そこには相互性は生じていない。それに対し「愛する相手の〈ひととなり〉（エートス）のゆえに」愛する人こそ、自分の快楽や有用をはなれて相手自身に向かい、そこに相手の人格形成を志し、「善きひとたるかぎりにおける相手がたにとっての善」を願っている。(4)

(3)「親しさは均しさ」といわれるように、友愛は類似性において現象していても、神々や君主に対しては成立しないように、関わり合う両者が対等もしくは均等でなければならない。この均等性も私たちが偶然もっている付帯的なものではなく、ひととなりにおける類似性でなければ、友愛は成立しない。「だが、究極的な性質の愛は、善きひとびと、つまり、卓越性において類似したひとびとのあいだにおける愛である。……まことに、かかるひとびとはお互いに相手がたのひとびとそれ自身のゆえに、そうした関係を保っているのであって、付帯的なものに即して愛しているのではない。それゆえ、これら善きひとびとの愛は、彼らが善きひとであるかぎり永続する[5]」とアリストテレスは語っている。もちろんこうした愛は稀有であることを免れず、時を経て昵懇《じっこん》を重ね、諺にいう「塩を一緒に食べた」苦い経験を通して実現されると彼は付言している。このような人格の共同（コイノニア）こそフィリアの基礎である。

(4) アリストテレスの『政治学』もフィリアに立脚する国家哲学を展開している。ここでの彼の大変有名な命題「人間は本性的に国家社会的動物（ゾーオン・ポリティコン）である」に見られる社会性も「愛（フィリア）の共同」なしには成り立たない。したがって人間が国家的に社会的であるのに先立って、男女の共同的な「交わり」（コイノニア）から成る配偶的な本性がなければならないし、この交わりの本性にもとづいて愛も生起交流している。

「夫婦のあいだに愛の存するのは本性に即したものと考えられる。けだし人間は、本性的に、国家社会的なものたる以上に配偶的なものだからであって、それというのも、家は国に先だつところのより不可欠的なものであり、生殖はもろもろの動物に通ずるより共通的なものだからである。……人間は〔動物と異なり〕各自のものを両者共同のために差し出すことによってお互いの助けとなり、こうした愛に〈有用〉も〈快〉も含まれていると考えられるのはこのゆえである。だが、彼らがよきひとびとである場合には、その愛が卓越性に即するものでありうる」(6)。

異性に対する愛をフィリアという高貴な名称をもって呼んだだけでもアリストテレスの功績は大きい。人格的な生の共同を単に生物学的に考えるのではなく、家庭生活が相互的愛の共同により人格的に確固たるものになると彼は説いた。こうして男女の間の愛が単なる身体的衝動や欲望から解放され、共に生きるコイノニアの相互性として理解されるようになった。したがってフィリアとしての愛の特質は相互性にあって、プラトンの説くエロースの超越性とは全く性質を異にしているといえよう。このようなフィリアが男女の愛にも夫婦愛の現象のなかでも説かれるにいたったのは、ヘレニズム時代に入るころから婦人の地位が向上し、身体的欲望の対象ではなく、それ自身の人格が認められ、愛と信頼、つまりフィリアの伴侶となりうるようになってきたことを暗示しているのではなかろうか。しかし、男女の愛が現実に真の相互性に達するのは、後述するように、一二世紀の宮廷的恋愛からであって、アリストテレスにおいては単なる要請、もしくはあるべき姿として暗示されているにすぎないといえよう。

三　エピクロス派とストア派

ヘレニズム時代の哲学はエピクロス派とストア派によって代表されるが、両派ともフィリアとしての愛をいっそう強調し、賛美するようになっている。たとえば快楽を最高原理とみなすエピクロスにおいても、単なる欲望の達成よりも友情による充実した生活に幸福の源泉を求めている。彼の主要教説の中からその主張を引用してみよう。

「全生涯の祝福を得るために知恵が手に入れるものどものうち、友情の所有こそが、わけても最大のものである」(7)。「われわれはこの有限な存在においては、友情による損なわれることのない安全こそ最も完成されたものであることを知る」[8]。「友愛は、祝福ある生活の頌《たた》えに目覚めよと、われわれのすべてに告げながら、人の住む全土を踊りまわっている」[9]。

エピクロスはこのようにフィリアを唱導しかつ賛美しているけれども、アリストテレスのようにこれを夫婦愛にまで見ようとはしないで、「賢者は娶らず、子を儲けず、愛に耽溺しない」と説いて、気むずかしい独身主義者のように家庭から逃避しようとしている。そこでフィリアは「賢者の静謐」（アタラクシア）の中にもちこまれ、夫婦愛から離れた友情という固有の領域を切り拓いていくことになる。

これに対しストア派の考えはプラトン主義に回帰する傾向をはっきり示し、愛を身体的なものよりも精神的な和合のなかに見ようとする。たとえばストア派の元祖クリュシッポスは「愛は友情の一部であり、すこしも非難されるべきものではない。美は徳の花である」[10]と語っている。しかし、ストア派はプラトン主義とは相違して、夫婦愛を正常な愛の形態として認める一般的傾向をもっており、夫婦の共同のあり方にフィリアとしての愛を力説するようになった。プルタルコスの『結婚訓』のなかにストア派の考え方が具体的に説かれているので、紹介しておきたい。

「ストア派の哲学者に言わせると、肉体のある部分は、例えば艦隊や陸上部隊に似て、個々別々のものの集合であり、ある部分は家や船のように、いろいろな部分を接合してできており、またある部分は、およそ動物というものは皆そうだが、いろいろなものの有機的統合によってできている。結婚もまたこれとほとんど同じで、愛する者どうしの有機的結合である夫婦もあれば、持参金目当て、あるいは子供欲しさの接合にすぎない夫婦もあり、また中には、互いにばらばらの男と女が、ただ快楽を求めて一つ床に入るにすぎないというのもある。こういうのは、確かに同棲はしているが、彼らが共同生活をしているとは誰も思うまい。液体どうしが混じる時は、それぞれの液の部分が混じるのではなく全体が混じるのだと自然学者は言うが、それと同じように結婚の場合も、互いの肉体も財産も友人も親戚も、これらが全部混じりあうのでなければならない。ローマの立法家は、夫婦になった者が互いに贈物を贈ったり受け取ったりすることを禁じたが、それは、二人が何かを分かちあうことを禁じることを目的としたのではなく、むしろ、もうすべてが二人に共通であって、今さらこの上分かちあうものはない、と夫婦が考えるようにとの意図に出たものである[11]」。

ここにストア派の人間観に立つ夫婦愛が全人格の共同から成り立つというフィリアの思想にもとづいていることがよく表われていないであろうか。プルタルコス自身のフィリア観は後に述べることにして、ストア派のなかでも思想上の代表者といえるキケロの『友情論』に展開している友愛の特質を次に考えてみよう。

四　キケロ

古典ヒューマニズムを代表するキケロの著作の中でも『友情論』はとりわけ多くの人々に愛好され、広く古代世界のみならず、ヨーロッパ中世と近世における教養世界の基礎に据えられるようになった。そこで彼の友愛についての特色ある思想をあげてみることにしたい。

(1)　キケロによると友愛は、一般に考えられているように、自分が貧しく無力であるため、他者に助けを求め、たがいに奉仕するような願望から起こっているのではない。そうではなくそれは「人性の本質そのものに基因している原因」から生じている。それというのも「友情 amicitia の語源である愛 amor とは、人の互いに大切に思うこころを結び合わす主動者であるから」である。したがって彼は、「友情は不足による要求よりも、むしろ人性の真に出るものと私には考えられる」と述べ、人間存在の本質にその基礎を求めている。[12] 人性のこの傾向は「愛そうという感情」であって、決して有用性から生じるものではなく、キケロはこの愛の働きを近親関係に優る本性上の協和性に求めている。「というのは、我々は生まれつきがすべてお互いの間に、近づけば近づくほど深さを増すようなある協和性を有している、と私には明らかに思われるのだ[13]」と彼は言う。確かに近親関係からは好意や親切を除き得ても、友情からこれを取り除くことはできない。したがって友情は近親関係に優っており、しかも天性がもつ無数の人間の結合関係の中で、二人とか少数のあいだで人間の情意のすべてをあげてこの友愛関係が造られていると語っている。

(2)　このように友情は最も尊いものであるがゆえに、徳を欠いては成立しない。実際、徳と知見とをゆたかに備えている自由人こそ友情を求め、これを大切にしている、とキケロは述べ、アフリカヌスとの交友についてこう語っている。

「そもそもアフリカヌスは私に求めるところがあったのであろうか。全然ないのだ。また私とて何も彼に求めはせず、ただ彼の善徳に感入したとでもいうところから（彼を愛し）、彼の方ではまた私の性格についてもっていた多分はまず相当な評価のために私を愛したわけであり、相親しむにつれ交誼も深まって行った。しかしながら多大な利益がこれによって獲得されたとはいえ、我々の愛情の根本はそのような（利益を得ようとの）望みに発していなかったのである。何んとなれば我々が親切を好み寛容を愛するのは、報恩を要求せんがためではないように……同じく友情に対しても、儲けを得る期待に引かされてではなく、友愛の楽しみはすべて愛そのものの中にあるがゆえに、これを求むべきだと考えるのである[14]」。

それゆえ、キケロは友情を快楽に求めるエピクロス派の誤りが大きいことを指摘する。友情は愛や親切心と同じく、人間の天性から生じているがゆえに、友情のもたらす益は、心の本性が不変である以上、決して失われることなく、真実な友情は永遠に変わらない、と言う。さらに彼はエピクロス派の静謐（アタラクシア）をも非難し、煩いを恐れて仕事や友情から退くのは間違っており、煩いを避ければ、同時に徳も避けなければならなくなるし、人情と心情がなければ、獣や石との区別がなくなってしまう。しかし、友情は「優しくしなやかなもの」で、友の幸せに会えば、延び広がり、不幸に会えば、引き締まるから、友人との交際を煩わしいと思ってはいけない、と彼は説いている。

(3)　さらに、相似た心は相互に結びつける愛の相互性を天性としてもっていることが強調されている。似ていると、愛そうという心をおのずと生みだし、「愛し愛し返す」相互性にいたり、「相互の似通いが友愛を誘う」のであって、天性にまさって自分に似たものを激しく求めるものはない、と語られている。しかし、この天性はすべての生物に共通のものであるし、そこにはまず自己を愛し、次に自己と似た同類仲間を愛し求めることが生じている。ただし「人間においては、その天性から推しても、いっそう激しく、自己を愛すると共に、また他者を求めて、これと互いに心を混え交わし、ほとんど一身にして同体ともなろうと望む(15)」とあって、人間の自然本性をその純正な姿にまで高めようとするキケロの思想がよく示されているといえよう。

五　プルタルコス

次にギリシア的世界観の最後の代表者となったプルタルコスの友愛論について考えてみたい。とくに彼の『モラリア』（倫理論集）に入っている『愛をめぐる対話』に展開するフィリアの思想は注目に値する。

彼は『似て非なる友について』など友情と対立する視点からもフィリアについて考察しているが、この対話においては少年愛をしりぞけ、プラトン主義のエロースを正常な異性愛にもどし、これをフィリアの相互性にまで深めようと試みている。それゆえ、アリストテレスのフィリア観をエロースの中にまで浸透させようとしていることになる。

プルタルコスは新婚早々に、エロースを祀った唯一の都市ボイオティアのテスピアイの祭りに妻を伴ってやって来たことを述べ、そこで異常な少年愛と正常な異性愛との争いから愛についての対話が行なわれた次第を紹介している。その対話の中で彼はフィリアを四種類に分けており、エロースをもこの四種類の中に加え、プラトンにもアリストテレスにも、こういう考え方があったことを示唆して、次のように語っている。

「昔の人は愛（フィリア）を四種類に分けて、血縁の愛、次に客人の歓待、三番目に友情、そして最後に恋（エロティコン）としたが、このうち、もしはじめの三つ、つまり友情と客の歓待と同族意識、親子兄弟の愛、これは神様が守ってくださるが、ただ恋愛だけは穢《けが》らわしくて神も見そなわさず保護もしてくださらない（しかもこの恋愛こそ神様のお世話とお導きがいちばん必要というのにだ）、もしそんなことを言ったら、これもおかしな話じゃないかね(16)」。

プルタルコスはフィリアを人間の愛全体を表わす上位の概念として立て、エロースをその下位に従属させ、その中でも少年愛や同性愛に対し鋭い批判をしながら、異性愛を単に価値を求めるエロースに属させないで、フィリアの相互性にあずかるものとしている。この相互性を言語的に分析して彼は次のように語っている。「思うに、〈愛し愛される〉という語（ステルゲイン）と〈水が洩れないように〉しっかり支える〉という語（ステゲイン）は、字に書けばたった一字の違いでしかない、ということはとりもなおさず、夫婦の間にひび割れが生じたりしないよう、長年の間しっかり連れ添っていれば、たがいに相手に対する思いやりがいやおうなしに生まれてこようというものだ」[17]と。このようにしてエロースがフィリア化されてゆくと、一方的に追求するエロース同士が衝突し合っても、やがて共同生活のさ中から完全な交わりと結合が生まれてくる。この有様をプルタルコスはエピクロスの原子論を借りて次のように説明している。

「愛の場合も同様で、ちょうど二種類の液を混ぜ合わせた時のように、愛もはじめは液を沸騰させ混乱させるが、やがて時がたつにつれて、落ち着いて上澄みができて、非常に安定した状態になる。これが愛する者どうしの本当の〈完全な結合〉と呼ばれるものなのだ。この完全な結合によらず、ただいっしょにいるというだけの結合は、エピクロスの言う原子の接触や混り合い（断片二八六）のようなもので、ぶつかりあったり跳びはねたりはするのだろうが、エロスが夫婦の共同生活を司って成就させる一心同体の境には至らない」[18]。

このテキストの終わりに述べられているエロースは夫婦の共同を完成させる愛であって、その内実はフィリアにほかならない。プルタルコスはこういう人と人との和合がホメロスによって「友情」と呼ばれていると付言している。ここにエロースのフィリア化が生じ、愛が本質的に「相愛」に立つ相互性を帯びるようになり、これが一二世紀に生まれた宮廷的な恋愛の形態にまで発展してゆくことになる。

六　ボナールの友情論

愛が本質的に相互性において成り立っていることは「愛とは自他の共同（コイノニア）なのである」と説いたアリストテレスによって明示されている。このような愛は友愛（フィリア）に最も良く現われていた。この友愛は恋愛と対立的に彼により考えられていたが、やがて恋愛も相互性において成り立つと説かれるようになってきた。プルタルコスやオウィディウスさらにアウグスティヌスやトゥルバドゥールによってそのことは力説されていた。[19] しかし、ボナールの有名な『友情論』などでは依然として友愛が恋愛と対比的に論じられている。たしかに彼が言うように恋愛には性欲という本能が含まれ、親や兄弟の愛には血縁関係という自然の生命が働いている。友情にもカントが語っているように「必要の友情」とか「趣味の友情」のごとく利害や傾向性が主導的である場合もあって、すべてが「心の友情」ではないけれども、友情の本来の形態はキケロのいう人間の協同性にもとづいており、身体的自然から独立している。ボナールは友情の高貴さを次のように恋愛と対比しながら論じている。

「恋愛の力というものは、それがわれわれに吹きこむところの数々の感情の混乱でつくられている。恋愛のなかには絶えず人が口にする高まろうとする欲求と、それほど口にはされないが、それに劣らず強い堕落への欲求がある。……恋愛は、上昇の観念でわれわれを誘わぬときには、堕落の観念でひきつけるものだ。……これに反して、友情とは、ひたすら、われわれのなかのよりすぐれた部分へ語りかけるものである。ただ単に高貴であるだけの恋愛には、色あせ貧しいものになる危険がある。つまり、必要な肥料が欠けているといえるであろう。友情は、高貴そのものであるときほど強いことはない[20]」。

ボナールはこのように友情の高貴さを力説し、それに対し恋愛の問題点を指摘している。とりわけ恋愛が精神の承認なしに事を開始する点にその弱い原理をとらえている。彼は友愛における相互性を認めていても、アリストテレスやアウグスティヌスのように相互性や信頼関係に友愛を基礎づけてはいない。アウグスティヌスでは結婚における信頼や信義も友愛のための手段とまでみなされている。彼によると道徳的善には二種類あり、それ自身のために求められるものと、他の目的のために求められるものとに分けられている。知恵・健康・友愛が前者に属し、学識・食物・結婚が後者に属しており、したがって結婚は友愛のためにあり、友愛と共同のために存在価値をもつと説かれている。[21]

第三章　アガペーとカリタス

一　新約聖書のアガペー

ギリシア語で愛の特質をよく表明している第三の用語はアガペーである。これまでエロースとフィリアについて愛の特質を考えてきたが、次のアガペーという語はキリスト教以前ではきわめて稀にしか（七〇人訳聖書に二〇回、ユダヤ教文献に数回）用いられず、「名詞のアガペーは聖書以前のギリシア語にはほとんど全くといってよいほど見当たらない」ばかりでなく、動詞のアガパオーも「むしろ好む」といった特徴のない意味しかもっていない[(1)]。したがって自己の欲望を追求してやまないエロースと比較すると、それは主体により決断する特徴を示してはいても、フィリアの他者に対する親しみと温かさをもたず、その意味はあいまいであったようである。こうした未だ明瞭な意味をもっていなかった言葉こそキリスト教徒たちが、それまでにはなかった新しい意味を盛り込むのに適した媒体であった[(2)]。それゆえ新約聖書の記者たちがこのアガペーという語によって語ろうとした意味はエロースと対比するときわめて明確になってくる。エロースという言葉は新約聖書には見当たらないため、アガペーとエロースを対比しても、そこからは優劣が何ら判定されず、愛を理解する視点の相違が際立ってくるというべきである。エロースは本質において価値あるものを追求しそれを所有したいという熱望であり、最高の意味では神的なものへと上昇していく愛であるが、このように優れた心の運動と対比すると、アガペーはどのような愛を意味しているのか。この点に関してはニーグレンの名著『アガペーとエロース』が詳細を極めた分析をおこなっている。[3] ここではそこで指摘されている最大の特質だけに触れておきたい。アガペーは価値あるものへの愛でもそれを所有したい願望でもなく、価値があるなしにかかわらず神から授けられる無償の愛であり、所有するよりも授与しようとする自己犠牲的な愛であるといえよう。

このことを明らかに示している新約聖書の愛の教えを次にあげてみたい。

(1) ヨハネの教え

新約聖書の使信は「神は愛である」という内容であり、その意味するところは、「神は、その独り子をお与えになったほどに、世を愛された。独り子を信じる者が一人も滅びないで、永遠の命を得るためである」(ヨハネ三・一六) という言葉によく示されている。しかも、わたしたちが神を愛したから、その功績によって神がわたしたちを愛するというのではなく、「神がわたしたちを愛して、わたしたちの罪を償ういけにえとして、御子をお遣わしになりました。ここに愛があります」(Iヨハネ、四・一〇) とあるような罪人、弱い人、不信仰な人に対し「罪のあがない」、つまり身代金を払って罪とその罪責から解放するために、わたしたちに与えられる愛である。それゆえ、神の愛の根拠は人間の中にはなく、あくまで神自身のうちにあって、神はキリストと呼ばれたイエスをとおしてその本質と存在を愛としてわたしたちに啓示している。

このように神の愛は無価値なわたしたちに注がれているが、それはわたしたちが罪人という無価値な存在だから与えられるというのではない。イエスの御父に対する愛のように (ヨハネ一四・三一) 価値ある最高存在へ向けられることもあるが、価値にあこがれて求めるというような誘発され動機づけられた性質のものではなく、他者に価値を授け創造する性質のものである。それゆえ、神の愛は罪人に注がれている場合には、罪人の罪を許容しているのではなく、罪の支配に服している人を罪とその罪責から救い出そうと働きかけているのである。マックス・シェーラーが洞察しているように、こうした「救済行為の愛は、貧しい者、病める者の中にある積極的なものを実現し展開させるのである。病める者や貧しい者の病や貧困が愛されるのではなく、それらの背後にある隠されたものが、それらの病や貧困から救助されるのである」[4]といえよう。そこには最高の人格という価値が貧と富、健康と病気という対立から元来全く独立しているということも示されている。

(2) パウロの教説

福音書記者ヨハネと同じく、いなそれ以上にパウロはアガペーという言葉を使用し、それを神とキリストのわざを示すために用いるのみならず、これをキリスト信徒の徳とみなしてコリント信徒への第一の手紙では有名な愛の賛歌を次のように唱っている。

「たとえ、預言する賜物を持ち、あらゆる神秘とあらゆる知識に通じていようとも、たとえ、山を動かすほどの完全な信仰を持っていようとも、愛がなければ、無に等しい。全財産を貧しい人々のために使い尽くそうとも、誇ろうとしてわが身を死に引き渡そうとも、愛がなければ、わたしに何の益もない。愛は忍耐強い。愛は情け深い。ねたまない。愛は自慢せず、高ぶらない。礼を失せず、自分の利益を求めず、いらだたず、恨みを抱かない。……それゆえ、信仰と、希望と、愛、この三つは、いつまでも残る。その中で最も大いなるものは、愛である」（Iコリント一三・二―五、一三）。

このように優れた徳である愛はパウロによるとわたし自身により受容されたものであって、自家製のものではない。彼は「わたしたちに与えられた聖霊によって、神の愛がわたしたちの心に注がれている」（ロマ五・五）と語り、「この宝を土の器の中に持っている。その測り知れない力は神のものであって、わたしたちから出たものでない」（IIコリント四・七）と説明している。しかし、この神の愛がわたしたちの心の中に宿ると、それは「内なる人を日ごとに新しくし」（同一六）、わたしたちを改造し、「神に愛されている子供として、神に倣う者となりなさい」（エフェソ五・一）と勧められ、神の愛の荷い手としてわたしたちを完成させる。

（3）伝統的なユダヤ教を超えるもの

ヨハネ以外の共観福音書の記者たち（マルコ、マタイ、ルカ）が伝えるイエスの教えの中にはアガペーという言葉はそれほど多くあらわれていないが、伝統となったユダヤ的価値観と鋭く対立した形で神の愛が説かれている。

イエスは律法学者との論争にさいし戒めのなかで最大のものを神への愛におき、第二の戒めとして「隣人を自分のように愛しなさい」をあげている（マルコ一二・三一）。ここから第二部でとりあげる神への愛・自己愛・隣人愛という三つの愛の間の順序、したがって「愛の秩序」の問題が生じてくる。ここではイエスが隣り人なる律法学者にどのような態度をとっているかに注目しなければならない。イエスは彼の返答の適切なることを認め、「あなたは、神の国から遠くない」（同三四）と言われたが、かの律法学者は何百もある多数の戒めのうち最大の戒めとは何かという難問中の難問をイエスに突きつけ、罠にかけて陥れようとしている手ごわい論敵だったのである。この敵に対してもイエスは愛により近づいていき自らその隣り人となっているではないか。イエス自身がよきサマリア人であったのである（ルカ一〇参照）。そこには自己愛の影さえ見あたらない。こうしてイエスのうちに「敵をも愛せよ」というアガペーの戒めが実現している。山上の説教のなかでアガペーの戒めは次のように記されている。「あなたがたも聞いているとおり〈隣人を愛し、敵を憎め〉と命じられている。しかし、わたしは言っておく。敵を愛し、自分を迫害する者のために祈りなさい。あなたがたの天の父の子となるためである。父は悪人にも善人にも太陽を昇らせ、正しい者にも正しくない者にも雨を降らせてくださるからである」（マタイ五・四三－四五）。

イエスとパリサイ人との生き方の対立がここでは「しかし」により示されている。パリサイ人が古い律法を厳守する道徳主義者であるのに対し、イエスは神と人との関係を外的な法によって規定するのではなく、神の愛に生きることに求めている。元来、古代社会では「隣人を愛し、敵を憎め」という旧約聖書にある律法は社会を維持するための対内結合と対外閉鎖の同時性として認められていた。これに対決してイエスは「敵を愛し、迫害する者のために祈れ」と命じている。このテキストは山上の説教に入っており、イエスの発言にはその福音が先行していることに注意すべきである。したがってそこには「神は愛であり、愛は神より来たる」（Ⅰヨハネ四・七、八）が先行しており、この神の愛に生きる者は、人間的な愛の原則を超えた生活を送り、天の父の完全性にならうことが指摘されている。相手の善業も役に立たず、その悪業もさまたげとならない至純な愛こそ神の愛の完全性である。この愛を与えられた者は、神の愛と赦しの絶大なる価値のゆえに、敵をも愛する者とされている。

（4）二つのぶどう園労働者の物語

このような神の愛がイエスの教えの基礎になっているがゆえに、愛という言葉が使われていない場合でも、その教えを愛から解釈すべきは当然である。放蕩息子、サマリア人、ぶどう園の労働者、失われた羊と貨幣、邪悪な農夫などの物語や譬え話もすべて神の愛を説いている。この中でぶどう園の労働者たちの物語（マタイ二〇・一―一六）だけを考えてみよう。朝早く一日一デナリオンの賃金で労働者を雇った主人は、九時頃、十二時頃にも、また三時と五時頃にも労働者を雇い、最後に雇った人から順々に最初の人々にわたるまで賃金を支払うように命じた。最初の人々が「最後に来たこの連中は、一時間しか働きませんでした。まる一日、暑い中を辛抱して働いたわたしたちと、この連中とを同じ扱いにするとは」と不平をいうと、主人は自分は契約どおりしたと述べてから「自分の物を自分のしたいようにしては、いけないのか。それとも、わたしの気前のよさをねたむのか」と答えている。この物語が何を言おうとしているかは、これとよく似ている次のラビの語った物語とを比較するといっそうよく理解できる。

「ある王が多くの労働者を雇った。……そのうちの一人は、勤勉さでも熟練度においてもきわだっていたので、王は手をとって彼とともにあちらこちらを歩き回った。夕方になって、労働者たちが賃金を受け取るためにやって来た。その熟練した労働者もその中の一人であった。王は彼らに同じ賃金を支払った。一日中働いた者たちは、呟いて言った。わたしたちは一日中働いたのに、この男はたった二時間だけで、一日分の賃金をもらうとは」。(5)

二つの物語はよく似ているが、両者の相違点もまた鮮明になっている。二時間の熟練労働者の価値は一日分の一般労働者に等しいという合理化がラビの物語にはあって、すぐれた功績に対する報いが語られているのに対し、イエスの物語はまさにこのことを否定し、神は人の功績にもとづかず、ご自身のゆたかな愛から無償で罪人に恵みをほどこすことが鮮明に描かれている。実際、一時間の労働に支払われる貨幣もあったようであるが、神の無償な愛に対し一〇分の一などというものはない。

イエスが説いた神の愛は十字架の立つカルヴァリの丘で逆説的で躓きをもたらす驚くべき仕方で啓示された。それはアガペーが自己犠牲的な愛であることを示している。そしてこの愛を信じて受容する者は「心の深みまで新たにされて」(エフェソ四・二三)、他者に向かって献身する隣人愛の実践に向かう。そこから、たがいに愛し合うようにとの愛の戒め(ヨハネ一三・三四、一五・一二)が要請され、いまや愛は喜ばしい義務となっている。

二　アウグスティヌスのカリタス

ギリシア語で愛の特質を表わす三つの言葉について私たちはこれまで学んできたが、エロースとアガペーが鋭く対立している点が明らかになった。エロースは本質的に価値あるものを追求しそれを所有したいという願望に発しているのに対し、アガペーは対象の価値によって触発されず、かえって価値を授けてゆく無償の愛で、自己犠牲を特質としている。ここに人間的な愛と神的な愛との基本的相違があるが、アガペーも人間の心に宿るとそれは自然的愛を改造してゆく力を発揮する。そのためエロースからアガペーへの愛の転換が生じ、両者の総合が求められるようになった。このことはプラトン主義とキリスト教との総合を試みた古代末期のキリスト教教父たちの哲学により探求されている。ここではこの総合をカリタスの教説によって提示したアウグスティヌスを通して紹介したい。

ラテン語で愛は一般にアモル(amor)で表わされるが、エロースに当たる語がクピディタス(cupiditas)であり、アガペーに当たる語がカリタス(caritas)であるといえる。しかし、神の愛はアモルでもカリタスでも言い表わされているように、言語上の区別はないのが実状で、それにより表現されている意味内容が問題なのである。そこでカリタスの特質を示すいくつかの局面を次に指摘してみたい。

（1） エロースからアガペーへ

アウグスティヌスの思想はプラトン主義の哲学を経由してキリスト教信仰に到達したため、この両者が対立や矛盾に陥らないように総合されている。そこからプラトン的なエロースとキリスト教のアガペーとが総合的に受容され、相互に他を排斥することなく融合するにいたった。ここに新しい愛の類型と思想が生まれてきている。この点を初期の著作『カトリック教会の道徳』で明らかにすることができる。彼は道徳を愛の問題を中心主題として説いている。それによるとわたしたちは理性により真理を観照したいという願望をもっている。これはエロースに当たる。しかし理性は神的なものに向かって進んでいくと、光り輝く神から暗闇に退いてしまう。そこで彼は「それは、その神的なものを見ることができません。しかし見たいという熱望によって動悸し、燃え、真理の光に目をくらませてしまう。……それゆえ、〔神の〕名状しがたい英知の配慮によって、陰に隠れたあの権威が暗やみに帰ろうとしているわれわれを迎えんことを」(6)と語っている。これはアウグスティヌスの神秘的体験にもとづいて語られており、『告白』第七巻が詳述している経験のことを述べたものである。つまり彼はプラトン主義に導かれて真理を認識し、真理自身なる神を観ることに到達しようとするが挫折してしまい、受肉したキリストの権威に助けられ、それに対する信仰によって神の認識にいたろうとする。この経験にもとづいてカリタスの教説が生まれてくる。すなわち、エロースの発動により神と真理の観照に向かって超越的に上昇する運動が生じるが、これが探求の途上で自分の弱さゆえに挫折すると、神に発する英知的光の照明を受けて精神は再び神を求めはじめる。また愛が現世的対象にとらわれると、貪りや邪欲に変質してゆくが、神の愛の注ぎを受けることによって、愛は清められ、聖き愛カリタスとなり、神と真理とに再び立ち向かうようになる。こうしてエロースに発しながらアガペーの助けを受けてカリタスは聖い愛として内的な転換をわたしたちのうちに生じさせている。

（2）カリタスとクピディタス

次にアウグスティヌスは愛を対立する二種類に分け、世俗的関心への愛をクピディタスと呼び、世俗的関心を離れて神へ向かう愛をカリタスと呼んでいる。「愛せよ。そしてあなたの愛しているものが何であるかに注意せよ。神への愛と隣人への愛はカリタスと呼ばれ、この世と生への愛はクピディタスと呼ばれる。クピディタスをおさえ、カリタスを目覚めしめよ」(7)。ここに二種類の愛はカリタスとクピディタスと呼ばれ、クピディタスを抑制し、カリタスに目覚めるように命じられている。さらに愛の対象について注意するよう命じられているように、愛の上昇と下降の運動は神と現世という目的によって一般的に規定されている。しかし、神への上昇について「わたしはあなたの賜物によって心が燃やされ、上方に駆られてゆく、わたしたちはあなたの火、あなたの善き火によって燃え上がり、上昇してゆく」(8)とあるように、内的な力の促しによって愛自体が方向転換し強化されることが先行している。内的な火によって点火されると愛は燃え上がって強力な力を発揮する。この愛は自然本性に内在するものでも、自然本性の力によるものでもなく、上から注ぎ込まれる。したがって神に対する愛が心に注ぎ込まれると、人間は神を愛するものに変えられる。この内的変革について『霊と文字』の次の文章が最も明らかに述べている。

「それでは、その愛、つまりそれによって信仰が活動する聖い愛は、どこからきたのか。それは、信仰自体が愛を獲得する源泉以外のどこからきたというのか。なぜなら、聖い愛が、わたしたちに賜わった聖霊により、わたしたちの心にそそぎ込まれるのでないなら（ローマ五・五）、わたしたちのなかでどんなに小さなものであろうと、愛がそうじてわたしたちのうちに存在しえないだろうから。とはいえ、わたしたちの心のなかにそそがれると語られている神の愛とは、それにより神がわたしたちを愛する愛ではなく、かえってそれによって神がわたしたちを神を愛する者となしたもう愛なのである」(9)。

この二つの愛の差異はニーグレンによると「種類の差異ではなく、対象についての差異であり、愛とは本質的に中性的な願望であって、その特質はそれが向けられる対象によって決定される」と説かれている。[10] たしかに神へ上昇する愛がカリタスと呼ばれ、世俗に向かう愛がクピディタスと呼ばれており、「下水の中に流れ入る水を、下水の代わりに庭園に引いてきなさい。この世に対してもっていた強い衝動を、世界の創造者に向かってもたせなさい」[11] と説かれている。しかし、アウグスティヌスにとりこの世もそれ自体神の被造物として善であり、ただ神よりも世界を選びとり、それの虜となることが、邪欲としてのクピディタスの特質であって、対象よりも対象に関与する主体的な愛のあり方にカリタスとクピディタスの根本的差異があると考えるべきである。愛が対象によって二つに分けられるというのはプラトンがエロースを天上的なものと世俗的なものとに二分した方法と同じであって、プラトンの影響の強かった初期にはその傾向が認められる。しかし中期の著作以来、神と人との関係が内的な心の問題として考察されはじめ、精神の悪徳について「異端の教えによって肉欲を抑え節制しているように見えても、肉欲を断った時でさえ、いとうべき肉のわざを行なっていると宣告される」[12] と言われているように、最高善を求める精神の上昇さえも罪でありうると考えられるようになった。したがって愛の対象よりも、愛自身の内的な態度や心情のうちに、「享受と使用」(frui et uti) という愛自身の実践的な対象に関する主体的な関わり方の中に、愛の本質規定が求められている。したがって被造物をそれ自身のために愛するというのは享受することであり、被造物を絶対視し、これの虜となることを意味する。それゆえ対象としての被造物が愛の性格を決定しているのではなく、対象への愛の関わり方がクピディタスとなっている。このようにしてプラトン主義が克服され、新しい愛の類型が創造されている。

（3）「神の愛」とは「神への愛」である

カリタスは本質において神の人間に対する愛よりも神への愛として理解されている。アウグスティヌスはパウロの考え方にしたがって聖霊により神の愛がわたしたちの心に注がれる（ローマ五・五）と説いているが、その愛は神に対する愛を意味しており、隣人に対しては隣人が神に対する愛をもちうるように配慮することを意味している。まず前者について次のように語られる。「とはいえ、わたしたちの心のなかに注がれると語られている神の愛とは、それにより神がわたしたちを愛する愛ではなく、かえって、それによって神がわたしたちを神を愛する者となしたもう愛なのである」と。また後者については「人間は自分自身のように愛することを命じられている隣人を、神を愛するように助けるということになる」と語られているのを見ても明らかである。[13] このように、すべてを神への愛に向けて秩序づけるところにカリタスとしての愛の特質がよく示されている。

（4）愛の合一作用

さて、この神の愛をわたしたちが受容すると、神への愛が生まれ、邪欲から解放されて神の律法が実現される。神の愛を受容するのは信仰の働きであり、信仰には「同意をもって考える」という働きが含まれている。この同意において主体的な意志の働きが認められ、人間の自然的な能力も承認され、アガペーを受容する主体の意義が説かれている。このように愛は主体的関与の仕方から規定され、問題は愛が現世を享受することにより、現世愛の虜になり、神への愛を喪失していることにある。このような「虜となる」のは愛がその対象と一つになる傾向から生じている。ここに愛の独自な合一の作用がある。つまり「愛とは愛する人と愛されるもの〔対象〕とを一つにし、あるいは一つにしようとする生命にほかならない」[14]。ちょうど物体が重さにより運動するように、人間は愛の重さによって運動する。しかし愛が現世の虜になると、もはや神に向かって上昇する運動を起こすことができなくなり、情欲の重さにより下降せざるをえない。だが、「切りたった淵の中に落ちこんでゆく情欲の重さと、そこから引き上げてくださる聖霊による愛のはたらき[15]」が存在している。この神の愛の働きにより下降から上昇への方向転換が生じる。

ここに二種類の対立する愛があり、一方は「世俗的関心への愛」であり、他方は「世俗的関心を離脱した確実な愛」である。そして「聖なる霊」の注ぎにより前者から後者への転換が生じている。この二つの愛は上昇と下降の運動である。「すべての愛は上昇するか下降するかである[16]」。この二つの愛から「地への愛」と「神への愛」が生じ、『神の国』の歴史神学が説かれるようになる。

(5) 愛の命法と倫理

だから、もしこの愛のあり方自身が正しいカリタスであるならば、「愛せよ。そしてあなたの欲することをなせ」(Dilige, et quod vis fac.) という有名となった命法が意味を得てくる。神の愛によりカリタスを受容した人は、新しい存在を得ているのであるから、カリタス(愛)の根から当然善いわざが生じてくる。神により与えられた新しい存在から倫理が形成されているがゆえに、ここにわたしたちは、自律でも他律でもない神律倫理が成立していることに注目すべきである[17]。この命法の前後には次のように語られている。

「人々の行動は愛の根にもとづいてのみ見定められねばならない、と私たちが主張していることに注意してほしい。外見は良く見えても愛の根から生じていない多くのことが行なわれている。……したがって短く単純な戒めが決定的にあなたがたに与えられる。愛せよ。そしてあなたの欲することをなせ。……愛の根があなたのうちにあるように。そうすればその根から善のみが生じることができる[18]」。

このような愛を隣人に向けると、外的な実在対象としての隣人ではなく、「神において隣人を」愛するがゆえに、「彼のうちにあるものをあなたが愛するのではなく、彼があるようにとあなたの欲するものを愛するのである」(Non enim amas in illo quod est, sed quod vis ut sit)[19]。ちょうど熟練した工匠が材木を見てその中に将来の姿を見るように、視力を強化された愛は、外的対象を越えて隣人の本来的形姿を見ており、そこに向けて具体的に対象に関わってゆく。もちろん隣人愛は既述のように隣人が神を愛し、それにより幸福(救済)を達成することを目標としている。

(6) カリタスの論理

アウグスティヌスが説いているカリタスの思想には独自な論理が見られる。そこには知的な合法則性はなく、リクールの説く心における「過剰の論理」(the logic of superabundance)がある[20]。これはバンヤンがその著作に『罪人の頭に恩寵溢れる』との表題をつけたとき、合理的な配分を遙かに超えた賜物の授与を感じたのと同じ論理である。またパスカルは『パンセ』の中で「イエス・キリスト、聖パウロの持っているのは、愛の秩序であって、精神の秩序ではない。すなわち、かれらは熱を与えようとはしたが、教えようとはしなかった。聖アウグスティヌスも同じである[21]」と言っている。彼の言う「熱を与える」とは「私たちはあなたの火、あなたの善き火によって燃え上がり、上昇してゆく」と先に引用したアウグスティヌスの文章にあるような、火と燃焼により生じる心情の動態である。したがって「一方の愛により他方の愛が燃え立たせられる」(Ex amante accenditur alius.)[22]。この火の論理がアウグスティヌスにおいてはプラトン主義の知的体系の論理によってやわらげられて、静かな心情の運動となっている。最後にこのような姿を『エンキリディオン』によって述べてみよう。アウグスティヌスはキリスト教の教義全体の概要を、神の愛を精神が受けて信仰から観照へ向かう歩みの中に捉えて、次のように語っている。

「しかし、精神が愛によって働く信仰の発動により生気を与えられるとき、正しく生きることによって観照にまで達しようと努めるのである。この観照において、心の清く完き者たちは言語を絶する美を知り、その美の十全な直観が最高の浄福なのである。疑いなくこのことが〈あなたの求める最初のものと最後のもの〉である。すなわち信仰にはじまり、観照によって完成する。また、このことは教義全体の要約でもある(23)」。

この文章は精神が絶対美の直観に向かって上昇するプラトン主義の弁証法により構成されている。もちろん、その上昇への道が信仰・希望・愛により与えられている点で基本的な相違が認められる。とはいえ神の観照が究極目的に据えられている点では同じである。というのは神の観照が神への愛の表われである神の享受（frutio Dei）において達せられる究極目標だからである(24)。さらに精神は、たいていの場合、自己愛や高慢さらに罪過によってクピディタスに支配されているため、自分の力で神への愛に達しえない。このクピディタスを清めるためには神の愛であるカリタスが信仰により受容されなければならない。信仰は自己自身にないカリタスを求め、神の霊によりカリタスが注がれると愛の力は強大になりクピディタスを駆逐する。このことはパウロの「愛によって働く信仰」について次のように説明されているところを見ると明らかになる。

「さて信仰とは使徒が〈愛によって働く信仰〉と勧めているキリストに対する信仰である。信仰はいまだ自己の愛の中にもっていないものを、与えられるように求め、見いだされるように尋ね、開かれるように叩く（マタイ七・七）。信仰こそ、律法の命じるものを獲得する。もし神の賜物がないなら、つまりそれによって『私たちの心に愛が注がれる聖霊』がないなら、律法は命じえても助けえない。……実際、神の愛のないところには、肉欲が支配している。……そして人が神の霊によって動かされるようになるとき、愛の力は強くなって、肉に抗おうとの欲求が生じる[25]」。

さらに、神の戒めと律法の目ざすものは愛であり、いっさいの行為は「神を愛し、神のために隣人を愛することに関連づけられるとき、正しく行なわれる」(tunc recte fiunt, cum referuntur ad diligendum deum et proximum propter deum.)[26]。

わたしたちはここにアウグスティヌス的愛の独自な合法則性を見いだすことができよう。神の愛としてのカリタスは心に注がれると内的に人間を生かし、生命の溢れる豊かさにより満たす。そのさい、人間の側での自己の悲惨な状態の認識が前提されていて、もはやクピディタスに満たされていない、空になった心、つまり信仰による「再生」という自己自身の形成への志向なしにはカリタスは発動してこない。それゆえ『エンキリディオン』は自己の悲惨さを知り自己の救済にまず向かうことを「愛の秩序」(dilectionis ordo)と称している[27]。したがって心情的な愛の論理が「過剰の論理」であるというのは、自己の無なることの認識にもとづいており、自己の無による新しき生の自覚は、主体が無化されるに応じて神の愛だけが横溢する様相を呈し、カリタスの横溢と躍動へとわたしたちを拉《らっ》し去るからである。この愛の論理は知的合法則性に還元できないが、愛に独自な、既に述べた「火と燃焼」の心情的合法則性を形成している。つまり愛は神の愛に圧倒されると、それを人間にとり絶対的究極的な価値とみなし、すべての行動を神へ向けて集中し関連づけるのである。

第四章　宮廷的恋愛

アウグスティヌスのカリタスの教説にはアガペーとエロースとの総合が追求されていることをわたしたちはこれまで明らかにしてきた。次に中世に入って新しい愛の形態が一二世紀から起こってきていることを解明してみたい。アガペーは神の愛であるがゆえに、人間の愛を超えてはいても、そこでわたしたちが発見したのは、愛の自己犠牲的形態であった。これはカルヴァリーの丘で歴史的に啓示されたもので、その影響は後世に決定的な方向を与えた。それに人間的な契機が加味された愛カリタスも、これを受容した人を救い、神の戒めに喜んで服従する愛として説かれていた。ところがこの自己犠牲的な愛は一二世紀に入る頃から女性への献身というかたちで広く普及するようになった。そこでは女性に対する献身に生きる愛の形態がエロースの恋愛に発する激情を秘めながらも、フィリアの相互性をも恋愛の中で実現するように生じてきた。歴史家セニョボスによる「愛は一二世紀の発明である」という衝撃的な発言もこの意味で真実であるし、(1) さまざまな批判はあるとしても、ルージュモンがそれを「ヨーロッパ的愛」とみなしたのも間違いではなかったといえよう。(2)

一　宮廷的恋愛とトゥルバドゥール

この新しい愛は「騎士道的愛」とも「宮廷的恋愛」とも呼ばれているが、それが一般に知られるようになったのは、比較的最近のことといえよう。一一世紀の終りごろ南フランスのラングドック地方に出現したトゥルバドゥールといわれる吟遊詩人たちの手になる恋愛詩のなかに愛の新しい形態が芽生えてきている。この恋愛詩は洗練された叙情詩で、「きらびやか」とか「雅び」を重んじ、謙譲や礼節を唱い、恋人はつねに愛する貴婦人のために献身し、服従と忍耐を美徳としている。それゆえキリスト教の神の位置に貴婦人が立った感じがする。

このような恋愛が生じてくるには封建社会の歴史的構造が影響していた。当時の宮廷では結婚といえば政略結婚であって、もっぱら政治に利用されたため、純粋な愛が結婚の枠を超えた恋愛の中に求められるようになった。当時世襲からはずされた、長子以外の多くの騎士たちは結婚外の恋愛に生きがいを求めており、愛はロマンティックなものに変わり、秘密裡に保たれ、かつ愛する女性への献身のうちに情念を浄化して、洗練させていった。後にこの愛は変質していくが、それでも単なる姦通はその目的とはされていない。吟遊詩人によって唱われた女性への献身的な愛は、その情緒のもつ激しさと高揚とが失われていても、なお婦人をつねに大切にする礼儀作法として欧米社会に定着して今日まで残っている。C・S・ルーイスはこの宮廷的な愛の革新的意義について次のように述べている。

「しかし、そこにあった最も重要で最も革命的な要素が、八百年にわたってヨーロッパ文学の背景をつくってきた事実だけは忘れられるべきではない。フランスの詩人たちは、一九世紀においてイギリスの詩人たちがまだ書いていたようなあのロマンティックな情熱の扱い方を、一一世紀において発見ないし発明し、最初に表現したのである。彼らはわれわれの倫理、想像力、日常生活のことごとくを変革し、われわれと過去の古典時代や現在の東洋との間に越えがたい障壁を築いたのである。この革命に比べたら、ルネサンスなどは文学の水面を騒がすさざ波にしかすぎない(3)」。

一一世紀の終わりから一二世紀にかけて起こった愛の革命が事実このような意味をもつとしたら、わたしたちはここからヨーロッパ的愛の形態をその本源の姿において見極めなければならない。クレティアン作『ランスロ、または荷車の騎士』やアーサー王伝説に典型的に語り伝えられている、騎士道的宮廷的恋愛は、古代ローマの作家オウィディウスの『恋の手ほどき』にその原形が認められ、しかも彼が同性に対し女性の口説き方を滑稽さを押し隠して忠告した中に現われている。

「中央広場へ来てくれと言われたなら、言われた時刻よりいつでも早めに来るようにし、(女が来なくても)遅くなってからでなければ立ち去ってはならない。どこそこへ来ているように、と(女が)君に言ったとする、そしたらいっさい投《ほ》ったらかしておいて駆けつけろ、そして人混みのために君が行くのが遅れないようにするのだ。夜など、女が(宴席の)ご馳走を満喫して家路につくこともあるだろうが、そんなときでも、女に呼ばれたなら、(お供の)奴隷の代わりとなって、行きたまえ。田舎にいて、〈いらっしゃいよ〉と言うこともあろう。恋は怠け者がきらいだ。車がなかったら、君は歩いてでもたどりつけ。いやな天気だろうが、からからに乾いた天狼星(が太陽とともに出没する酷暑の頃)だろうが、降った雪に道がまっ白くなっていようが、君はそのために遅れてはならない(4)」。

オウィディウスは女性が破滅への誘惑者であることを知りながらも、皮肉をこめてこのように献身することを勧めていたが、この愛への献身が宮廷的恋愛にとっては文字どおりの生き方となっている。これは唐突に出現したように思われるが、愛の献身的態度は、すでにキリスト教の影響によって広くゆき渡っていたことから、宮廷的恋愛が生まれてくる基礎は築かれていたのではなかろうか。一一世紀に入ると領地を相続できない若い騎士たちは、アーサー王の円卓の騎士たちのように、貴婦人に対して「至純の愛」（フィナモル）を捧げる生活を送っていた。一一世紀の末に書かれた『ローランの歌』という有名な武勲詩では婦人の地位はなおそれほど高くはなかった。ところが一二世紀の一大傑作『トリスタンとイズー』になると、王妃イズーへの騎士トリスタンの至純の愛が大いに賛美され、女性の地位は向上してきた。しかし二人の愛を喚起させた「媚薬」には衝撃的な運命のもつ不可抗力が認められ、愛が自由な意志から発するとは考えられていない。これに対し、南フランスのトゥルバドゥールと呼ばれた詩人兼作曲家たちが共有する愛の観念には男女が相互の自由な発意により恋愛し、女性を高貴な存在として崇め、憧れの女性に対し熱烈でかつ謙虚な愛を捧げ、この愛により自己をも向上させてゆく姿が唱われるようになってきた。

そこで、わたしたちはトゥルバドゥールの詩を参照しながら、宮廷的恋愛の特質をいくつかあげてみたい。

(1)　トゥルバドゥールの最古の詩人ポワチエ伯の経験のなかにこの愛の最初の姿がくっきりと現われているので、この愛がいかなる経験から芽生えてきたかを説明してみよう。彼はアキテーヌ公ギヨーム九世として当時フランス国王をはるかに凌ぐ領地を治めていた。『トゥルバドゥール評伝』（一三世紀作）では「世にも雅びな人、女をだます手管に最もたけた男の一人」であり、年代記作者によっても破廉恥で悪徳の泥沼にあった人とみなされている。実際彼は二度結婚し、二回破門宣告されても、平然として放蕩にふけっていた。(5)しかし『評伝』の後半部に入ると、全く新しい発想の詩が現われてくる。

かの女のもたらす喜びは病人を癒し、
またその怒りで健かな人をも殺す。
わたしはかの女なしには生きられぬ、
それほどかの女への愛に飢えているからだ。(6)

愛する貴婦人へ熱情をこめて服し、女性への愛に生きる価値を見いだし、次第に謙虚になっていく姿がこの詩にあらわれており、愛の献身へと次のように変貌していく。

もしあの人が愛の贈りものを下さるのなら、
それを受け、心から感謝して、
口外することなくあの人に仕え、
お気に召すように話し、振舞うつもり。(7)

この愛は秘密のものであり、そこにまた洗練さが生じており、相手によって受け入れられると愛の相互性の中に幸福が湧きあがってくる。

この世のあらゆる喜びはわたしたちのもの、
おお、貴女、もしわたしたちが愛し合うならば。(8)

この詩にある「わたしたち」こそ愛の相互性が実現する場であり、詩人はそれを「さんざしの細い枝」にことよせて春の到来として語り、新しい繊細さと感性とをもってこう歌っている。

あたしたちの愛も同じこと
あのさんざしの細い枝のように

夜の間　雨と霜とに震えおののく、
朝になり日の光が
緑の葉と小枝を縫って
ひろがり行くまで。(9)

まったく新しい愛の経験が春秋の交代をとおして見事に描かれ、この詩により新しい愛に魅入られた生にわたしたちは入ってゆくことができる。トゥルバドゥールの芸術は最初の発現からこのような完成された形であらわれている。

(2)　一二世紀の南フランスに始まり、やがて北フランス、さらにヨーロッパ全土に広がった宮廷的恋愛は、単なるエロースの再興といったものでは決してなく、全く新しい恋愛の形態となっている。それは恋愛を単なる性的本能の充足にのみ限ることを拒否し、かえって性衝動を昇華させ、精神化するものといえる。したがって宮廷的な「雅びの愛」というのは「それぞれが、もはや意中の貴婦人をわがものとし、彼女と共に寝台に赴く方法を見つけることしか考えぬ(10)」ようになると消滅してしまう。それゆえ、マルーが言うように「トゥルバドゥールの大発見とは、愛が火の流れ、燃えあがる肉欲以外のもの、或いはそれ以上のものになりうる、ということである(11)」と言えよう。とはいえ、この新しい愛は決してプラトニックな愛ではない。この点をいっそう明らかにするために宮廷礼拝堂付司祭アンドレ・ル・シャプランの『正しい恋愛技術法』（一三世紀初頭作）を参照してこの愛の特質を指摘してみたい(12)。

強制的で義務からなされる結婚における夫婦愛と相違して、新しい愛は突発性と驚きという新鮮さを伴っている点にまずその特質がある。つまり「愛する女の突然の出現は、恋人の心を驚愕でみたす」し、一瞬交わす眼差しに

「抑えがたい思い」を愛は植えつけると述べられている。またこの愛は官能を退けないにしても、愛欲の達成が目的ではなく、「愛は恋人たちの抱擁が稀で難しければ、それだけ熱烈なものになる」し、「けだし愛より純潔が生じる」（ギヨーム・ド・モンタニャック）と語られているように、純潔な愛というのは女性の存在そのものに専一的にかかわる人格的態度なのである。アンドレの恋愛作法では「愛においては愛する女性の与えようとする以上のものを、決して要求すべからず」とか「真の恋人とは、愛する女性の愛を受けること以外には何も願わぬものである」と定められている。女性に対するこの繊細な心づかいこそ新しい愛の第一の特質であって、欲得ぬきの純粋な、至純の愛をトゥルバドゥールは歌っている。

次にこの至純の愛は肉体的な愛と区別され、心の交わりから、口づけと抱擁に進んでも、「最終の快楽は抜きとなる」。なぜならこうしてこそ愛の関係は長続きし、よい評判を保ちうるから。

さらにアンドレは愛と婚姻関係とを区別している。「われわれは、愛が二人の結婚にまでその力を延ばしえないと決めているし、それを規則として確立している」と。彼は結婚愛（マリタリス・アフェクティオ）の可能性を認めながらも、それは「愛」（アモル）とは別であるとみなす。そのわけは、結婚には義務と必要との要素が介入していて、相手の功労に対し自由意志から報いているわけではない点があげられている。

中世カトリック教会は結婚の善を認めておきながら、原罪によって性行為に悪の要素が侵入しているとし、妻に対する情熱的な愛を退けていた[13]。したがって結婚に対するこのような消極的態度という点でカトリック教会と宮廷的恋愛は奇妙に一致し、司祭アンドレの主張もそこに根拠をもっていた。こうして真の愛は義務や必要にしばられない自由な発露であり、貴婦人により気儘に与えられる報酬でなければならない以上、彼の説は高貴な愛を結婚外の関係に求めざるをえなかった。もちろん、このように説いたのは彼自身が司祭で、結婚していなかったことから来ているのでも、まして姦通を勧めたのでもなく、「心からの愛」を何よりも力説したかったからである。「心底から愛情に発したものでなければ、愛の神に仕えても意味がないはずです」と彼は語っている。

(3)　トゥルバドゥールは愛を高い山頂にまで引きあげていって、雅びな恋に生きる男の心に宗教的感情をいだかせ、愛の宗教を説くようになる。まず、恋人の美しさが現世のすべてに優る価値として詩人にはうつる。

正しく昼の光こそが
すべての明るさに立ち優るように、
愛しい方、わたしには思える、あなたの
美しさ　長所　価値　雅びな心は
この世のすべてのものに立ち優る、と。（リゴー・ド・バルブジュー[14]）

この女性の美しい心は同時に詩人を高め、自己を超越して内的な生の発展と完成に向かわせ、偉大な存在になろうとのひたむきな欲求をわたしたちの魂の最深部に生じさせる。こうして恋人と貴婦人との関係は神秘家と神との関係に似てくる。それゆえ「わたしのよき行い、よき言葉は、すべてあなたに発する」（アルノー・ド・マルイュ・シュール＝ベル）との告白がなされ、愛の賛歌は次のように唱われている。

何故なら、愛は罪ではない、
それどころか、悪人を善人に変え、
善人をよりすぐれた人間に高め、
あらゆる人間をして　常に善行に
赴かしめる徳なのだ。

そして愛から純潔が生まれる、
何故なら、愛の何たるかを心得た者は
もはや邪な振舞いはできぬから。(15)

キリスト教は神の愛を説く宗教であり、神から人に降る愛アガペーに立っていた。またカリタスは神の愛を受容して神と隣人とに向かう愛であった。しかるにトゥルバドゥールは人と人との間に生じる至純の愛に絶対的価値をおき、愛の宗教を説くにいたった。しかも、愛は相愛において成立するため、詩人がぬかずいた高貴な女性も、こんどは自ら恋人にぬかずくことを願わざるをえなくなる。ディ伯爵夫人は次のように歌っている。

あなたを愛しています、セガンがヴァランスを愛していた以上に、
愛であなたに勝をしめるのがわたしの喜び、
愛しい方、人にすぐれたあなたゆえ。(16)

トゥルバドゥールによって高められた恋愛は貴婦人に対する騎士の献身的な愛と男女が相互に尊重し合うという愛の形態を生みだし、その後のヨーロッパ的愛の基本的型となっている。

二　宮廷的恋愛の変化と『ばら物語』

トゥルバドゥールたちによって歌われた愛は敬虔と徳に結びついて、宗教的な色彩を最初は濃厚に湛えて中世社会に受け入れられていた。つまり騎士道が修道生活の理想と結びついて、テンプル騎士団のような宗教騎士団が生まれる。ここに「騎士とその愛人」というテーマが実際の生活のなかから浮かび上がってくる。そこでは愛ゆえの

英雄行為とか、処女《おとめ》を救う若き英雄といった騎士道的な愛欲の主題がうたわれる。そこに潜んでいたのは馬上の戦士という男性の力と勇気に対する無上の崇拝であり、やがてそこに騎士道思想の核心が露呈してきて、それが「美にまで高められた自負心」であることが明らかになる。このようにして騎士道の名聞追求は馬上試合（トーナメント）という装飾過剰な緞帳《どんちょう》に包まれたスポーツの中に具現し、アーサー王と円卓の騎士の物語が流行するにいたる。中世文化史家ホイジンガは『中世の秋』の中で「およそ終末の時代には、上流階層の文化生活は、ほとんどまんべんなく遊びと化してしまう。末期中世は、そういう時代であった。現実は重く、きびしく、無情である。そこで、人びとは、騎士道理想の美しい夢へと現実をひきこみ、そこに遊びの世界を築き上げたのだ」(17)と語っている。この時期には宮廷的恋愛も変貌してゆき、ギヨーム・ド・ロリスとジャン・ド・マン作の『ばら物語』（一二八〇年頃）が新しい内容をそれに注ぎ込むにいたった。この書はその後二世紀にわたって貴族の恋愛作法を支配し、あらゆる分野における生活指導の百科全書として知識の宝庫を提供した。実に世俗の文化理想が女性への愛の理想と融合したような時代はこの時代しかなかったといえよう。ここに示されている愛の様式化は、高尚な規則に則って情熱の凶暴な力を美しい遊びにまで高めさせた。だが、もしそれを怠ると、野蛮に転落することも必定であった。それゆえにこの書はエロティシズム文化の聖書として活用されたのである。その説くところは「ばら」に象徴される処女性の秘密という強い刺激と、技巧をこらし忍耐を重ねてそれを勝ちとる努力である。それゆえ宮廷風の気高い理論がちりばめられていても、その理想は変質し、もはや倫理的でも宗教的でもなく、単に貴族的な愛欲の洗練さだけが残っている。

「これから始めるこの物語には〈愛〉の技法の全てがある。上々のテーマだ。わたしの企てるこの物語がある女性に歓迎されることを、神様がお認め下さいますよう。大きな値打ちがあり、愛されるに値するほどの方ならば《薔薇》と呼ばれるのが相応しい[18]」。

楽園の外壁に描かれている人物像には憎悪、背信、下賤、貪欲、吝嗇、羨望、悲嘆、老年、偽善者、貧困があって、これらはすべて楽園の圏外に退けられている。楽園の内に引き入れたのは擬人化した閑暇であり、愉悦がその友である。ここで説かれている徳目は気楽さ、快楽主義、快活さ、愛、美、富、寛大さ、率直、礼儀正しさであっても、それは愛する人の人格を高めるものではなく、愛人を獲得するための手段にすぎない。そこにはもはや女性崇拝は消えており、女性の弱さへの冷酷な軽蔑があるだけである。このように変化したのは愛が官能的性格のものと考えられたことに由来している。わたしたちはこの書を支配している官能性および教会と聖書をパロディーとして用いる異教性によってルネサンスへの第一歩を見いだすことができる。

中世末期の生活感情はこのような傾向を示している。これに対し教会は信仰の指導を試みており、たとえば一五世紀を代表するフランスの神学者ジェルソンは「愛の神秘主義」を提唱し、時代の「性愛の神秘主義」に対決している[19]。

第五章　ロマンティックな愛

中世の騎士物語は普通にはロマンス語の韻文で書かれている。ロマンス語というのはフランス語やプロヴァンス語、スペイン語、イタリア語など俗ラテン語から分化した言語をいう。このロマンス語で書かれた武勇伝、純情な恋愛事件、空想物語などが一般にロマンス文学と名づけられている。その後の歴史においてロマン主義は一八世紀末から一九世紀初期にかけて西欧に起こった文芸、思想、音楽などにおける運動を指し、旧来の束縛を脱した熱烈な感情の解放を主張している運動として展開した。そこにはさまざまな特色のある愛の形態が現われているが、一般的に言って「純愛」と「空想的気分」とが共通した特徴となっている。わたしたちはこの愛の形態をロマンティックな愛として考えてみたい。

中世騎士物語で最も有名な『アーサー王の死』に登場するランスロットはアーサー王の円卓の騎士の一人であり、王妃とのロマンスが宮廷的恋愛の代表とみなされていた。南仏のオック語で歌ったトゥルバドゥールも至純の愛を高調していたので、ロマンティックな愛は宮廷的恋愛にも芽生えてきていた。そこには中世における現実感覚が具体的な宮廷生活とともにあったため、夢想する感動的要素「空想的気分」がいまだ熟成していなかったといえよう。しかし一三世紀から一四世紀にいたると、人々の関心が世界から自己の内面に向かう傾向が強くなり、苦悩する自我の自覚とあいまって夢想する感情も高揚するようになり、恋愛抒情詩の中にロマンティックな愛の形態がはっきりとした輪郭を示すようになってくる。わたしたちはこの愛の特質をダンテ、ペトラルカ、タッソ、ゲーテの体験と詩から学んでみることにしたい。

一　ダンテ

ダンテがイタリア語で最初に書いた『新生』（一二九三年頃の作）は三一編の恋愛詩から成り、フィレンツェで天使のような美女ベアトリーチェに邂逅し、その夭折により深刻な哀傷を受けた体験を唱っている。またこの愛する女性の導きにより地獄と煉獄とを経て天国にまで至る歩みを唱った『神曲』は、ヨーロッパ文学の最高峰の一つであるばかりでなく、ロマンティックな愛の最高の表現となっているのではなかろうか。ダンテは九歳のとき、同じ年齢のベアトリーチェに出会ったが、そのとき以来「愛」が彼の霊の上に君臨し、天使のような高貴な存在となり、ホメロスの言葉「彼女は死すべき人間の息女とは見えなく、神の息女のごとく見えた」が彼女に向けられ、さらに九年を経て路上で彼女に会釈されたさいに、彼は「優美の極致のすべて」を見たように思った。このように彼女は天使化され、さらに神格化されている。ここで大切なことはダンテが恋人に会釈されると、ただちに自分の部屋に閉じこもっている点である。そして心中から湧き上がってくる想念に圧倒され、「愛神」が「わたしこそお前の主人だ」と宣言する。そしてあの会釈する淑女の幻影を認めると、今度は「汝の心に注意せよ」と警告され、やがて彼女の死を予告され戦慄を覚えている。ダンテはこうした内心の激しい動揺に促されながら、「そのころ世間に有名な吟遊詩人だった多くの人にそのことを伝えようと決心した(1)」と述べて、自分とトゥルバドゥールとの関連を示唆し、自分でもソネットを作りはじめる。

私の淑女が目に〈愛〉をたたえれば
彼女をながめる人をば高貴にするし、
彼女が道をとおるとき人はふり向き、
また彼女が会釈すれば心はふるえて
顔をば伏せ、そして色をうしなって
みずからのすべての欠点のため溜息をつき、
傲慢および憤怒は彼女からのがれ去る。
婦人らよ、私が彼女を敬うのを助けよ。

すべての甘美な思いと謙遜な思いは
彼女の言葉を聞く者の心に生まれる。
彼女を初めて見たものは讃うべきだ、
かすかに微笑するときの彼女の姿は
えもいえず、記憶にもとどめにくい、
それは高貴な奇しき奇蹟であるから。(2)

ベアトリーチェに宿った愛は彼女自身のうちに具現し、周囲の人々を清くし高めるため、「彼女は婦人ではない、天のもっとも美しい天使の一人だ」と言われるようになり、ダンテ自身にも奇蹟と映ったようである。
　それはあたかも奇蹟をしめすために

天から地へ遣わされた者の如くだった(3)。

彼女は二四歳の若さで死ぬのであるが、「それは最高の救済をば〔ダンテに〕与え給えと、私の淑女に願わさせるためだった(4)」とあるように、愛による救済というベアトリーチェのいわばマリア化となって『神曲』の主題につながっている。このようにダンテは一方において宮廷的恋愛を受け継ぎ、恋人との出会いをもトゥルバドゥール風に歌う。しかし男女の相愛それ自身にとどまらないで、自己の内面的反省により激しい苦悩に陥り、いっそう恋人を高めて天使や奇跡、さらに救済の導き手として感じるまでになる。こうしてダンテはロマンティックな愛の創始者となったのではなかろうか。

『神曲』は中世の階層的世界秩序を伝えているといわれているように、地獄・煉獄・天国の三重構成に対応して欲望による愛の無秩序・清めの愛による秩序形成・無私の愛による秩序の讃美があり、全体として愛の秩序が語られているように思われる。こうした神学的な思想によってトゥルバドゥールの宮廷的恋愛に対しても厳しい批判が向けられているが、その批判はダンテ自身にも妥当するため、彼も卒倒してしまう有様が語られている。一つの例として地獄篇第五歌をとりあげてみよう。そこに歌われているパオロとフランチェスカの物語は、宮廷的恋愛をよく示し、不倫の愛の伝承につながっている。つまりディド、クレオパトラ、ヘレナとパリス、トリスタン、さらにランスロットの名前がそこにあげられている。とりわけランスロットの純愛物語がパオロとフランチェスカとを結びつけ、「秘められた愛情」という宮廷的恋愛を芽生えさせている。

愛は優しい心にはたちまち燃えあがるものですが、
彼も私の美しい肢体ゆえに愛の擒《とりこ》となりました、……
愛された以上愛し返すのが愛の定め、

彼が好きでもう我慢のできぬほど愛は私をとらえ、
御覧のように、いまもなお愛は私を捨てません。
愛は私ども二人を一つの死に導きました。(5)

結婚外において至純の愛を説く宮廷的恋愛に対しダンテは「ああ可哀想な、いかにも優しい相思の情だ、それなのにかれらはそれがもとでこの悲惨な道へ堕ちてしまった」と嘆き、「哀憐の情に打たれ、私は死ぬかと思う間に、気を失い、死体の倒れるごとく、どうと倒れた」(6)と歌っている。この点で煉獄篇第二六歌でグイド・グィニツェルリーというトゥルバドゥールに「人倫の掟を守らず、獣のように性欲に従った」非を悔いさせ、プロヴァンスの詩人アルナウトに「過去の狂気の沙汰を思い返しますと心は憂いに重く」なると告白させているところを見ると、(7)ダンテは宮廷的恋愛よりもいっそう高貴な精神的な愛を目ざしていたことが知られる。それゆえ煉獄篇第三三歌で再会したベアトリーチェは「十字架におもむくわが子を見守るマリアのように変った」とあって、いっそう気高い姿に高まっていくが、それでも「その頬には火のような紅《くれない》がさしていた」と述べられているように『新生』の恋愛体験もいまだ息づいている。煉獄から天国に入ると人間の観念の極限を超えて心は高まっていく。だが、その心を動かすのも愛にほかならない。『神曲』の終わりの言葉はこうなっている。

私の空想の力もこの高みには達しかねた。
だが愛ははや私の願いや私の意《こころ》を、
均しく回る車のように、動かしていた。
太陽やもろもろの星を動かす愛であった。(8)

この神の愛によってわたしたちの愛が動いているかぎり、永遠の徳がそこに広がっているとダンテは考えていた。

愛と神とは「鏡のように互いに照らしあう」と彼は信じていた。至純の愛は人間の愛である以上、それ自身で完全なものではなく、神の愛に導かれてはじめて愛徳として完成される。こうしてダンテは宮廷的恋愛をいっそう高い見地から超克しようとし、それが高いだけロマンティックな愛となっていたのである。

二 ペトラルカ

ペトラルカはダンテに続く世代を代表する桂冠詩人であり、俗語詩に熱中したボローニア遊学時代にダンテによって大きな影響を受けた。ロマンス語の一つであるイタリア語をラテン古典詩の高みに導いただけでなく、恋人ラウラとの出会いによりロマンティックな愛の詩人ともなっている。俗語詩の研究によりダンテのみならずトゥルバドゥールの宮廷的恋愛に彼は深く関わっていく。父の訃報に接しボローニアを去ってアヴィニョンに帰った一年後、聖クララ教会堂で偶然フランス生まれの美しい人妻ラウラと邂逅し、この女性が彼にとり久遠の女性となった。その日は受難節であったのに忘れがたい運命の日ともなったのである。

その創造主の受難をいたみ
陽の光さえいろあせた日
はからずも私はとりこになった。
げに恋人よ、美しいきみのひとみにしばられて。(9)

ラウラとの出会いはペトラルカにとって詩作の源泉となっているが、同時に深い罪責感をも生みだしていく。『わが心の秘めたる戦いについて』の中で彼はラウラによって受けた体験をこう記している。

「この胸に自然が宿してくれたささやかな美徳の種子を、彼女がたぐいなく高貴な心情で、はぐくみ育ててくれなかったなら、このわたしは、たとえささやかなものにもせよ現在の名声や名誉を得ることはけっしてできなかったでしょう。彼女はわたしの若い魂を、あらゆる汚濁《おだく》から呼びもどし、いわば鉤《かぎ》でひきよせて、高きをめざすようにと駆りたててくれたのです。じっさい、どうしてわたしが、恋人の生きざまにしたがって変貌せずにいられたでしょう(10)」。

ところがこの作品に登場する対話者アウグスティヌスは彼女がペトラルカを俗事から救ったとしても、それよりもいっそう大きな悩みに追いこんでいることを指摘する。それは「小さな傷をなおしておきながら、致命的な傷を喉に負わせる人」といわねばならないし、こうして女性の讃美者に仕立てあげても、ラウラという「この世で最も美しい形をつくりたもうた創造主の技術のみを賞讃し」、創造主自身への愛をないがしろにしている、と説かれている。これに対し、肉体ではなく心の美に引きつけられてきたとの弁明がなされると、「小さな火花から大きな焔の海が生ずる例はあらゆるこころの情熱にみられるが、この場合はとりわけそうだ」とはねつけられてしまう。なかでも神を忘れて現世を愛することが「愛」（アモル）と呼ばれ、キケロのことば「あらゆる心の情熱のうちで、たしかに愛というものが一番はげしい情熱である」は相愛において最も明らかであるから、人に対する愛に先立って心が神への愛に向かい、正い秩序にしたがってこの世を愛さなければいけない、と説かれている。それゆえダンテがパオロとフランチェスカの純愛に対して感じたことをペトラルカはラウラへの愛において親しく経験していることになる。この純愛はトゥルバドゥールで大いに讃美されたことであろうが、ペトラルカでは不純の関係のゆえに大きな悩みとなっている。そして愛すべきでない人を愛さざるをえないという矛盾の中に陥っている。『ヴァントゥー山登攀』でその苦衷は次のように語られている。

「かつて愛するのがつねであったことを、わたしはもはや愛さない。わたしはうそをついている。それを愛しはするのだが、より控え目に。ほら、またわたしはうそをついた。それを愛しはするけれども、より恥じらいながら、より悲しみながら。今やとうとうわたしは本当のことを言った。……わたしは愛する、だが心ならずも、強いられて、悲しみにみちて、嘆きながら。そしてわたしはあわれにも、あのきわめて有名な〔オウィディウスの〕詩句の意味を自分自身の中に経験しているのである。

　できることなら憎みたい。

　それがかなわぬとあれば、

　心ならずも愛するだろう。(11)」

このような嘆息と涙と憂愁をこめて懊悩をたたえたペトラルカの俗語詩の傑作『カンツォニエーレ』が生まれてくる。ソネット一九は恋人ラウラへの心情を猛禽、夜鳥、蛾にたくして次のように歌っている。

この地上には、まともに太陽に立ち向かう

険しい眼じりの動物がおり、

また　明るい光が苦になって

日の暮れに　やっと外に行く動物《もの》がおり

愚かにも火中の戯れを恋うあまり

光を慕って　火性の別の威力を　すべて

焼きつくす力を　知らされるものもいる、

ああ哀れ！　わが身はその終《しま》いの群にあり。
かの女性の耀《かが》きを見つめるほどの
勇者にはあらず、暗やみや　夜ふけを
待って　隠れもできず、
病む人のごとく涙ぐみ、運命の導くままに
かの光を慕う、おのが身を焼く女《ひと》の
後追うと　知りつつも。(12)

ペトラルカはこのような矛盾にみちた愛をカンツォニエーレで哀愁をこめて歌っている。そしてラウラの姿はその死後しだいに高まり永遠にして不滅の相を帯びてくるが、それでも官能の響きは色濃く残っている。

二重の慈愛に　かげった彼女の睫《まつげ》は、
時には母、時には恋人のごとく
まことの焔に燃え、気遣う。(13)

ペトラルカは『わが心の秘めたる戦いについて』でも、また『ヴァントゥー山登攀』においても、アウグスティヌスの模範に従って官能的な愛を否定して魂の内的高貴さに目覚め、観照の高みに達しようと愛の厳しい掟に服すべきだと考えていたようである。そうした歩みは「凄まじい荒波を渡る」ように感じられたのであるが、迫り来る死を前にして、天にいるラウラへの愛ゆえに生きられうると、彼は次のように歌っている。

哀しき詩の調べよ　堅き石に行け
わが大事な宝を　大地に隠すあの石に。
そこで呼べ　あの女の名を、身体は暗い
地下に残しつつ　天から答える女の名を

語れ　その女に　凄まじい荒波を渡ることに
生きることに疲れはてたわたしのことを。
落ちた枝葉をあつめつつ　歩一歩と
その女の　後を追うわたしのことを

生と死の彼女のことのみ語りつづけて
万人が知り愛するようにと
不滅に生きる彼女のことのみ　語りつづけて。

待っていてほしい　間近に迫ったわが旅立ちを。
出迎えてほしい、天に居ます御身のように
そこにわたしを呼んでほしい。(14)

哀歓をこめて歌われたラウラへの愛は純愛と夢見る幻想の高まりを示すロマンティックな愛の形態をよく表わし

ている。しかし、ダンテのベアトリーチェと同じくラウラも実在の人物ではなく、愛を象徴する女性像であるとする説も今日有力であり、実在性を疑われるほどに女性像が崇高な姿に高まってゆくところに、この愛の幻想的な特質がますます発揮されているのではなかろうか。

三　タッソからゲーテへ

ロマンティックな愛の形態はダンテやペトラルカなどのルネサンス時代の文学作品によってその原形が示されている。次にわたしたちはこの愛の形態の最高の表現をゲーテの『ファウスト』に求めてみよう。もちろんゲーテは全体としてはロマンティークの運動よりも前のシュトルム・ウント・ドランク時代から古典主義に到達した人であった。だが『ファウスト』の中にあるグレートヒェンによるファウストの救済という主題はロマンティックな愛の究極の姿を提示しているのではなかろうか。この点をいっそうよく理解するためにダンテとペトラルカに続く時代に活躍し、ゲーテに大きな影響を与えたタッソの作『愛神の戯れ――牧歌劇「アミンタ」――』における愛について触れてみたい。

愛神アモーレは母親の美神ヴェーネレによって宮廷へといつも追いたてられていたが、自分の判断で牧人とニンフの間に入りこんできた経過がプロローグで語られ、宮廷的恋愛から牧人のような「粗野な人びとの胸に高貴な思い」を吹きこむ田園的な愛へと移ってゆく次第が説明される。こうして「大いなる奇跡として、鄙びた風笛はこのうえなく雅やかな竪琴にも似るであろう」と予告されている。この作品でタッソはダンテを引用し、愛を究めつくして大詩人の栄誉を獲得しようと自分が試みていることを次のように述べる。

死は不要である、
心と心を繋ぐために
何よりも必要なのは信頼とそして愛なのだから。
求められる詩人の名声を、
ひたすら愛する者の顰《ひそ》みに倣えば、
得がたいわけではない。
愛は交換可能なものだから、愛すれば得られるのだ。
そして愛を究めてゆくと、やがて
不滅の栄光がやってくる。(15)

では、どのように彼は愛の本質を見究めたのであろうか。それこそタッソがペトラルカを批判しながら説いている愛神の術にほかならない。

実を言うと、愛神が永遠に
君臨する王国の掟は
厳しくもなければ邪でもない。それなのに、
神慮と神秘に満ちたその統治を、
ある者は不当にも非難している。おお何と見事な術を用い、
何と知られざる道筋を通って、愛神は人間を
至福へ導き、おのれの愛の楽園の

歓喜のただなかへ置いてくれることか、
しかも不幸のどん底へ落ちたとしか思えないときに！
見たまえ、真逆様に落ちてゆきながら、アミンタは頂点にまで
昇りつめたのだ、無上の喜びの極みにまで。(16)

この詩で「ある者」とあるのは『愛の勝利』第三歌一四八行の「愛神の厳しい掟よ」を歌ったペトラルカを指している。既述のようにペトラルカはアウグスティヌスに従い官能的な愛をしりぞけ観照の高みに超越する道を歩んでいた。たしかにこれはペトラルカにも厳しすぎると感じられたであろう。しかしタッソがここで語る愛神の術は恋人が死んだと思って絶望し、アミンタ自身がその死を追って命を絶つことによって、恋人のあわれみの心と愛とを獲得するという方法、したがって死という否定の真直中に肯定に達する死の跳躍からなる弁証法の道であった。恋人がアミンタの崖からの身投げを知って愛の涙にくれたとき、死の代価を払って愛が買い取られたことが次のように歌われている。

そしてこの非情な娘が、これほど高い代償によってのみ
愛を売り渡すことを望んでいたから、
あなたはこの娘の求めた代償を支払って、
みずからの死でその愛を買い取ったのね。(17)

至純な愛はこのような死を通してのみ達せられるというのは、もはや夢見るロマンティックな愛を超えており、死の犠牲を伴う他者への心からの献身のないところには、純愛といえども仇花にすぎないと考えられている。この点を最も的確に説いているものこそゲーテの『ファウスト』なのである。

ゲーテのこの偉大な作品について残念ながらここでは一つのことしか語ることができない。それはこの作品の第二部の終幕のところにあるファウストの救済という壮麗な場面の終局の有名なことばである。

永遠なる女性的なもの、
われらを高みへ引き行く。(18)

この合唱のことばの中にゲーテの愛についての生涯をかけた思索が結晶しているといえよう。この詩句の意味を理解するためには、そのすぐ前に聖母マリアがファウストの愛人グレートヒェンに語っている、やさしい心のこもったことばに注目しなければならない。

輝く聖母（かってグレートヒェンと呼ばれた贖罪の女にむかって）
さあおまえ、もっと高いところにお昇り！
おまえがいると思うと、
その人はついてくるから。(19)

恋ゆえに母と兄と子を死なせて刑死したグレートヒェンは罪を悔い、聖母にすがる信仰心でもって愛するファウストの救いを願ったのであり、この愛が男性を高めて救いに導くのである。先に述べたタッソの作品では死によって愛がかちとられた。ここでも同じである。グレートヒェンはファウストへの愛のゆえに予想だにしなかった犯罪に陥り、死を通しての贖罪のわざによって愛する人を救いに導いている。ロマンティックな愛もここまでくると、夢見る空想の境を完全に脱して人間の現実に深く根を下ろしているが、それでも純愛はつらぬかれている。

ゲーテのいう「永遠なる女性的なもの」というのは、より善い、より美しいものに高める愛の願望ではないであろうか。「はじめに行為があった」とヨハネ福音書の冒頭を訳したファウストは自らの行動をとおして自我を無限に拡大しようと野心に燃えていた。学問・女性・政治へとこの野望は展開していくが、やがて自己破壊をおこす。この行動主義に女性もまきこまれてしまうが、女性の愛は男性の行動が悪魔化しないように男性をより高い善と美に引きあげる。男性の行動はともすると戦闘に移行し、ほっておけば万事を軍事化してしまう。それに反し、アリストファネスの『女の平和』が皮肉を込めて物語っているように、女性はかかる野蛮さをやわらげて平和を実現している。男性のエネルギーがこの女性の導きに従うとき、人間の歩みは正しい方向をつねにとるのではなかろうか。ゲーテはこういう女性のもつ最高の可能性を「永遠なる女性的なもの」により言い表わそうとした。

そしてロマンティックな愛も実にこの永遠なる女性的なものに引き寄せられて生じているように思われる。愛する者は女性の目のなかにそれを見いだす。ダンテはベアトリーチェの目にそれを見てこう歌っている。「私の淑女が目に〈愛〉をたたえれば／彼女をながめる人をば高貴にするし」[20]と。ペトラルカもラウラとの最初の出会いのときにこう唱っている。「はからずも私はとりことなった、げに恋人よ、美しいきみのひとみにしばられて」[21]と。また次のソネットも同じである。「ああ　美しい顔よ　涼しい目もとよ／ああ　気高く優しい物腰よ、粗暴の人には／慎ましさを　卑しい人には／凛々しさを説くあの人の言葉よ！」[22]

タッソでは愛神が瞳にかくれて恋心を引き出すと歌われている。「おお！　おれの腸《はらわた》は傷だらけで／血まみれだ。残酷な愛神がシルヴィアの／瞳に秘めている無数の槍のせいなのだ」[23]。

たが、ゲーテは大学者ファウストを恋に陥らせるために魔女の力を借り、ヘレナという最高の女性の美を見せておいて魔法の薬をのませ、街路で最初に出会った娘をヘレナそっくりに見えるように仕組んでいる。「ああ、ほんとうに美しい娘だ、／こんなむすめをまだ見たことがない。／つつしみぶかく、しとやかで……／あの伏し目になった様子が／おれの心に焼きついてしまった」[24]。ファウストがこのように一見ぼれしているのに仲間のメフィストにはどの娘だか見当がつかない。そしてファウストに指摘されて、「あれですか」とびっくりしてしまう。こうしてみると、どうやらロマンティックな愛がとらえる相手の美しさは、相手の目や瞳にあるのではなく、愛している方の目や瞳にあるようである。

第六章　自然主義的愛とその批判

ロマンティックな愛の形態が純愛と空想とを特質としていたため、いつもその反動が自然主義という形で生じている。この愛の形態はすでにプラトンの理想主義に対決して「反プラトン」を標榜したエピクロスとルクレティウスおよびオウィディウスによってその基本的特徴が示されていた。文学における自然主義は愛の思想に関して多種多様な形態をとっているので、まず現代の自然主義的な愛の理論を代表するものとしてフロイトを中心に述べてみたい。

一　フロイトの自然主義的愛の理論

ここで自然主義というのは愛の働きを何らかの自然本性に還元する立場である。たとえばダーウィンやスペンサーの系統発生理論では、愛が両性動物にある本能や衝動から形成される社会的本能として説かれている。また、自然的な唯物論では、フォイエルバッハのように性衝動が何らかの原因により抑制されて部分衝動へ分裂し、子供・母・父への愛が生じると説明されている。さらに愛を人間の心に具わっている共歓共苦の感情と同一視するシャフツベリーやミルの同情倫理学も自然主義に属している。また、愛を生物学的価値にもとづいて、たとえば日本においてよく問題になる家柄・血統・格式によって、ときには髪の毛・身長・格好よさなどによって考察する、自然的態度も愛の自然主義理論に入れられえよう。

この種の自然主義的な理論の中で愛を性衝動に還元するフロイトのリビドー（性欲）説こそ現代を代表するものである。フロイトは人間が誕生の瞬間から性的快楽の感情を求める衝動をもっている事実に注目している。彼によれば乳児は哺乳瓶にこのような感情をもち、恍惚として乳を吸うといわれる。幼年期の身体にある性感帯は偶然的な刺激によりこの感情を生みだすと、そこから新しく二次的衝動が形成され、成人した時のすべての愛を構成する素材となる。このような感覚を生みだす衝動がリビドーであって、性的衝動という複雑な心の建造物はこのリビドーによって幼年期に生じた行動様式が定着したものである。ある客体が快楽感情を生みだす場合にはリビドーもまたこの客体を志向するが、それはあらゆる方向にむかって手さぐりしながら、最後に幸い偶然にも異性を見いだして客体との統合にいたる。ところがこうした平均的な発達や成長が抑制されると幼稚症がのこり、発育抑制から倒錯やノイローゼが起こってくる。したがって正常な性的衝動が成立するのは幼年期の性感帯の感度が次第に消滅し、官能的快楽感覚が生殖に役立つ器官にのみ思春期に残る場合であると説かれている。

ところでフロイトによると愛の多様な形態はリビドーの抑圧によって説明される。リビドーを抑圧する働きとは種の保存という目的にかなった様式に制限しようとする力である。その働きには、性的な嫌悪・道徳の基準・羞恥心・近親相姦の禁止などがあり、これによってリビドーが塞ぎとめられると、それは下層意識に蓄積され、時折、欲求不満のヒステリーを起こす。しかしリビドーの目標が本来の性的対象からずらされることから転換や転位が起こり、一挙に美的なものに向きをかえるならば、そこにリビドーの昇華が生じてくる。「この好奇心は、その興味を性器から身体的構成全体にふりむけることができるならば、芸術的なものにまでそらされ（「昇華され」）うるものである」[1]とフロイトは語っている。この目的からずらされる偏りというのはいわゆる「転移」と同じ現象で、性感帯を共有することから、性的機能が他の機能に影響するとき、たとえば口唇という性感帯の障害が食欲不振を起こすように転移することから、「この道を通って性的衝動の力が性的目標に接近すること、つまり性欲の昇華がおこなわれるに違いない」とも説明されている。[2]このようにフロイトは愛をリビドーという非人格的衝動から説明し、男女の性愛エロースを衝動にまで還元して解明しようと試みている。じっさいこれ以上に徹底した自然主義の理論はないように思われる。

この自然主義理論からわたしたちがとりわけ注目しなければならないのは、衝動のもつ暗い力、死に向かわせる力ではなかろうか。この衝動は生のより高い次元から目標を与えて方向づけられないかぎり、単にその欲求を量的に満たすことによっては、決して鎮まるものではない。また、昇華により欲求の質が高められればよいが、そのことは本当に可能なことであろうか。ところが自然主義の基本的特質は自然的生命の領域以外を決して認めようとしない点にあり、自然的生命を超えた精神的、人格的領域を虚妄として拒否する態度を常にとっている。だが、すべてをリビドーの下部構造から一元的に説明することは不可能ではなかろうか。晩年のフロイトもこの点に気付いている。たとえば彼の超自我の学説がそれであって、心は今や超自我・自我・衝動の三部構成によって分析される。そのさい超自我というのは自我から分化発達し、社会的な行動の規範を取り入れ、自我の行動を観察しながら、衝動に対して検閲的態度をとると説かれている。

二　D・H・ロレンスの恋愛観

自然主義的な愛の理論は現代の文学においてはD・H・ロレンスの恋愛観の中に純粋な形で実現している。彼は男女がそれぞれ社会から独立し、ありのままの一人の人間として他者に出会うことによって恋愛が成立すると考える。彼の恋愛観は、晩年の『チャタレー夫人の恋人』で描かれているように、文学的な着色を脱ぎ去った赤裸々な人間像の中に典型的に表現されている。しかし彼の具体的な愛の思想は『愛と生の倫理』において述べられているので、この書を検討してみよう。

彼は愛を分離されたものの合一とみなして言う、「愛は二者が一つの状態になることである。だが一つになるということは、その前に同等のものが離ればなれになっていることを前提とする」(3)と。ところが、一体となった愛は、満潮の後に干潮がくるように、消えてゆき、「かくして世の中に普遍的にして且つ変らざる愛というものは存在し得ない」(4)。彼によると愛は海潮と同じ自然現象であって、一時に高潮に達し、官能的に燃焼するようになる。この愛の極致について次のように語られている。

「かくて、男女のあいだの全的な愛というものはすべて二元的である。そこには、共に融けあい、融かしあって一つになろうとする運動としての愛と、灼きおとし、灼きはなして、それこそ互いに全くの〈他者〉となってしまった、純粋な個別的存在だけを残す、そういう凄まじい、摩擦的な官能の充足としての愛とがあるのだ。……一つになりながら同時に二者であらねばならぬ。つねに一にして二でなければならぬ。甘美なる融合の愛と、強烈な、誇り高き官能の燃焼とが一つの愛のうちに共存しなければならない。そのとき二人ははじめて薔薇の花のごとく咲き出でる。そのとき二人は愛さえも超える」[5]。

このような官能の愛に燃える者は孤立した獅子のように誇り高い個性の人で、「不屈の誇りに燃え、隣人の思惑を顧慮することなしに、自分だけの行動をしなければならない」[6]と述べられている。実際これほどまでに孤立した人物とは近代人の特徴であって、彼は愛していても、自己の官能の燃焼と陶酔の外は何も感じないのではなかろうか。だから愛を超えるほどの官能的な陶酔感に生きようとする。これこそ現代の快楽主義の特質なのであって、ドストエフスキーが創作したニヒリストのスタヴローギンの中に具現している。近代に入ると愛が誤解され、錯覚されており、他者へ向かう愛の運動は強烈な自我によって自己の方へとねじまげられているため、現代人はもはや他者を愛することができない状況にある。自己への歪曲性こそ現代人の罪の実体であり、愛の不能として審判を受けているといえよう。

三　自然主義的愛の理論に対する批判

愛を自然的な衝動に解消する自然主義的な愛の理論に対する批判について次に考えてみたい。まず、愛と衝動とを同一視する基本的な態度が批判の対象となる。

愛と衝動との原理的関係　愛と衝動とは別個の存在であるとみなすべきであって、衝動が愛を生み出すという「積極的産出の関係」があるのではなくて、むしろ両者の間には「制限と選択の関係」があると考えられる。ここで制限というのは衝動が向かう特定の対象に愛が関わるということであり、選択というのは愛がより高い価値を志向し選択することを意味する。この選択には、ある価値を先取すると他の価値が後置されることになり、愛は衝動対象のうちのより高い価値か、より低い価値かを選択することになる。それゆえ、愛するものが客観的な価値の中から、自分によって「愛することのできる価値」として摘出される価値は、その価値を帯びた実在する身体的な担い手が、何らかの仕方で、衝動体系を解発するような価値だけである。(7) ここでは衝動が愛を「解発する」(auslösen) と言われている。というのは衝動は愛の源泉ではないが、それが目ざしているのと同じ対象に愛を向け、対象としての価値の領域を指定しているからである。このことにより愛は活動を開始する。したがって、あらかじめ衝動が或る存在に向かって活動していないと、愛の運動は起こらない。それゆえ衝動は最初は対象の感覚的な特質や刺激的な作用に引きつけられているけれども、そこから愛の作用が導き出され、対象の内にあるより高い価値、あるいはより低い価値を選択するようになる。

愛の自然主義的理論はこの衝動と愛の基本的区別を認めようとしない。したがって性衝動や性欲と性愛との区別をも認めていない。これが最大の問題である。

リビドー説の問題点　次に問題となるのはフロイトのリビドー学説である。性的快楽の快感を求める衝動からは説明できない事態が先の愛の選択行為には含まれている。実際、生の発展のプロセスには愛によって新しい行為と性質が生じてきていることは看過できない。たとえば羞恥心の現象には単なる性欲動に対する反応だけでなく、精神の自己防御作用が認められる。ここには性欲を超えた精神の羞恥感情が発生している。(8)

また、愛を性欲動の洗練された形態、つまり昇華とみるフロイト説は性愛と性欲動との原理的分離を欠いており、愛を「意味深い価値選択的な機能」とはみなしていない。またフロイトの主張する「幼児リビドー」に対しても、思春期に起こる性的共感以前には性衝動はなく、今日サリバンによって「仲良し時代」が認められなければならない点が指摘されている。(9) それゆえリビドーと性欲動が区別され、性欲動は性愛から区別されなければならない。

したがって性愛は決して「洗練された性衝動」(verfeinerter Geschlechtstrieb) でも、フロイトの説くリビドーの昇華や形相でもない。すべての愛と同様に、性愛も価値創造的運動であり、性衝動により解発されるとはいえ、自ら行なう一つの選択であって、より高い価値の発見に向かい、高貴な生へと質的に高まる方向に従う選択なのである。(10)

衝動と愛との基本的関係　このように愛はフロイトが説いたようには下部構造一元論的にすべて衝動に還元できないとしたら、両者の関係はどのようになっているのであろうか。一般的にいえることはカントの有名な命題「概念のない直観は盲目であり、直観のない概念は空虚である」にしたがって、「愛のない衝動は盲目であり、衝動のない愛は空虚である」といえないであろうか。愛は自己から出て他者に向かう運動であるが、そこに衝動がないとしたら、片思いと同じく、愛は決して他者に達しないし、他者に触れることなく、ただちに自分のところに帰ってきて空想にふけるうちにしぼんでしまうであろう。衝動が愛を運んでいき目的地にいたらせるのではなかろうか。それは、ちょうど人工衛星をはるかなる宇宙空間の軌道にまで運んでゆくロケットのようなものである。莫大なエネルギーによって打ち上げられてはじめて人工衛星は軌道に乗ることができる。同じように愛が目標に達するには衝動のエネルギーを必要とする。また愛がないと衝動は自己のエネルギーを無駄に浪費するだけで、正しい軌道にのることはできない。愛には独自の認識が含まれていて、価値感覚がそこでは作用している。つまり愛によって愛された対象の価値がいっそう明確になり、その価値を対象自身のうちに実現するように愛は活動し続けるといえよう。愛は最初は衝動と一緒になって対象に付着しているさまざまな特性という感覚的なものに引きつけられているが、愛自身の鋭い認識の働きにより対象の価値の人格的な中核にまで迫っていく。愛のこのような働きは自然の本能や衝動から説明できるものではない。もちろん性愛は純粋な精神的行為ではないが、それは決して洗練された性衝動でもリビドーの目標ないし形相でもない。すべて愛と同じように性愛は価値を創造する運動であって、何ら相手を選ぶことのない性衝動と区別して、自分からなす一つの選択であり、いっそう高い生を形成する方向にしたがう選択であって、生命的存在としての完成を目ざしているのではなかろうか。それゆえ性愛は性欲という単なる生命活動よりも高い意味をうちに秘めている。性愛はこのより高い意味の表現として働いているからこそ、性衝動に対し充実と満足とを与え、秩序を付与することができるといえよう。

このような愛の行なう秩序の働きについて第二部ではまず歴史的にこれまでどのように考えられたかを考察してみたい。

第二部　「愛の秩序」の思想史

序章　ヨーロッパにおける愛の思想史と「愛の秩序」

あらゆる事物にはその間にお互いに
秩序があるのです、その形があればこそ
宇宙は神に似るのです。
この点に気高い創造物は永遠の神の刻印を
認めるわけですが、この永遠の価値こそいまふれた
ものの序列がそこへ集合する究極の目的です。
（ダンテ『神曲』「天国篇」第一歌）[1]

地獄と煉獄とを通って天国の入口に立ったダンテに愛の化身ベアトリーチェはこのように語っている。『神曲』は中世の階層的世界秩序を伝えていると言われるように、地獄・煉獄・天国の三重構成に対応して邪欲に対する秩序の審判・清めの愛による秩序形成・無私なる愛による秩序の讃美が語られ、全体として愛の秩序の一大詩篇となっている。天国の入口に立つダンテに向かってベアトリーチェが語りだす秩序の讃歌は万物に創造者の与えた秩序がゆきわたり、この秩序の形により宇宙は神に似ているのであって、そこに知性的被造物は神の刻印を認識する。

だから被造界の秩序はおのずと究極目的たる永遠の価値へ向かっている。したがってこの秩序の中にあって万物は究極目的に引き寄せられていて、「知性や愛を備えた被造物」も神の摂理に導かれて、弓が的を目ざして飛ぶように動かされている。ところが自由意志をそなえた人間はこの道から次に述べる「まがいの快楽」のために時に逸脱する。続く詩でこう歌われている。「まがいの快楽のために最初の衝動が歪んで地に逸れてしまう様は、雲間から落ちる雷を見れば納得がゆくでしょう。いいですか、おまえはもう天へ昇ることに驚いてはなりません。それはいわば川が高山から渓谷をつたって流れくだるようなものなのです。心身が浄められ障礙《しょうげ》を脱したおまえが、あの下の方にまだ居残っていようものなら、それこそ活潑な火が地を匍《は》うと同様、かえって不可思議となるでしょう」。人間の心に点火される聖なる愛の焔に燃え立って、再び人間として歩むべき本道に帰ることがここに勧められ、「愛の秩序」の思想が美しく語りはじめられる。

ヨーロッパ思想史をひもといて見ると哲学や文学において「愛」を主題とした著作が多いことに驚かされる。もちろん事情は日本でもある意味では同じであり、俗悪なマンガや通俗小説本があふれている書店でも、よく目をこらして見るならば、「愛の手引き」をした本のいくつかを見いだすことができる。しかし、こうした愛の指南書の内容が実は問題であり、ホメロスに淵源する愛の思想史の伝統こそわたしたちがたえず親しみ、適切に受容してゆかなければならないものである、と痛感させられる。

このような愛の思想史の中でわたしはとくに「愛の秩序」(ordo amoris) について注目してみたい。というのはプラトン以来「愛」と「秩序」とはたえず結びついて考察され、アウグスティヌスからパスカルを経てマックス・シェーラーにいたる「愛の秩序」の伝統が形成されてきているからである。そして事実、この伝統がヨーロッパの愛の生活と習俗とを導いて今日にいたっていることは、西欧思想を理解するためにも無視できない。とくに人間関係がその思想の重要なテーマとなっており、愛が人間関係のすべてを現に満たしているがゆえに、愛の考察こそ中心的課題となっている。

さて人間関係は具体的には親子、友人、恋人、仲間、同胞等の関係として与えられており、そこには親子の愛、友愛、恋愛、祖国愛などが際立った形で現象している。しかも古来、人間関係にはわたしたちが従うべき秩序があると説かれてきた。たとえば儒教的規範たる「五倫」の説は江戸時代このかた日本において強い影響力を及ぼしてきた。人間関係には守るべき五つの秩序があるとそれは言う。「君臣有義、父子有親、夫婦有別、長幼有序、朋友有信」とあって、「義」（忠義）「親」（したしみ）「別」（けじめ）「序」（順序）「信」（信頼）が五つの秩序として説かれていた。この「五倫」というのは封建社会における人間関係において遵守すべき秩序であり、それは「宇宙的天理」であり、同時に「本然の性」であるとみなされていた。このような儒教規範に対し国学思想は反論し、宣長は「人欲も天理ならずや」（『直毘霊』）と説き、主体的行動の意義を力説する。そして「人欲」に属する愛は古今東西の文学作品の主題となり、その主たる傾向については、第一部で考察したように、いくつかの類型に分類できるとしても、本質的には各人各様の体験にもとづいているがゆえに、統一化できない多様性を帯びて表現されている。とりわけ現代社会は大衆社会として成熟してきており、各人が各様の人生と価値を追求しているため価値が多元化している。そのため愛の統一的秩序を今日では語ることができなくなっている。

しかし、理性的認識の営みである哲学は、カント以来、多様な現象を統一的に把握しようとする課題を自らに与えてきた。もちろん現象を単に論理的に整序したり、また理性的な法則に従属させるだけでは、愛の豊かな生命現象を正しく理解しているとはいえない。むしろ多様に語られている現象に即して、多様な類型をとりだし、その中に常に同じ姿をもって自己を告知している愛の本質を把握するように努めるべきである。しかし、これまでの愛の類型学は主としてエロースとアガペーという基本的区別から類型上の差異を論じていた。そのためフィリア（友愛）、カリタス（聖い愛）、宮廷的恋愛、ロマンティックな愛などが度外視されたばかりか、愛の全体を統一的に把握できなかった。ところが多様な愛の形態の中にも「秩序」の働きは愛の基本的作用として考えられる。

ところで、愛の類型化には世界観的な解釈が入りやすい。世界観は唯心論や唯物論を見ても分かるように、一つの側面を強調するあまり、他の多様な側面を否定する傾向を帯びてこざるをえない。たとえば今日有力な自然主義的な愛の理論は、フロイト以来愛を性欲に還元する下部構造一元論に立っている。(2) 身体をもつ人間の愛は自然本性の秩序に従ってはいても、それよりも高い、或いは深い心理的、精神的、人格的側面にも深く根差しており、これらの諸側面を否定したり、無視したりすることは世界観の陥りやすい誤りといえよう。

一つの例として伊藤整の「近代日本における『愛』の虚偽」という論文をとりあげてみたい。彼は、明治以来西洋文化の影響により男女や夫婦の恋愛が「愛」というキリスト教的な意味をもった言葉で表現されたところから虚偽が生じていると主張している。たしかに日本にはかつてキリスト教的な愛の観念はなかったし、愛という言葉で男女の恋愛関係を主として表現してきたことは事実であろう。しかし、この恋愛としての愛を仏教の慈悲からも、儒教の仁愛からも切り離して、「肉体の強力な結びつき」や「相互利用の関係」、さらに「主我的人間の攻守同盟的結びつき」に限定してしまうことは、愛の現象の自然主義的に偏った一面的な解釈であるとのそしりを免れないであろう。(3) 彼は人間関係の秩序についても言及し、「我々が他者との間に秩序を形成するとき、それは他者を同一の人と見るよりは、上下の関係において見る傾向を持っている」と言う。(4) しかし、このような社会秩序の概念を、一部の人は除いて、今日ではだれも支持する人はいない。このように伊藤整がフロイトの自然主義とそれに立つD・H・ロレンスの文学と世界観的に同盟し、古い江戸時代の愛の習俗をもって日本における愛の真実の姿だと主張しても、これもまた「愛の虚偽」に陥ってはいるのではないかと疑わしくなる。

したがって愛の類型化はあくまで愛の生命の豊かな内容を見いだすために行なわれるべきであって、世界観的闘争のための手段であってはならない。この愛の豊かな内容はエロースの類型を見ても、しかも古代世界だけに限っても、さらにオウィディウスの『変身物語』だけに限定しても、無限な多様性を秘めている。そしてこの物語では多くの場合、悲劇的な結末を迎えて、遂に変身を受ける。そこに愛の一つの特質があって、激情的になることにより愛がすべての秩序を無視して燃え上がり、破滅に向かう。この有様はソフォクレスのエロース讃歌で歌われている通りである。(5) エロースは元来より高い価値を志向する性質をもっているが、エロースのうちなるアフロディテ（愛欲）こそ狂えるような猛威をふるっており、そのため宇宙を貫いている「天地の理法」も破られて、人は罪過と破滅の道を突進するように駆り立てられる。このような愛はどうしたら秩序にもたらされるであろうか。

キリスト教の時代に入ると、一般的に言って、神への愛と現世への愛が衝突し、激しい内心の分裂が経験される。パウロのローマの信徒への手紙第七章後半の「悩める人」がその典型である。アウグスティヌスはパウロと同じ経験をし、『告白』第七巻では「内心の分裂」を体験しており、二つの愛は互いに攻めぎ合い、心を引き裂く状況として語られている。「あなたの美によってあなたに向かって引き寄せられるやいなや、すぐにも私の重みによってあなたから切り離され、うめきながら下界に転落していった。この重みというのは肉の習慣のことである」(6)。この内心の分裂した方向は同書の第八巻になると明瞭に二つの意志の闘争となっている。「このように私の二つの意志が、一つは古く一つは新しく、一つは肉により一つは霊による意志が、たがいに争いあって、その闘争により私の魂を引き裂いた」(7)。

こうした内心の分裂は近代ではゲーテのあのファウスト的人間像の核心ともなっている。

ああ、おれの胸には二つのたましいが住んでいる。
その二つが折り合うことなく、たがいに相手から離れようとしている。
一方のたましいは荒々しい情念の支配に身をまかして、
現世にしがみついて離れない。
もう一つのたましいは、無理にも埃《ほこり》っぽい下界から飛び立って、
至高の先人たちの住む精神の世界へ昇っていこうとする。(8)

このように心底での分裂状態において憂愁の苦悩が心を支配し、ファウストは絶望して死を願うようになる。そこで、この対立しているものはどうしたら和解し、調和にもたらされるのか。こういう問題が古代より現代にいたるまで立てられており、そこに愛の秩序の思想が歴史的に形成されて来たのである。

「愛の秩序」という言葉を倫理思想の根本概念として最初に用いたのはアウグスティヌスであった。彼は『神の国』第一五巻で良く生きるための徳を定義して「簡潔で真実な徳の定義とは愛の秩序である、とわたしには思われる」(9)と述べている。この愛の秩序の内容は、神を最高善、肉体を最低善とみなし、被造物を愛するとき、この最高善と最低善との秩序が保たれるように選択をなす場合が善であり、その秩序が乱される場合が悪である。つまり一切の愛のわざにおいて神への愛が先行しているかぎり、その愛は被造物を愛しているときでも秩序を保ち善であると説かれた。このような愛の秩序はキリスト教と中世思想において一般に支持され、実践生活の基礎となっている。

アウグスティヌスはプラトン哲学の影響を受けながらこのような行動の原則を提示したのであるから、プラトンにおいても同じような愛の秩序の思想は存在していると考えられる。事実、『饗宴』に展開するエロース学説は美

のイデアに向かう上昇的段階をなし、そこに愛の歩むべき道が秩序として示されている。だが、彼の秩序の思想は言論活動により理性的に開発されてゆくものであり、『ゴルギアス』では「徳」も「規律と秩序正しさと技術」により体得すべきものと説かれ、こうして開発される愛の「秩序」（τάξις）は、すべてを包括する宇宙の総体たる「大秩序」（κόσμος）の中に形而上学的基礎をもっている。この秩序世界という神聖な世界に愛が基礎づけられるという思想こそ、プラトンのみならず、アリストテレスやストア派にも見られるギリシア人に共通した考えであった。

さらに近世に入るとパスカルが愛の秩序を「心情の秩序」として語り、身体や精神の秩序とは異質の次元において把握している。そこには理性の法則とは異なる心情独自の法則性が指摘されている。このパスカルの視点を価値倫理学の立場から現象学の方法を駆使して徹底して追求して行ったのがマックス・シェーラーであった。

これから着手する本書の第二部は、このようなヨーロッパにおける「愛の秩序」の思想史的発展を考察し、「愛」の生命と法則性がどのように現に存在しているのかを解明することにより、現代においてこの秩序がいかに確立されるべきかを反省する試みである。

第一章　プラトンとプラトン主義における愛の秩序

はじめに

ヨーロッパ思想の源泉はギリシア思想であり、これから考察する愛の秩序もギリシア哲学に発している。しかも、それはプラトン主義の伝統にもとづいて確立されてきた。それゆえに、わたしたちはプラトンの愛の思想がどのように形成されたかを問わなければならない。この思想の形成過程を彼の人間観を通して解明してみると、彼が人間を身体と魂とに分けて考察し、この区分の上に感覚的世界と知性的世界を構成していることがわかる。しかし、彼の思索はこのような二元論を絶えず克服するように展開している。この克服のためにも「秩序」の思想は重要な意義をもっている。また、彼は愛のダイモーン的性格を力説することによって二元論の前提そのものを克服しようとたえず志向しているといえよう。このことは愛の生命のもつ本性をどこまでも追究してやまない基本姿勢から生じてきている。そこでまず彼の愛についての学説を検討し、それが秩序といかに関係しているかを問題とし、続いてプラトン主義の思想家たちに彼の思想がどのように影響しているのかを解明してみたい。

一　プラトン『饗宴』の構成とエロース説

プラトンの愛（ἔρως エロース）の学説は彼の著作の全体にわたって展開しているが、「愛の秩序」というわたしたちの主題に限定すると、もちろんこの概念は言葉としては使用されていない。しかしそのなかでも『饗宴』[1]が最も重要な著作である。そこにおいても愛の秩序が事態としてはすでに示唆されている。すなわち、そこではプラトンによりエロースが美を目的として探求するものとみなされており、そこに愛の諸段階が秩序のもとに説かれている。この愛の秩序については、ディオティマがソクラテスに物語る愛の「終局最奥の奥義」において、要約的に述べられており、そこにプラトン弁証法の核心が展開している。しかし、この最終段階の奥義を理解するには、ソクラテスに先行する五人の演説について、単にソクラテスの演説の前段階としてのみならず、その基礎としても理解しておかなければならない。そこではプラトンに先立つ時代の愛に関する思想を察知することもできる。それゆえプラトンのエロース説に関して重要と思われる問題点をソクラテスに先行する演説から取りあげてみたい。

(1)　最初の演説者パイドロスが愛の神（ἔρως）に対して祝歌や讃歌がいまだ寄せられていないと指摘しているように、人間のうちに内在している愛が自覚的にとりあげられ、詩人たちによって歌われたことは多くなかった。もちろんホメロスもいち早く恋愛について歌い、絶世の美女ヘレネと王子パリスとの逐電がトロイア戦争の発端をなし、神々の間でも、また人間の間でもたえず恋愛が生じていることを物語っている。しかし、恋愛の本質についての問いはいまだ提起されていなかった。また、ソクラテスの同時代のギリシア悲劇詩人、たとえばソフォクレスは、『アンティゴネー』において名高い「エロース讃歌」を詠唱し、エウリピデスも『ヒッポリュトス』でエロースを讃美しているが、それらは世界の根源的力や宇宙的神性の擬人化であり、万有の生の源泉たる普遍的な恐るべき力としてのエロースであった。さらに喜劇詩人アリストファネスの『鳥』におけるエロース生誕の物語も同様の傾向を示している。

『饗宴』の最初の演説者パイドロスはこのようなわずかな伝統をそのまま受容し、ヘシオドスにならってエロースを最も齢の古い神で、カオス（混沌）に次いで大地とともに生まれ、世界を形成したものと説いている。(2) とはいえ彼はソフィストの流儀にしたがってエロースが家庭や国家の生活に秩序を生みだしている点を単なる主観主義的な強弁によって説いている。続く演説者パウサニアスはエロースを天上的と地上的に分ける優れた知見を示しているが、それでもなおそのような区分自体が主観的であった。これに対しエリュクシマコスとアリストファネスとはエロースを世界の中に働いている力として客観的かつ形而上学的に述べている。

ところで、主観的に理解されたエロースと客観的に把握されたエロース、つまり人間を内的に促し、幸せや不幸に追い立てる愛と、世界を生みだしたり治めたりする愛とは、つまり各人のうちにあって働くものとして感じられる愛と、世界を観察する者にその働きを客観的に示す愛とは、相違しているように思われる。ソクラテスに先行する演説者はこのように対立しているが、第五番目のアガトンは愛の本質を問う方向で新しい道を開拓する。このアガトンに問いかけてソクラテスが登場し、彼は愛の対象と愛の行為とを明瞭に分けた上で、両者の内的な結合を解明している。こうして主観的側面と客体的側面との分裂を無視しないで、区別されたものを包む思考が展開し、主体的であるが、同時に世界に対し開かれ、世界とともに形成される合理性が技術として解明されてくる。この技術は素材を用いて何かを制作するのみならず、生ける現実を真に育成するものともなる。そこから特定の目的に向かう目的論的構造や人間的文化を生みだしているさまざまな技術の連関、さらに個人と社会生活との統一秩序が説かれ、目的と手段、目標とその道、つまり一つの階層的秩序原理が探求されるようになる。(3) ディオティマがソクラテスに示す愛の奥義はこのような隠された秩序原理ではなかろうか。

(2)　『饗宴』はソクラテスを加えると全部で六人の演説から構成され、それにアルキビアデスのソクラテス讃美が付け加えられている。各々の演説は先行する演説を批判しながら展開している。ソクラテスとアガトン、ディオティマとソクラテスによる対話構成の部分以外は、厳密には対話形式を採っていないが、その内容は先行する演説を批判することによって弁証法的に発展している。したがって美のイデアに向かう「愛の道程」を述べたディオティマの最後に位置する教説も、一見すると美に向かうエロースの上昇過程が客観的に叙述されているように思われるが、実際は、愛する者が愛される者を正しい仕方で導き、言論活動によって愛の交わりを対話的に深めてゆくことが意図されている。ディオティマはソクラテスに次のように語っている。「この愛の問題へ、正しい道を通って進む人の、まずなすべきことは、若い時に美しい肉体へ向かうことです。その際、彼を導く人が、正しいやり方で導くとして、まず最初に彼のなすべきことは、一つの美しい肉体を愛すること、そしてその中に美しい言葉のかずを産みつけることです」(4)。また、愛の行為とは美しい言葉を産みつける言論活動としての対話を意味し、ここでも対話が決定的意義をもっており、肉体的出産はそのことの比喩となっている。もちろん肉体的出産も自然哲学的見地から肯定され、これにより種族の維持がはかられ、それによって不死が目ざされている。

しかし、プラトンが説くエロースは少年愛にもとづいており、肉体的出産による不死の主張は単なる比喩にすぎない。このことは第一演説者のパイドロス以来一貫しており、パウサニアスになるとギリシアにおける少年愛の習慣や掟を分類しながら論じ、アリストファネスは人間の神話の中で男女両性者（アンドロギュノス）という第三の性があったことを説き、この姦夫と姦婦を生む種族よりも、男性同士や女性同士の愛をより高貴なものだとみなし同性愛を讃美している。とはいえ男女間であれ、同性間であれ、ベターハーフを求める人たちは、アリストファネスによって「わが身の半身を求める人々こそ愛する人々である」と説かれていたが、この自然主義的な学説はディオティマにより批判され、愛の対象は倫理学的に「善きもの」でなければならない、と批判されている。

『饗宴』を貫く批判的対決の姿勢は少年愛に対しても示され、それをめぐって対話が具体的に展開している。この少年愛はプルタルコスによると古典時代のギリシアに栄えたものであり、[5] プラトンによりソクラテスの口を借りて認められ、『リュシス』や『カルミデス』で論じられたが、晩年の『法律』では退けられている。この拒絶には少年愛にまつわる同性愛の超克が伴われている。つまり同性愛は共に哲学にたずさわるという教育的友愛に変化してゆき、少年愛から知恵に対する愛である哲学が生じたのである。ここにもソクラテス的対話の精神が貫かれている。

(3)　少年愛が教育的な友愛に変化するという重大な転換は、最初の演説者パイドロスにより方向づけが与えられている。パイドロスは愛こそ「醜いものに向かっては恥じ、美しいものはこれを求める心」を愛する少年に植えつけるものであるという。[6] これこそホメロス的伝統であって、エロースの社会的性格を明確に示しており、[7]『饗宴』全体に対して決定的方向づけを与えている。こうして愛から生じる徳を彼はソフィスト的に論じていくが、この点は次のパウサニアスによって詳論され、少年愛と知識愛および徳の習慣とが結びつけられなければならないと力説される。[8]

エロースが美に対する欲求であると同時に言論活動を通じて知恵や徳を、愛する少年のうちに生みつけるとすれば、それは美への「上昇」（ἄνοδος）とともに他者への「配慮」（ἐπιμέλεια）をも含意し、「友愛」（φιλία）と同じ性格をもつことになる。同じようにディオティマは、美しい少年に出会ってエロースがその少年のうちに知恵を

生みつける言論活動について語っている。(9)

このような言論活動の目標は『饗宴』では美のイデアとして『国家』では善のイデアとして提示され、そこにいたる段階的上昇の道が教育的実践のもとに示されている。ここにわたしたちは「愛の秩序」が含意されていると主張することができる。次にこの愛がどのように秩序と係わっているのかをソクラテスとディオティマとの対話を通して考察してみたい。

二　ダイモーンとしてのエロース

ソクラテスがディオティマにエロースとは何かと問うたのに対する彼女の回答は、「それは偉人なるダイモーンなのです」というものであった。ダイモーンは死すべきものと不死なるものとの中間者、善悪美醜の中間者であり、また知と無知との中間にあって、自己の無知を知って知を愛し求める愛知者である。しかし、それが偉大であると呼ばれるのは、神々と人間との媒介者であることによる。「神々へは、人間から送られることを、人間たちへは、神々から発せられることを、それぞれ説きあかし、伝えるのです。……次にまた、神は人間と直接の交わりを結ぶものではなく、むしろ、神々が人間と結ぶ交わりや語らいの一切はこのダイモーンによるのです」(10)。ソクラテスに先行する演説においては愛は人間における交わりや、世界の調和を保つ宇宙的な力として語られていて、神と人との媒介者としては語られていなかった(11)。このような神と人との媒介者なるエロースは人間の精神をして神との交わりにまで高める働きをもっており、地上の領域と天上の領域との間の隔たりを埋め、全宇宙を結びつけるシュンデスモス（靱帯）であり、超越への精神的志向の根源となっている。

ディオティマが続けて語るエロース生誕の神話は中間者にして神人の媒介者なるエロースの特質を見事に捉え、それを神話的に物語っている。すなわち、豊かなる策知の神ポロスと貧窮の女神ペニアとの間に生まれたエロースは、対立する二つの性を身につけ、自分に欠けたものを知って、熱烈にそれを求める探求者としての人間の愛にほかならない。しかも美の女神アフロディテの生誕祝賀の宴に生まれたため、美の探求者となったと語られている。このようにエロース生誕の神話は中間者としてのエロースのダイモーン的性格をよく示しており、自己に欠如したものを激しく欲求する運動の中で、本来の輝きを失わずにわたしたちの知覚にその映像を鮮明に留めている美が求められている。

美は知覚により直接捉えられる。それに対し善の方は何かに役立つ有用性とか社会的行為の善性などに示され、外的な成果として示されてはいても、それを直接目にすることはできない。善いものは美しいものである。しかし善は内的なものであるのに対し、美は美しいものに直接自己を反映させている。こうして美は感性的なエロースに直接的に、つまり無媒介的に作用し、そこから激しい情念が惹き起こされている。しかし感性的エロースにとどまるかぎり、エロースのダイモーン的性格は現われず、単なる審美的段階をこえることはない。

ところでプラトンはエロースの働きに「一切の善きものを、つねに自分のものとしたい」という欲求を認めながらも、「まことに、その行為とは、美しいものにおいて――精神の面でも肉体の面でも――子を産むことです」と語り、エロースの出産の働きに注目している。そして「出産とは、死すべきものにあって、いわば永久なるもの、不死なるものであるためなのです」とみなし、「善いものをつねに自分のものにしたい」というエロースの欲求の「つねに」を種の連続による不死への欲求であると解釈している。したがって出産により「新しい別のものをつねに残してゆくこと」が生じているのは、エロースの中に「永遠に存在し、不死たらんとすること」がその目的として本来具わっているからなのである。このように死すべきものが不死を能うかぎり求めて絶えず新しいものを生んでいる事実は、単に出産のみならず、身体のいたるところで再生として生じている。さらに人の習性、性格、意見等々の魂の働きや知識の忘却と記憶にもそれは見られる。そうすると「美しいものにおいて出産する」というエロースの衝動には同時に永遠不死なるものへの欲求が内在していることになる。エロースは感性における美しいものの知覚から出発するが、感性であるかぎりのエロースには自覚されない。だが、エロースのあの願望「つねに」の中に不死への欲求が存在している。そしてその出産という行為によりそのことの認識に導かれるのは、自己の本質が永遠不死なるものへの欲求にほかならないからである。(12)このようにエロースは死すべきものと不死なるものとの中間者であり、そこには神と人間との媒介者たるダイモーン的性格があるといえよう。

三　愛の上昇段階

愛のダイモーン的性格で明らかになった点は、エロースが美しいものにより触発される感性的衝動でありながら不死への欲求を本質において具えている事実である。感性的衝動なしにはエロースは生じないとしても、不死への欲求が満たされないかぎり、エロースは決してその欲求を満たし、自己実現に達することはない。ここから発せられる問いはエロースが真の自己実現にいたる道は何であるかということである。それこそ愛の道程にほかならない。ディオティマ自身の回答は愛の上昇の道として語られ、『饗宴』のクライマックスを形成している。この「上昇の道」の終局は美のイデアの直観という「終局最奥の奥義」であるが、わたしたちの問題はそこにいたる「上昇の道」が「愛の秩序」としていかに把握されているか、ということである。それゆえ、ここでは美のイデアの直観についての叙述の前にある「愛の段階」（scala amoris）を述べた部分を考察してみなければならない。[13]

この上昇には三つの段階があって、それに続いて美のイデアを観照する最終段階にいたる。ここでは少年を愛の対象として、(A)美しい肉体、(B)美しい魂、(C)美しい知識の三段階が語られる。またそこでの愛の内実は言論活動として論じられており、三段階とも同じ内容である。つまり(A)「美しい言葉を産みつける」、(B)「若者をすぐれたものにする言葉をその者の中に産む」、(C)「尽きぬ知識愛にむせびながら、美しく、立派な言葉や思想を産みつける」と語られている。しかし、言論活動の内容は段階ごとに変化し、単に美しい言葉から倫理的に優れた言葉へ、さらに高度の思想をもった言葉に発展している。次に各段階の内部において対象の全体を通観的に捉える「普遍化」（generalization）が行なわれている。[14] すなわち(A)「一切の肉体における美は同一である」、(B)「魂の美は一切親しく結びついている」、(C)「美の大海原にその身を差し向ける」とある。これらはすべて普遍化の表現である。このような対象に対する水平的な総合の方向に続くのが、次の垂直的な超越の方向もしくは志向である。(A)「一つの肉体にあまりに執心する烈しさはこれを軽視軽蔑し」、(B)「一つの営みの美などに執着しながら、ただ一つの美の奴隷となり、もって愚者小人の類に堕することのないように」という愚かさの指摘は、それぞれの段階にとどまらずにそれを超えて上昇する方向や志向を導いている。このように普遍化の内なる上昇的な志向は愛の対象についての反省から生じている。そのさい「一切の肉体における美は同一である」と考えないのははなはだ愚かしい、と述べられているのは、美しい肉体はみな同じであるといっているのではなく、対象を普遍的に見る反省作用において同一の美として知覚されることを意味している。それは「形姿における美」（τὸ ἐπ εἴδει καλόν）の追求であるとみなされているように、反省作用とともに知覚が捉えている美のエイドス（形相）、つまりイデア（観られた形姿）なのである。[15] このイデアにより個々の美しいものを見ることが、通観的な普遍化という理性の働きである。他方、この普遍化にいたらないで個々の美しいものに執着するならば、理性の働きが反省によって生じないため、わたしたちは愚かさの中に陥る。

普遍化は理性の反省から生じるとしても、肉体から魂に、魂から知識に超越する上昇がどうして生じるかはいまだ明らかではない。ただ、上昇の方法が指導者によって示されているにすぎない。したがって「魂に宿る実は、肉体に宿る美より貴い」との価値判断には明確な根拠が示されていない。ところで肉体の出産が「新しい別のものをつねに残してゆく」ことによる種の連続において不死を求めていたことを想起するならば、肉体の美は他の肉体の美により補なわれてはじめて永続性を得るといえよう。つまり不断の消滅変化の中にあって肉体の美は不断の連続により永らえるのである。すなわち美そのものは永遠に持続しても、それを映しだす媒体である肉体は朽ちるものであるがゆえに、一時的に現象するに過ぎない。それにもかかわらず美しいものの「形姿における美」は普遍的なものであり、永続性を保っている。他方、魂は徳行や知識において肉体と同様に消滅や忘却に対したえず新しくされていかねばならないとしても、「不死の名誉」や「徳にまつわる不滅の思い出」となる行為を生み、「現身の人間の子より、より美しく、より不死なる知恵の子」を育成することができる。(16) さらに知識は肉体への執着から自由になり、永遠不変のイデアの知識にまでいたり、不死にあずかることが可能である。そのためには前に指摘したように「美しい言葉」の内容が次第に深められ、知識においてすぐれたものとなっていなければならない。そしてこの知識のすぐれた内容の中に個体から普遍に進む普遍化としてのイデア的認識が含まれている。そのことはこのような認識をなさない場合には「はなはだ愚かしい」とみなされていることからも明らかである。(17) もちろん、相手の少年もこの言論を理解する能力がなければ、上昇は生じない。

このようにプラトンは上昇が生じる根拠を明瞭に提示していないため、それはさまざまに推察されうる。そのさいプラトン自身が上昇の過程について語ったのちにコメントしている次のソクラテスの言葉は重要であり、看過するわけにはゆかない。「この美の宝を手に入れるためには、おそらく人間の身にとって、愛の神（エロース）にまさるほどの援助者を見つけることは、容易ではあるまい[18]」。したがって何か美しいものを対象として愛するとき、同時にそこには「愛の神」が働き、わたしたちは異常とも思える激しい情念の運動にかりたてられ、肉体を超えた魂の次元に、さらに知識愛という哲学に、ついには美の直観というイデアの認識にまで上昇させられる。既述のダイモーンとしての愛の特性はこのことを明らかに示している。それゆえ愛が最善の援助者であるという理由は、魂を内的に動かして、新しい展望を開いていること、つまり愛が上昇の道を受容しそれに応じるように働きかけているからである。したがって「いまやエロースが愛する人を低い段階から高い段階へ導きながらその人自身を教育する力である」といえる[19]。

四　「秩序」の概念

次にプラトンにおける秩序（タクシス τάξις）の概念について検討し、その上で愛の上昇についての解釈をもう一度とりあげてみたい。

『プロタゴラス』や『ゴルギアス』から『国家』にいたる社会倫理を説いた一連の著作でプラトンは、国家が政治技術なしには正しく運営できない点に着目していた。『プロタゴラス』ではソフィストのプロタゴラスが主観的な「つつしみ」と「いましめ」とが国家の秩序をととのえ、友愛の心を結集するのに必要であると説き[20]、『ゴルギアス』ではソフィストと同じ傾向に立つ政治家カリクレスの権力主義に対決し客観的な「規律と秩序」が不可欠であると説かれる。ところでソフィストたちが現実の国家の権力に迎合する傾向を顕著に示したのに対し、ソクラテスはポリスよりもいっそう根源的な魂に目を向け、一般に「よさ」（アレテー ἀρετή 卓越性、徳）が「規律と秩序正しさと技術」によって形成されるように、魂のよさは「秩序をもつ魂」の徳たる「節度」に求められている。このような秩序と徳により人々の「共同」（コイノニア）は成立し、この宇宙の全体も「コスモス（秩序）」と呼ばれている、と説かれる。(21)

ところでわたしたちが注目したいのは、『ゴルギアス』において「よさ」と「秩序」の概念により、「善」が「存在」にまで高められ、両者が結合されている点である。「善」とは何かという問いに対しソクラテスは答えて「いっさいの行為の究極目標」である、つまりすべての行為がそのゆえに行なわれるべき当のものであり、かつ行なわれているものだ、と説いている。(22)だが善を目ざして市民を殺したり追放したりすることも現実に起こっている。ところで、目的それ自体は善であっても、目的を実現する手段として相対的に善であるものから、それは区別されなければならない。それゆえ行為する人は自分が目ざす目的をあらかじめよく熟慮し、思考において捉えた善を尺度にして真の善と偽りの善とを区別しなければならない。このように説いてからその例として善と快の区別および目的・手段による秩序づけに関してソクラテスは「魂もまた、自己自身の秩序をもつもののほうが、それをもたぬものよりも、より善い。……秩序をもつ魂は、節度がある」(23)と論じている。プラトンによると善は魂のよさにおいて成立し、そのよさは善という目的に向けて欲望が秩序づけられている魂の中に求められる。またこの秩序が生じてくると「存在するもののそれぞれを善いものにする」とも語られている。つまり秩序は各々の存在の善であるのみならず、多数の存在は善の下に統一されてくる。こうした存在論的反省がプラトンにおいては善から秩序へ、秩序から存在の全体、つまりコスモス（秩序世界）へ向けて展開してゆく。ところが、このコスモス（宇宙）としての秩序についてソクラテスが語るきっかけとなったのは、ロゴス（言論）の共同ということである。それゆえ共同作業である対話を打ち切ろうとするカリクレスに対し、ソクラテスは善と同じく善の探求もすべて共同的であることを想起させ、ロゴスを通して人間の交わりが秩序づけられるだけでなく、すべてを包括する秩序の中ですべての存在者が共同関係に立っているとの洞察へとわたしたちを導いている。彼は「賢者たちはこう言っているのだよ、カリクレス、天も地も、神々も人々も、これらを一つに結びつけているのは、共同であり、また友愛や秩序正しさであり、節制や正義であると。だから、そういう理由で彼らは、この宇宙の総体を〈コスモス（秩序）〉と呼んでいるわけだ[24]」と言う。

このような秩序の中では存在しているものの本質規定と、その置かれた位置に対する価値とが合致し、自己実現と指定された場所を満たすこととは同一である[25]。「実際、秩序づけられたものにそれに適わしい場所を指示する秩序は、すべてに共通な尺度なしには考えられない、つまり万物の関係秩序を可能にし、善なるものに対する別の表現にすぎないところの、一なるものなしには考えられない[26]」といえよう。この秩序の概念によって現実に存在しているもの全体の存在論的普遍性が示されており、倫理的善の概念は存在へまで高められている。

次に『国家』における「秩序」概念を検討してみると、『ゴルギアス』で輪郭と基本線が示された内容がポリスの生活と行政のうちに実現すべきものとしていっそう具体的に説かれている。その要点を述べてみよう。秩序ある生活は一般的にいって健康であり、自由と幸福を必然的に伴っている。それは多への分裂でも、複雑なリズムでもなく、基本的音階から構成され、調和感覚のあるリズミカルな生活の習慣づけにより体得される。こうして協和と調和を得た人は一般に「おのれに克つ」節制を身につけている。この「節制とは思うに一種の秩序のことであり、さまざまの快楽や欲望を制御することだろう」と語られている[27]。そして「おのれに克つ」という徳は「その人自身の内なる魂には、すぐれた部分と劣った部分とがあって、すぐれた本性をもつものが劣ったものを制御している場合を言っている」(28)。ここにある魂の内なる部分というのは「理知的部分」と「気概の部分」と「欲望的部分」のことである。これらが高低の関係で支配されるとき、秩序が生じ、正義の徳が実現する。だから「〈正義〉とは、……魂のなかにある種族に真に自分に固有の事を整え、自分で自分を支配し、秩序づけ、自己自身と親しい友となり、三つあるそれらの部分を、いわばちょうど音階の調和をかたちづくる高音・低音・中音の三つの音のように調和させることである」(29)と定義されている。

このようにして魂の全体が知を愛する部分の導きに従うとき、法と秩序とが実現し、またこのような秩序に服することにより精神は真実在に立ち向かい、「整然として恒常不変のあり方を保つ存在にこそ目を向け、それらが互いに不正をおかし、おかされることなく、すべて秩序と理法に従うのを観照しつつ、それらの存在にみずからを似せよう、できるだけ同化しようとつとめることに、時を過すだろう」(30)とプラトンは言う。これこそ「神的で秩序ある人」なのである。

わたしたちはプラトンの「秩序」概念を検討し、それが人間の魂の状態を「徳」に向けて秩序づけるのみならず、秩序をもった大宇宙「コスモス」としての秩序の中に人間を位置づけ、恒常不変な「存在」を観照し、それに似たものと成ることが説かれているのを知った。したがって秩序は魂の状態として主体的意味と宇宙の秩序を表わす客体的意味とを内包しており、自己自身をコスモスに向けて秩序づける「超越」を全体として含意していることが認められる。そこで『饗宴』に立ち返って考えてみると、エロースこそ本質的にこの超越の運動を引き起こす原動力である。それは愛する者に語りかけ、言論活動により、恒常不変な「存在」、つまり美のイデアにまで到達しようとする働きにほかならない。このイデアへの「上昇の道」こそ愛が自ら辿る道程であり、肉体から魂に、魂の活動から学問に向かって美を追求する、探求の順序を形成している。そして徳という内的な自己形成に立って宇宙から存在へと向かい、この存在に似るものとなることにより現実の世界が秩序を獲得することが可能となる。このような形而上学に立つプラトンの学説はオルフェウス教の神話的世界観の導入により、一般の人々にも理解できるように形象化して説明されることになり、また二元論的世界観として後代に影響するようになった。しかし、プラトンの思索は真実在を求める探求の途上において展開しており、言論活動との共同により、美のイデアや善のイデアを目ざしながら現実の混沌たる状態に秩序を与えてゆくことに集中している。この意味でプラトンの哲学は共同のロゴスによる秩序の探求に終始しており、彼のうちなるエロースがこの探求の原動力となっている。彼にはアウグスティヌスが説いたような「愛の秩序」の教説はいまだ存在しないが、そこにいたる萌芽はすでに十分認められる。

五　プラトン主義における愛の秩序

これまで考察してきたプラトンにおける愛とその秩序の学説は、その後の思想史に大きな影響を与えている。その中でもプラトンの教えを直接土台にして愛の秩序の思想を発展させている思想家の中からプルタルコスとプロティノスを選んで、その特質を指摘してみよう。というのは時代が変わるにつれ同じ傾向の思想もその特性が次第に明確に示されてくるからである。

(1)　プルタルコス

プルタルコスはプラトンが創設したアカデメイアが懐疑主義に向かったアルケシラオスの時代と新プラトン主義

が隆盛をみた時代との中間に位置する中期プラトン主義を代表する思想家である。その『倫理論集』（モラリア）に入っている『愛をめぐる対話』ではプラトン時代に栄えた少年愛からエロースが解放され、夫婦愛の中でもそれが認められるようになり、しかも愛の相互性によりフィリア的要素と結びつけて説かれるようになった。ここでは彼がプラトン主義のエロース説に新しい解釈をほどこした点と愛の秩序についてどのように考えていたか指摘するにとどめたい。

まず、彼がプラトンに加えた解釈をみると、彼はプラトンにしたがってエロースを天上のエロースと世俗のエロースに二分する。彼はエジプトの神話から太陽を第三のエロースとみなす見方のあることを知り、エロースと太陽との類似性を指摘することによって、エロースのダイモーン（守護霊）としての役割を大きく変化させている。プラトンではダイモーンが神と人々とを仲介する働きをもつと考えられ、自己の無知を知って知を求めさせている、つまり哲学させている。この知と無知とを媒介するのがダイモーンの働きであった。これに対しプルタルコスはエロース自身の働きを太陽と比較しながらほぼ次のように語っている。「エロスは太陽にとても似たところがある。どちらも、心地よく生産力あふれる熱の放射だ。太陽からの放射は我々の体に滋養と発育をもたらし、エロスからの放射は我々の心にそれをもたらす。そして太陽が雲間から顔を出し霧が晴れる時いっそう暖かくなるのと同じように、恋の相手と和解すると、エロスはいっそう甘く、また強くなる。さらに、体が鍛えられていなければ太陽の光に耐えられず、苦痛な目に遇うのと同様に、心が鍛えられていなければ、エロスに対して無傷で通すことはできない。いずれの場合も調子が乱れて病気になる(31)」。

宇宙にこのようなエロースが遍在していてわたしたちの心に働きかけ、対立を和解させ、愛の秩序にもたらすとここに語られている。この思想は、プラトンの『饗宴』にでてくる医者エリュクシマコスの演説と酷似しており、古代のギリシア人は一般にこのように考えていたといえよう。それゆえエロースのダイモーンとしての働きは「魂の医者」、「救い手」としてその秘儀にあずからせる「導師」であるとたたえられ、その導きによっておそろしい恋の炎は健全な理性により抑制され、心の中に光と輝きと温さだけが残るようになる。(32)人はこれにより成長し、愛する相手の肉体をこえて、その内面に入り、その人自身の性格にふれながら、神の形見である美を見つつ前世で観ていた真の美を想起するようになる。(33)彼が言う「神の形見」や「類似」はキリスト教の「神の像」としての人間の本質に近づいている。彼はそれをプラトン風に「真の美を映した切片」と語っている。

次にプルタルコスはエロースの作用を反射という自然現象から説明し、「天性すぐれて美を愛する魂にそれが働きかける絶妙の仕掛け仕組み(34)」を明らかにしている。例を虹からとって光の屈折からこの反射は次のように説かれている。すなわち湿り気を帯びた空に太陽が反射しているのをわたしたちの目がとらえると、太陽の輝きがそこに虹として美しく写しだされている。この虹は美しいものであるが、美しいものを見て美自体である太陽にわたしたちの目が向けられ、そこに真の美をとらえるように仕掛けているものこそエロースなのだと言われる。(35)これこそ「愛の秘儀」としてプラトンによって語られていたものの内実である。したがって真実の美が鏡に映った像、先の虹のような美しい女性その他肉体の形をもった美を「真実の美の記憶を呼び覚ます一種の道具」として用い、さらに高い美に向かうように、心に火を点じるのがエロースの仕掛けなのである。それゆえ、虹を手でつかまえようとする子供じみたことをしてはならないと説かれている。ここでは美しいものと美自体との存在論的区別がプラトン的に前提となっており、この区別にもとづいて愛の秩序が存在している、と明らかに説かれている。

なお、プラトンとの大きな相違点はプラトンではエロースが少年愛において説かれていたのに対し、プルタルコスでは夫婦愛の中にアリストテレス的な高貴な愛フィリア（友愛）をも認めている点である。(36)そこには女性が徳性においてすぐれた存在であることが認識されており、夫婦愛という相愛においてはじめて人間の共同生活の完成が見られ、愛も安定した秩序に達することが説かれている。[37]

実際「プルタルコスの独創性は夫婦愛が愛の至高の形態となることの発見にある」（L・デュガ）といえよう。[38]彼はプラトンの理想主義とアリストテレスの現実主義との両者を折衷したといわれるが、愛を現実生活の直中において捉え、かつて少年愛にのみ認められた超越的で英雄的な価値を正常な男女の愛の内に見いだしたのである。つまり夫婦愛をプラトンの高みに向けて秩序づけたのである。ここに愛の思想史における大きな発展がある。

（2）プロティノス

紀元三世紀に活躍した新プラトン主義の代表者プロティノスはエロースに関してプラトンの教説に忠実に従いながら『エロースについて』でプラトンの『饗宴』を注釈している。彼は基本的にはプラトン学説の中にとどまっているけれども、同時にそこには新しい思想の萌芽が認められる。彼の哲学的思索は善なる一者にいたる探求として遂行され、知性的な弁証法とならんで、神秘主義的な観照がエロースの道として説かれている。彼によるとエロースは万物が善なる一者に向かう普遍への働きを意味し、存在するものをして自己の善を求めるように促す普遍的な力である。こうしてすべての存在は物質から善一者にいたるまでその完全性の度合に応じて段階づけられ、物質（ヒューレー）・身体（ソーマ）・魂（プシュケー）・知性（ヌース）・善一者（ト・ヘン）という実在の五段階が形成されている。そして身体の善が魂にあり、魂の善が知性にあるといった具合に上位を目ざして下位のものが自己を超越し、より高次の存在に結びつくのはエロースの働きに帰せられている。このエロースは存在の中にあって存在の性質の不完全な側面と、存在との合一によりこの不完全性を超越して補完しうる可能性との双方を提示し、諸実在の間に連続性を打ち立てている。(39)この道を通って善一者に達する方法が、愛する者を愛される対象にできるかぎり似たものとなす「魂の準備」であって、それは魂の「内的秩序づけ」を意味する。(40)ここにわたしたちの求めている愛の秩序が説かれている。

プロティノスはこのようなエロースの働きをダイモーンとして語っているので、この点に限って考察してみたい。彼は魂を三種類に分け、その各々においてエロースは働きを異にしながら魂に付きそっている、と言う。まず、三種類の魂というのは、「高度の魂」、「宇宙霊」、「個霊」のことである。高度の魂は知性界にとどまり、感性界との交渉をもっていない。次の「宇宙霊」は万有を支配する魂のことで、この霊とともにあるエロースは霊に協力して生殖への欲求を目覚めさせ、結婚を司っている。第三の個霊というのはわたしたち各人を支配しており、これに伴っているエロースこそ魂を善へと導くダイモーンなのである。このダイモーンの働きにより魂は自己の故郷である知性界に向かう運動を始め、知性界へのあこがれおよび欲求をもつのである。(41)というのは人間の魂は現在この肉体の世界に縛られてはいても、元来は知性界から生じてきたからである。このプラトン主義的世界観に立って彼はエロースが愛する者と愛される対象との中間にあって、両者を結びつけ、しかも愛する者の目に宿り、その目となって働いていると説いている。(42)

このダイモーンの働きは善なるものを魂の愛慕の対象となすこと、したがって愛する者を愛される対象に結びつけて見ることができるように作用することである。そのさいエロースは愛する人の目として力を発揮している。このことはロマンティックな愛を説いたイタリアの詩人たち、ダンテ、ペトラルカ、タッソが愛神を目に宿るものと唱ったことと一致している。(43)そのときエロース自身は美しい対象から美が流出して美しい光景にみたされた目として生まれている。(44)それゆえ、魂はエロースの働きなしには知性界に向かうことはできないのであるが、同時に知性界にある存在も自らを美しく、愛すべきものとしないかぎり魂に作用しないことになる。このエロースによる魂の上昇の原動力が魂の内面へのエロースの働きかけであると同時に、知性界自体も魂に作用してはじめて生じることが次のテキストに明瞭に語られている。

「知性界にあるそれぞれのものは自己自身で存在しているのであるが、いわばそれらに麗しさを、そしてそれらを愛慕するものの側には愛を与えるというようにして、善なるものがそれに色づけをすることによって、はじめて愛慕の対象となる。さて、こうして魂は、かしこから流れてくる力を自己自身のなかに受け取ると、刺戟され、神につかれたようになり、悩みに満たされて愛（エロス）となる。だが、それまでは、魂は知性に向かってすら動かされることはない。たとえそれが美しいものだったとしても。というのも、知性の美は善なるものからの光を受け取るまでは働かないから(45)」。

魂はこの上昇の道をとおって知性界の上にいる究極の一者に向かって脱自的に引き寄せられている。これがエクスタ－シスと呼ばれる没我の境地であり、ここへの導き手こそエロースにほかならない。そしてそこにまで上昇するためには浄化の道をとり、魂自身が善にして美なるものとならなければならない。この点『美について』という著作では神殿の秘儀に参加する者たちが着ていた衣服を脱ぎ捨てて身を浄め、裸のままで聖域に上るようなことが求められるのと似ていると、次のように言われている。

「だが、ここに至るには、われわれが（感性界に）降下して身にまとったものを脱ぎ捨て、上の世界に方向を転じて昇っていかなければならない。……そして、このようにして昇りながら、神に縁のないすべてのものを通過し、純粋な自分にもどるならば、純粋単一で清浄な善をありのままに観ることができるのであって、この善こそ、すべてがこれに依存して、これを眺め、これによって存在し、生き、思惟するところのものなのである。というのも、善は生や思惟や存在の元（アイティオン）だからである」[46]。

このような浄化の道を通って照明と合一にいたるのがプロティノスの愛の秩序の思想であるといえよう。この思想はプラトンを継承したものであるが、善や美の流出という愛する対象自身の側からの魂への働きかけが説かれている点にプロティノスのエロース説の特質が見られる。つまりエロースのダイモーン的性格の中に、単に上昇する昇り道のみならず、一者の方から下降する道が流出説により加えられている点にその特質が認められよう。しかし、一者との神秘的合一の記述は、後代において解釈されたごとく、キリスト教にも適合しているように考えられがちであったが、結婚に見られるような人格間の関係がそこに示されているのではなく、没入・併合・合体・流入といった非人格的性格を帯びていることを看過してはならない。したがってプロティノスの説く下降する道は、その反対の上昇の道と結びついて巡回する統一的見地から説かれており、古くはヘラクレイトスの「昇り道と下り道とは同一である」との主張に見られるように、宇宙における不断の運動を構成している調和と統一という世界観にもとづいている。またオルフェウス教の宗教的世界観はこの下降運動を神話的表象で語り、人間の根源が現在よりも高次の源泉にあり、魂が堕ちて物質世界に閉じこめられたと説いて、プラトン主義に大きな影響を与えていた。プロティノスはこの堕落は不本意に生じたとはいえ、「内的な傾向により生じた」とみなし、この傾向は本来ならばいっそう高次なものが低次のものを秩序づけている方向に向かうべきものであると考えていた。つまり高次のものから低次のものへの生命の流出は低次のものを高次のものに向けて秩序づけている。それゆえこの宇宙的存在の秩序に人間の魂は本来従うべきであったと考えられている。プロティノスはこの存在の秩序にもとづいて「宇宙の完成を目ざす意志的な下降」について次のように語っている。「これらの経験と活動とは自然の永遠的な法則により定められている。それらは、より高次のものを棄てることにより他のものの必要に奉仕すべく流れ出る、存在の運動から生じている。こうして魂が神から遣わされたという言句に矛盾も虚偽もない[47]」と。

このような思想はプラトンから遠く、キリスト教に近いように見えるが、実際はそうではない。プロティノスの神は流出により宇宙的周行に関与していても、神自らが降るのではない。彼の神はプラトンの神々のようにどこまでも完全に自足的であり、人間の運命に関わらない。したがってこの世の罪を負ったり、洗い去ったりしない。それはアリストテレスの神である不動の運動者のように、自らは愛し活動することなく、すべての熱望の目的なのである。したがって人間の魂は再び上昇するために降るのであり、だれにも助けられず自分のよごれを脱ぎ捨てる努力によって救済に達するのである[48]。

第二章　アウグスティヌスにおける愛の秩序

はじめに

アウグスティヌスが神と人間とについて論じた思想はすべて愛を中心にしている。物体が重さによりそれぞれの指定された場所に向かい安定した存在を求めて運動するのと同じく、「わたしの重みはわたしの愛であり、それによりわたしたちはどこへでも運ばれてゆく(1)」と語られているように、人間の意志も愛の重みにより働いている。しかし人間の愛は物体の重力と相違して絶えざる不安にさらされており、「あなたはわたしたちをあなたに向けて造られ、わたしたちの心はあなたの内に安らうまでは不安である(2)」と告白されている。この人間的な愛は不安にかられ不幸であるがゆえに、神を求め幸福を願わざるをえない。「実際、神よ、わたしがあなたを求めるとき、わたしは至福の生を求めている(3)」とあるとおりである。こうして神を愛し求める人間の愛、つまり神への愛は、プラトン的なイデアの認識に向かうエロースと同様、上昇的な愛であるが、『告白』が詳述しているように、神の御子の受肉と卑賤な姿に示される神の人間に対する愛、つまりアガペーに支えられていないなら、神への愛が生じることは不可能である。それゆえアウグスティヌス的愛、カリタス（caritas）の学説はエロースとアガペーの総合から成立し、独特な性質を帯びている。

このようなカリタスの学説は、アウグスティヌスが新プラトン主義とキリスト教とを対立的に受けとらず、『真の宗教』で典型的に示しているように、「プラトン哲学が説いた神の観照という目的はキリスト教信仰により実現される」との根本見解により、両者を相互補完的に受容したことから起こっている。したがってカリタスにはプラトン的エロースには還元できない要素が明らかに示され、独自の論理を形造っている。ここではこの点を「愛の秩序」(ordo amoris) の概念によって考察してみたい。というのはアウグスティヌスが初めて「愛の秩序」を倫理の基礎もしくは中核に据えたからである。

倫理の基底としての「愛の秩序」について『神の国』第一五巻二二章には「簡潔で真実な徳の定義とは愛の秩序である」(definitio brevis et vera virtutis ordo est amoris) と規定されている。プラトン以来「徳」は「良く生きるため」に不可欠な善性であるが、アウグスティヌスによるとそれは単なる人間の性質ではなく、わたしたちの主体的な愛が秩序づけられていて、「秩序づけられた愛」(ordinata caritas) となることなしにはありえない(4)。

では「秩序づける」ことはいかにして行なわれるのか。初期の思想ではストア主義によって、知者は心中に刻印されている永遠の法に則って理性により情念を支配している、したがって人間の精神は理性を用いて身体的欲望を支配することによって有徳になりうると説かれていた(5)。また初期の著作『秩序』では宇宙をつらぬく不変な秩序と因果の連鎖という自然的秩序のなかで個人的な特殊な摂理は可能であるとの確信が表明され、自由学芸の研究が精神を高次の真理に向けて準備するので、上昇の梯子のように学習の順序が守られれば、幾何学と音楽により宇宙の根底をなす数学的秩序が解明されると示唆している。このような形而上学的な秩序の観念はプラトン主義の伝統的存在論に由来しており、アウグスティヌスはプラトン的なエロース説を自らの思想の基盤に流入させている。しかし、中期および完成期の著作になると秩序の概念がプラトン主義の形而上学的な背景から離れて、愛という主体的行為自体の中に求められるようになる。つまりエロースが対象の価値によって引き寄せられ、そこで初めて生じているのに対し、アウグスティヌスの説く「愛の秩序」は、愛の対象に関わる仕方が秩序にかなっているか否かを問うことによって確立されている。したがって対象の側よりも主体の側に秩序が探求されている。この点が思想史上きわめて重要な転換となっている。実際、このことを考慮してはじめて倫理思想の中核をなす「愛の秩序」の意義が明らかになる。

そこで、まず、「愛の秩序」の概念を完成期の大作『神の国』を中心にして全体的構造を明確にし（第一節）、次に「神の愛」「自己愛」「隣人愛」の優先順序においてこの秩序の具体化を扱い（第二節）、またアウグスティヌスの青年時代の最大の問題であった「性愛」における愛の秩序を検討する（第三節）。さらに愛の秩序が「享受と使用」（frui et uti）により一般倫理において実践的にいかに現実化されるべきかを扱いたい（第四節）。

一　「愛の秩序」の概念規定

アウグスティヌスは、『神の国』第一五巻でノアの洪水以前に悪が世にはびこったことを述べたさいに、神の子たちが人間の娘の美しさにひかれてこれを妻にしたという創世記第六章に言及して、「愛の秩序」の思想を展開させている。この記述はウラノスから直接生まれた天上的エロースが徳に向かうのに反し、ゼウスがディオーネーと関係して生まれた世俗的エロースが肉体に向かうというギリシアの愛の神話を背景にして語られているように思われる。このような肉体の美にひかれる愛の問題性について彼は次のように語っている。

「このように肉体の美というものは神により造られたにもかかわらず、時間的で肉的な最低の善であって、神という永遠の、内なる、恒常的な善が後置されるなら、肉体の美は悪い仕方で愛されている。ちょうど貧欲な人々によって正義が見捨てられ金が愛される場合、罪は金にあるのではなく、人間にあるのと同様である。すべて被造物はこのように振舞っている。つまり善であるが、良く愛されもするし悪く愛されもする、すなわち秩序が保たれている場合は良く愛され、秩序が乱されるなら悪く愛されるのである(6)」。

このテキストによると秩序とは神を最高善とし、肉体や物体を最低善とみなす存在者のあいだの関係にあると考えられる。しかし、肉体の美も神の創造物であるがゆえに肯定され、物質の象徴である金銭でさえもそれ自体では悪しきものではないと説かれる。だが、一見すると、ここには神を最高善、物質を最低善とみるプラトン主義の存在論、もしくは新プラトン主義の存在段階説（一者・知性・魂・身体・物質）による存在の高低の秩序があるように思われやすい。しかし実際には創造者と被造物との間の絶対的異質性に立つ創造の秩序が考えられている。このことはそれに続く文章に「もし創造者が真に愛されるなら、悪しく愛されるということはありえない」と述べられていることからも明らかである。したがって最高善と最低善という高低による存在の価値づけも、この創造の秩序を表わすために用いられているにすぎない。彼はさらに続けて当時の讃美歌の一節を引用しているが、そこにもこの秩序が創造のそれであることを示している。「善なる汝が造られしゆえに、これら汝のものは善なり、秩序を無視し、汝の代わりに汝により造られしものを愛して、我らが罪を犯すのほか、何ら被造物のなかで我らの罪となるものなし」。

したがって罪は肉体や金銭などの被造物にあるのではなく、創造者なる最高善を無視してそれらを選びとる愛のあり方が創造の秩序を転倒させる点にある。外的な事物はすべてこの秩序が保たれているなら善なのである。アウグスティヌスはプラトン主義のように外的事物を存在において劣化した悪しきものとは考えていないし、ましてやストア主義のようにそれを否定したりしないで、かえって秩序の下に肯定している。じっさい感覚的事物もしくは財に囲まれた生活は人間の出発点となっており[7]、財や健康また友愛の楽しみを願い求めてもよい。「神は人間を存在し生きるように創造された。それは健康（salus）のことを言っているのであるが、また人間がひとり（solus）であることのないように友愛（amicita）が求められたのである[8]」。これはマニ教の禁欲主義に対する批判が背景となっている[9]。

次にわたしたちが注目すべき点は、本節の初めに引用したテキストで「神という永遠の、内なる、恒常的な善が後置されるなら、肉体の美は悪い仕方で愛されている」という選択における優先と後置の問題である。価値選択における優先と後置が、正しい価値位階の秩序にしたがって決断されるならば誤りはありえないと考えられている。この場合の価値位階の秩序は創造者と被造物との関係に置かれる。つまり「より善いものを捨てることによって悪しき行為をする[10]」ことになる。またアウグスティヌスによると造られたすべてのものは「それ自身の限度と形象と秩序」とをもって存在しており善であるが、悪は「より善いものの廃棄である。したがってまた行為それ自身が悪なのであって、罪人が悪しく用いた本性が悪なのではない。なぜなら、悪とは、善の悪用であるから[11]」。したがって善の悪用こそ悪であって、このことは先のテキストでは「秩序が保たれるなら良く愛され、秩序が乱されるなら悪しく愛される」と語られていた。

アウグスティヌスは悪の根源を行為自体、したがって意志とそれを動かす愛に求め、外的対象から主体的意志へ、つまり神に対する主体の関係行為に求めている。ここから愛そのものが神と人との根源的秩序によって秩序づけられて初めて、善き行為を生みだす徳が形成されると主張し、愛の秩序をもって徳の定義を次のように下している。

「実際、愛そのもの——それによって愛されるべきものが善く愛される——もまた秩序正しく愛されなければならない。それは、そのことによって善く生きるための徳が、わたしたちに備えられるためである。ここからしてわたしには、簡潔で真実な徳の定義とは愛の秩序である、と思われる。そのため聖なる雅歌の中でキリストの花嫁である神の国は〈わたしのうちで愛を秩序づけて下さい〉と歌っている。それゆえ、この愛の秩序、すなわち愛好や愛情（dilectio et amor）の秩序が乱れてしまったため、神の子たちは神をないがしろにして人間の娘を愛したのであった[12]」。

この愛の秩序の乱れは、アダムの原罪に続く第二の大いなる罪過として、神の子たちの間違った性愛において現われ、人類の全体にその混乱が波及していった。それは意志の歪曲（perversitas voluntatis）を引き起こし、罪の根源ともなっているが、それは神との正しい関係へと愛が回復されるまで続くことになる。そしてこの愛を癒し神への正しい関係たる秩序へと導き入れる力こそ、神の愛にほかならない。『神の国』の歴史神学は、この神の愛による人類の救済計画が、神が創造の始源において与えた「時間の秩序」（ordo temporum）により実現していることを、詳論している。神の予知はその全能のゆえに人類の歴史の全過程をあらかじめその救済計画とともに自己の知恵の中に捉えていたので、神の管理と統治のわざは、生物の個体発生のみならず、人類の歴史をも、あたかも絵巻物が広げられてゆくように、時間の中で秩序をもって発展させている[13]。そのため神の国の完成という究極目標を目ざしてあらゆる存在・社会・国家の関係が「和合・調和・平和」に向けて秩序づけられるという壮大な秩序思想が次のように説かれる。

「だから身体の平和はその部分の秩序づけられた調節であり、非理性的魂の平和は欲求の秩序づけられた安静であり、理性的魂の平和は、認識と行動との秩序づけられた合致であり、身体と魂との平和は生体の秩序づけられた生活と健康であり、死すべき人間と神との平和は信仰により永遠の法の下に秩序づけられた従順であり、人々の間の平和は秩序づけられた和合であり、家庭の平和は共に住む者たちのあいだで指導する者と服従する者との秩序づけられた和合であり、国々の平和は市民のあいだで指導する者と服従する者との秩序づけられた和合であり、天上の国の平和は神を歓び、神において相互に愛する完全に秩序づけられた和合した交わりである。万物の平和は秩序の静謐である。秩序とは各々にそれぞれの場所を配分する等しいものと等しくないものとの配置である[14]」。

ここに示されている「配置」(dispositio) 関係において成立する秩序は、存在者の間の等・不等を適切な関係へと秩序づけており、対立するものを適切な関係の中に入れて各々にその場所を配分する。これにより「秩序づけられた」(ordinata) 身体の「調節」(temperatura)、欲求の「安静」(requies)、魂の「合意」(consensio)、生体の「生活と健康」(vita et salus)、神に対する人間の「従順」(obedientia)、人と人、家庭や国々また社会の「和合」(concordia) が成立している。これら一切の関係を貫く秩序の厳然たる支配を彼は洞察して、それを「秩序の静謐」(tranquillitas ordinis) と呼んでいる。この静謐には騒乱の影もないため、それは悲惨を内に含んでいない平和そのものではあるが、それでも現実の悲惨な人々にみられる悲惨さそのものは「罪の罰」という秩序の反照作用にほかならない。このような秩序の概念は、存在を高低の価値により観念的に秩序づけるプラトン主義よりもいっそう厳しく相対立する存在者の間に正しい関係を創造することによって、和解をもたらす。これはキリスト教的愛の理解にもとづいて説かれている。そこには神が「時間の秩序」により人間をその救済と完成とに導き平和を実現させるという救済史的・歴史神学的理解が「秩序」の概念に加えられており、神の意志する秩序を人間は自己と社会において実現すべきであるとの要請が愛に対し求められている。こうして愛という主体的行為のうちに神の国の完成という究極目標に向けて一切の行為を機能的に関連づけるという秩序の新しい思想がここに表明されているといえよう。

二　三つの愛のあいだの順序（秩序）

三つの愛というのは「神への愛」（dilectio Dei）「自己愛」（amor sui）「隣人愛」（dilectio proximi）のことで、イエスが説いた「神を愛しなさい」、「自己と同じように隣人を愛しなさい」（マルコ一二・三〇―三一）という二つの戒めから淵源している問題である。この三つの愛の関係をめぐりアウグスティヌスにおける「愛の秩序」の思想は、人間が神や他者に対していかに適切に関わるべきかという倫理問題として具体的に展開している。そして事実、彼の愛の秩序の学説は、大グレゴリウス、ベルナール、ロンバルドゥス、トマス、スコトゥスと後期スコラ神学者たちにより受け継がれ、愛の秩序はその後の歴史においては三つの愛の順序として盛んに論じられたのであった。

では、神・自己・隣人に対する三つの愛の優先関係がいかなる順序（秩序）を保つべきかという問題を、そもそもアウグスティヌス自身は、どのように理解していたであろうか。この三つの愛の関係は次のように最も簡潔に秩序づけられている。

「しかし、教師なる神は二つの主要な戒めを、つまり神への愛と隣人への愛とを教えており、人間はその戒めのうちに神と自己自身と隣人という三つの愛すべきものを見いだし、かつ神を愛する者は自己を愛することにおいて誤らないので、人間は自分自身のように愛することを命じられている隣人を、神を愛するように助けるということになる(15)」。

神と人間とは創造者と被造物のように絶対的に異質な存在関係にあり、人間は一切を神に負うているがゆえに、神への愛が人間（自己と隣人）への愛に対し決定的に優位している。したがって、自己自身と隣人とは同格の存在であるから、神への愛を優先させているかぎり、自己愛の中に誤りは入らない。それゆえ自分が神を愛するように、隣人も神を愛するよう配慮し助けなければならない。つまり隣人愛とは、隣人が、自分が神を愛しているのと同じく、神を愛するように援助することにほかならない。このことは次のように明瞭に説かれている。「それゆえ、自分を〔正しく〕愛する術をすでに心得ている者に、自分と同じように隣人を愛すべきことが命じられている場合、その命令の意味するところは、隣人に、力を尽くして神を愛するように勧めること以外の何ものでもない(16)」。このような隣人愛の思想はハイデガーの「顧慮」（Fürsorge）やヤスパースの「愛しながらの闘争」（libender Kampf）と同じ内容といえよう。

三つの愛の戒めは現実にはどのように守ってゆくべきであろうか。次にこのことを問題にしてみよう。アウグスティヌスによると神は「あらゆる本性のもっとも賢明な創始者であり、またもっとも正しい秩序の付与者」であって、人間にこの世でふさわしい時間的な善と平和を与え、これを正しく使用する者には、さらに豊かで善い永遠の平和を与えたもうが、不正に使用する者は永遠の平和を受けないばかりか、一時的な平和さえも失う(17)。ところが現実においては、人間の精神は弱さのため間違った判断を下しやすく、ともすると誤謬に陥り、意志は転倒して創造の秩序から転落してしまう。そのため「神的な教師」や「神的な援助者」に対する信仰と服従が要請される。「それは人間が信仰において永遠の法に秩序づけられた服従をなすためである(18)」。このように神の創造の秩序に人は生きるべく定められていても、実際はその弱さのゆえにそれを実現できない。そこで人は神への信仰による服従に生きなければならない。ここから二つの領域が区別されている。第一に、創造の秩序といわれているものは一般倫理の領域であり、そこでは隣人との平和が「秩序づけられた和合」（ordinata concordia）として求められ、「その秩序は第一に何人をも害さないこと、第二に助けることができる人に役立つことである」[19]。この援助は「本性の秩序と人間社会の秩序からいって」まず自分の家族のために配慮し、家の平和を確立し、そこから国や国々の平和に寄与すべきである。第二に信仰の領域が区別され、人は現実には天上の国から離れていながらも神を信じる寄留の民として生きているため、かかる人の家では支配する人でも自分が支配している当の相手にさえ奉仕する。そこに働いているのは支配欲ではなく、あわれみからの配慮なのである[20]。

アウグスティヌスの視点は人間を創造の秩序からまず考察し、次に現実の状況から実存的に人間を把握している。このことは「自己愛」の理解において端的に示される。すなわち、創造の秩序にしたがって神への愛によって誤ることのないように秩序を保っているのが真の自己愛である。それに対し、神への愛と信仰とを全く拒絶している自己中心的な自己愛が罪として対置される。ここから現実の世界は神への愛と自己愛とに分けられ、そこから神の国と地の国とが二元的に鋭く対立するようになる。この点について『神の国』の有名な箇所において「それゆえ、二つの愛が二つの国を造ったのである。すなわち、神を軽蔑するにいたる自己愛が地的な国を造り、他方、自分を軽蔑するにいたる神への愛が天的な国を造ったのである」と語られている。また続けてこの自己愛は「自己の権能のうちにある自己の力を愛し」、支配欲にかられ、「この世を享受するために神をも使用する」[21]と言われている。さらに二つの愛は「享受」(frui)と「使用」(uti)との関連から解明することができる。つまり両者の正しい関係が転倒すると、愛の秩序は混乱し、後に(第四節で)詳論するように、正しい自己愛は罪によって支配される自己愛に変質する。これが原罪としての自己愛である。「人間を最初に破滅させたのは自己愛であった。なぜなら、人間がもし自己を愛さず、神を自己に対し優先させているなら、つねに神に服従することを欲するであろうから。つまり神の意志を無視し、自己の意志を実行するように向かわないであろう。自己の意志を行なおうとすることこそ、実際自己愛なのである」[22]。このような自己愛は「転倒した仕方での神の模倣」であり[23]、それは「自己が自己の根源となる」[24]意志の転倒から起こっている。

しかし、「自己愛」にはこのような二つの規定とは別のもう一つの本性上の規定がある。アウグスティヌスによると人間は本性上自己の幸福を愛する普遍的欲求をもち、ここから哲学と宗教のすべては出発する。キケロに由来する幸福を求める本性的な自己愛は、プラトンの説くエロースと同じ性質のものとして認められている[25]。この本性としての自己愛それ自体は動物と共通にもつ自己保存の本能であって善でも悪でもなく[26]、「本性的な所与」(natur-aliter inditum)であって「すべての生物はできるかぎり自分を愛するように本性的な傾向をもっている」[27]。この自己愛が先に述べた創造の秩序にしたがって神を愛している場合には真の自己愛を保ち、秩序を転倒させ混乱させる場合には、罪に染まった自己愛に転落している。この二つの自己愛は愛の現実の状態を表わしていて、ここで言う本性上の自己愛とは別の視点から把握されている。したがって、本性的自己愛・真の自己愛・罪の自己愛という三つの自己愛が区別されることになる[28]。

ルターは「秩序づけられた愛は自己自身からことをはじめる」と言ってアウグスティヌスを批判したが[29]、この三つの自己愛の区別を明らかにすることによってそれがアウグスティヌスに対する誤解から生じていることが判明する。なぜなら罪に染まった自己愛から解放されなければ、総じて隣人愛は不可能だからである。たしかにアウグスティヌスのいうカリタス(聖い愛)を「自己愛」(amor sui)に適用することは原理的に見て不自然である。なぜならカリタスはその本質において神から人に与えられたものだからである。ところが、まさにこのカリタスを受容して罪の自己愛から癒されなければ、人は神も隣人も愛することができない。したがってこのような救いを求める自己への愛がまず説かれなければならなかったのである。それに対しルターは人間の現実に注目し、自己愛を否定しなければ隣人愛は実現しないと考えていたのである。したがってアウグスティヌスもルターも決して別の事柄を考えていたのでも対立していたのでもなく、「自己愛」の概念がアウグスティヌスでは三種類の意味をもっていたのに、ルターは自己愛を罪としか考えていなかった。このことはちょうどカントが自己愛や幸福を義務と対立する傾向性とみたのと同じ事態である。

さらに神の愛が罪に染まった心に注がれて、どのようにそれが救いを完成させるかについてアウグスティヌスは具体的に説明していない。彼はパウロにしたがって神の愛が聖霊によって心のなかに注がれる（ローマ五・五）と説いていても、恩恵（神の愛）を実体的には理解していないし、ましてや魔術的に捉えていたのでもない。ただ恩恵によって「神への愛」が心に注がれると、内心の方向転換が生じると人格的に考えていた。(30) もしこの救われた自己の愛の状態を心理学的にか、あるいは存在論的にか説明していたならば、第四の自己愛の形態が見られることができたであろう。そうすれば、そこに「神のために自己を」（se propter Deum）愛するという、ベルナールが説いた自己愛の完成した姿が見られたことであろう。(31) だが、アウグスティヌスは愛の方向転換という救いの出来事のうちにとどまっており、神の愛はキリストにより啓示され、わたしたちの内奥に働きかけて、神への愛を生じさせ、隣人愛を実践し、律法を実現し完成すると説いた。しかし彼は、その後に提起された問題、すなわち、この愛はわたしたちに働きかける聖霊自身なのか、それともわたしたちによって形成された魂の習性（habitus）なのか、という問題については扱わなかった。この問題はロンバルドゥスの『命題集』から提起され、ロンバルドゥス自身が前者を採用したのに対し、トマスは、愛が究極の根源において神的であるにしても、救済に役立つような神と人とに対する愛は人間の内的習性により形成された愛でなければならないと説いた。つまり、恩恵は神の愛としてわたしたちの心に注がれて習性となり、この習性にもとづいて超自然的行為が生まれ、これが功績となって永遠の生命が報われると説いた。この学説に対し倫理の立場からオッカムが批判を加え、神学の立場からルターが反論を加えていくことになる。(32)

三　性愛における愛の秩序

次に、自己愛の三つの形態のうち罪に染った自己愛について、とりわけベルナールが「神を自己のために」(Deum propter se) 愛する「貪りの愛」(amor concupiscentiae) と呼んだものに注目したい。アウグスティヌスにとり「貪り」は主として情欲を意味しており、とりわけ性愛において顕著に現われる。彼は青年時代以来そのとりことなり、実存的に解決すべきもっとも重大な問題となっていたのである。そこでわたしたちは、性愛において彼がいかなる愛の秩序を考えていたか、を考察しなければならない。『告白』第三巻の冒頭には早熟であった彼の姿が描かれており、(33)情熱的なアフリカ人らしく恋愛から愛欲生活への移行が自然の成り行きのように述べられている。また、もう一つ重要な点は、肉欲と情欲が友情の泉を汚したという記述である。(34)彼は「恋し恋される」恋愛の相互受容が人間的な間柄の美と晴朗および高貴な友情とをつくりなしていることを知っている。友情は心と心との交わりであり、この友情の泉が「恋する者のからだを享受する」愛欲により汚がされると、肉体関係でさえ暗い情欲により醜いものとなる。

青年時代の愛欲生活が彼の弱点の最大のものとなり、回心における最大の問題は情欲からの解放であった。救済の経験がその中心において女性問題であったことを知って、わたしたちは彼の性愛に対する態度をはじめて正しく理解できる。結婚と性について最もまとまった論述は『結婚の善』(De bono conjugali) の中に見いだされるので、そこに展開している「結婚の三つの善」を手がかりにして、彼の性愛についての思想を解明しておこう。

(1)　結婚の第一の善は子供である。彼はこのことをその人間学の基本姿勢から説いている。彼によると人間の本性は社会的であり、種族の類同性のみならず、血縁の絆によっても社会性を具えもっている。しかも人間社会の自然にもとづく最初の結合形式は夫と妻という形式であり、子供が産まれることにより社会と人類は保たれている。だが、夫と妻との間における「愛の秩序」が結婚における「共同」(societas) を創造し、これが種族の維持のため子をもうけることに優るとの予想外の驚くべき主張が次のように展開している。

「結婚が善であるのは、単に子を産むためばかりでなく、異なった性における本性的な共同そのもののためでもあるように思われる。そうでなければ、老人の場合には、とくに子をなくしたり、あるいは子を産んだことがない場合には、もはや結婚とは言えなくなってしまうであろう。しかし今や、年を経た善き結婚においてはたとい男女の間での壮年の情熱は衰えても、夫と妻の間での愛の秩序が力強く生きているのである。なぜなら彼らが善き人間であればあるほど、それだけいっそう早く、相互の同意によって、肉の結合を控える。それは彼らが欲してもやがてできなくなるという必然性の問題ではなく、できることであっても初めから欲しないという称賛すべきことである。それゆえ、もし名誉と、どちらの性もお互いに対して負っている忠誠との信義が保持されていれば、たとい双方の肢体は衰え、ほとんど死んだようになっても、正しく結ばれた魂の貞潔は、結びつきが本物であるだけいっそう純粋に、また落ち着いているだけいっそう確実に、持続する」(35)。

彼はまず結婚の目的を子供を産むことにおき、種族が維持されることの意義を説いていて、「結婚による子を産むための性的関係は罪ではない」と言う。しかし、種族の維持かそれとも性的快楽の保証かのユダヤ教以来の伝統的な二者択一をアウグスティヌスは措定しないで、愛の秩序による共同の善を力説し(36)、子供がなくとも、また性的関係がなくとも、全人格的共同の交わりが結婚により成立し、道徳的結実がもたらされるという。そこには相互の間の「名誉と従順との信義」(fides honoris obsequiorum) および「貞潔」(castitas) が生じ、結婚の善性が肉欲をも子供を産む高貴な働きに変え、親としての責任感情が欲望を抑えて、重みのある人間関係をつくりだしている。このように結婚の善は、子を産む自然の傾向の中に求められていても、単に「産めよ、増えよ」という神の意志の実現にのみ、その目的をもっているのではない。というのは罪が犯されなかったなら、性的関係なしにも子供が増加することは神にとり可能であった、と彼は考えていたからである。

(2) 結婚の第二の善は信義である。結婚により共同が実現し、社会的共同の自覚がむら気な快楽と狂暴な情欲を抑え、愛の秩序を確立する。そこには自然的情念から解放された愛の徳性が見られる。それが「信義」(fides) である。アウグスティヌスはこの信義をパウロのコリント信徒への第一の手紙七・四にもとづいて夫婦は「互いに同等の信義を負うべきである」と主張する。もちろん、この信義は結婚の契約によって許された範囲内で守られ、これを破る行為は信義を侵犯するゆえに姦淫の罪となる。実にこの信義により身体的な能力の欠けた人にも魂の善と結婚の善性とが成立している。しかも互いに他を顧みる共同的生のゆえに欲情も抑制されている。だから「欲情はそれ自身では抑制できない肉の弱さをもっていても、結婚によって、解き難い信義の共同性をもつようになる」(37)。したがって信義こそ結婚の積極的善性なのであって、単に姦淫や私通などの罪から人を守ることが結婚の善ではない。つまり信義は相互の義務の遂行により育成され、それにより相互の弱さを担い合う相互受容の共同を実現している。

このような信義の共同性は結婚を単なるエロース的な観点から見るのとは相違した理解に導いている。彼はストア派の道徳観により道徳的善を二種類に分け、それ自身のために求められるものと、他の目的のために求められるものとに、つまり目的自体と手段とに分けている。そして知恵・健康・友愛が目的自体に属し、それに対して学識・食物・結婚がそれぞれ手段に属している。(38)そうすると、結婚は友愛のために存在することになる。したがって結婚は友愛と共同のために存在の価値をもつ相対的な善となる。

(3)　結婚の第三の善は神聖なサクラメントである。ここにキリスト者にとっての結婚の最高価値があると考えられている。したがって神の前で結婚の誓約をした人は、結婚の善として子供が産まれなくとも、このことのゆえに結婚を解消することは許されない。なぜならキリストの誕生以前と以後とでは結婚の意義は大きく変化しているからである。その誕生以前は「肉において来たるべきキリストに役立つために、子をもうけることが信仰自体のわざであった。……しかし今は、聖にして清らかな交わりに入るため、いたるところで、あらゆる民族からなる霊的結合の豊かさが満ちあふれる時であることから、ただ子をもうけるために結婚を望む者たちにも、むしろ節制というっそう大きな善を使用するように、勧めなければならない(39)」。ここから前述のユダヤ教的性の倫理とは全く異質な結婚の理解が生じてきている。つまり結婚は神の恵みの表現たるサクラメント（聖礼典）として、男女を永遠に結びつけ、節制の善を勧め、欲情を征服し、「お互いに一致して聖性のより高い段階へ昇って行くのである(40)」。こうしてサクラメントとしての結婚の善は霊的な意味をもち、肉から産まれた子供を霊的に生まれ変わらせ、聖徒の交わりに加え、神の聖なる意志の実現に向かわせる。

このように結婚の三つの善はすべて男女の共同に由来しており、自然（身体）的交わりから生じる子供、社会的交わりから生じる信義、霊的交わりの実現にいたらせるサクラメントにおいて説かれている。この結婚の三重の善も現実には情欲の支配下におかれている場合が多く、情欲は理性の道理に従うことなく、人と人との信義を破壊し、倫理の基礎である愛の秩序をふみにじっている。このような情欲の支配は原罪の結果生じているのであって、原罪の原因なのではない。

さて、「情欲のうちに人間的不幸の全体験が現われでている」（グレートゥイゼン）といわれるように、[41] 性と愛の問題はアウグスティヌスの思想に決定的な意義をもっていた。しかも原罪の結果、この情欲が人類の全体に波及するようになったと説かれたため、ペラギウス派の批判を受けるようになった。ペラギウスは、原罪が遺伝するという思想を批判し、原罪というものはアダムが示し、多くの人たちが倣った悪しき先例にすぎず、アダムの堕罪以後も罪を犯さない生活は可能であると説いた。したがってアダムとの関連は「模倣」なのであって、生物学的感染や遺伝なのではない、と彼は力説した。これに対しアウグスティヌスは結婚の善をくり返し主張し、子供を産むこと自体は罪ではないが、性欲なしに生殖が不可能であり、性欲（libido）は「身体の恥部を刺激する欲情」であり、「魂の欲性を肉の求めと結びつけ混合して人間全体を動かす」[42] といい、こういう欲情なしに、あたかも無性の超人のように、子を産むことを理想としたように思われる。たしかに彼が『結婚の善』で積極的に評価したのは性愛における「共同」と「信義」という人間の間柄の基礎である秩序であった。そこに愛の秩序は見いだされるのであるが、それでも本能として与えられている情欲は神よりも自己を求める邪欲となりやすく、性の領域で優勢となり、人間をその奴隷となし、「罪の娘」から「罪の母」にまでなっている。[43] こうして情欲は神が授けた創造の秩序を転倒し、無秩序となった貪欲であり、神を「使用」してまでも自己を「享受」しようとする。

彼はこの「享受」と「使用」の関係から倫理の全体にわたって愛の秩序を展開しているので、次にわたしたちはこの点について考察してみよう。

四　享受と使用における愛の秩序

わたしたちが問題にしているアウグスティヌスの愛の秩序の思想は、一般倫理の領域においては「享受と使用」との関連からいっそう具体的に論じられている。まず注意すべきことは「享受する」(frui) の概念規定の二重性である。初期の著作『カトリック教会の道徳』(De moribus eccelessiae Catholicae) では次のように定義されている。「事実、わたしたちが享受するといっていることばの意味は、愛するものを有益に所有することにほかならない」(44)。さらに「愛するもの」は「最高善」とみなされ、最高善を享受している人が幸福であると説かれている。この定義では「享受」が「使用」をも含めてわたしのために単純に用いるという意味をもっている。しかし、『キリスト教の教え』以来よく用いられる定義では「享受」が或る対象に関与する情熱的で主体的な関わりを表わしている。

「享受とはあるものにひたすらそれ自身のために愛をもってよりすがることである。ところが使用とは、役立つものを、愛するものを獲得するということに関わらせることである。この場合愛するものとは、それに値するものでなければならない」(45)。

この定義では享受が目的自体に向かう愛として、しかも「愛をもってよりすがる」(amore inhaerere) 運動として規定されている。享受が単に目的に向かうだけではなく「よりすがる」というのは愛の情熱的な本性に由来する。なぜなら「愛とは、愛する人と愛されるものとの二つを一つとし、あるいは一つにしようとする生命でないなら何であろうか」(46) と語られているからである。だが、享受が「あるものにひたすらそれ自身のために」向かうのは、そのものが「他のものとの関係なしに、それ自体でわたしたちを喜ばせる」[47]からである。それに対して「あるものを、そのもの以外の他の目的のために用いるとき、わたしたちはそれを〈使用する〉のである」[48]。つまりウェーバーの社会的行動の類型をここにあてはめるならば、「享受」は「価値合理的」であるのに対し、「使用」は「目的合理的」な傾向をもっているといえよう。[49] しかしアウグスティヌスは享受と使用とを神と世界という二大対象に適用し、そこから善と悪との倫理的な一般規定を引き出している。その規定の中で最も簡潔なものをあげると次のようである。「善人は神を享受するためにこの世を使用するが、悪人はそれとは逆に、この世を享受するために神を使用している」[50]。ここに善と悪との道徳的な一般的規定が確立されている。

こうして、この世界自体は神が創造されたもので善であるが、それに主体的に関与する人間の行動は、最高善なる神を享受するために、世界を使用することによってその善性を得ている。つまり神と世界とに関わる愛が「享受」と「使用」とからなる秩序を保っている場合が善であり、「享受」と「使用」の秩序が転倒するならば悪となる。したがって目的が享受において誤りでなく、手段が使用において適切であるならば善となり、目的の設定に誤まり、手段が誤用されると悪となる。このような享受と使用との秩序を保ちながら愛が神と世界とに関わるとき、具体的行為の善悪は愛の秩序のもとに規定されている。

しかし、享受と使用との関連は単に目的と手段とに還元できない要素が含まれている。それは「神の享受」が究極目的もしくは目的自体であるため、個々の目的の全体を導いており、目的の体系を形成していることに示される。たとえば平和についての思想にそれがよく表われている。アウグスティヌスは愛の秩序を実現し平和を樹立した最高の形態、つまり「もっとも秩序があり、もっとも和合した社会」(ordinatissima et concordissima societas) を天上の平和として次のように述べている。

「天上の平和こそ真の平和であって、厳密にはこれのみが理性的被造物の平和、つまり神を享受し神において相互を享受する最も秩序があり、最も和合した社会であって、またそう呼ばれてしかるべきものである。……天の国の生は社会的であるがゆえに、このような天上の平和を、天の国は寄留している間は信仰においてもち、そして神と隣人のためになす良い行為のすべてを、天上の平和を得ることに関連づけるとき、その信仰によって正しく生きている[51]」。

わたしたちの生の最高形態は「神を享受し、神において相互に享受する社会」(societas fruendi Deo et invicem in Deo) であると規定されている。ここでの「社会」は『結婚の善』では「共同」と訳されていた。共同は「相互に享受する」相互性の中に実現していても、共同体や社会自身を享受するのではなく、あくまでも究極目的たる「神において」それらを享受してはじめて正しく秩序が保たれている。アウグスティヌスはかつて隣人愛を用いて神の愛にいたると説いた、とニーグレンが批判した[52]。彼が人間の間の相互的愛を神の愛への一段階と考えていたことはたしかにあった。たとえば初期の著作『カトリック教会の道徳』では「人間相互間の愛ほど、神の愛に導く確かな階段というものは何も存在しえない、と信じるほど強い愛のきずなが人と人との間には存在しなければならない[53]」とある。だが、隣人愛はこの書物でも隣人が最高善である神を獲得するように導くと述べられているのであるから[54]、これを使用して神に向かうわけではない。また先のテキストにある「相互に享受する」が「神において」と限定されているのは、『告白』第四巻の友人の死の体験により、友を「神において愛する」ことを学んだことからも明らかである[55]。実際、この「神における愛」こそ「聖い愛」(caritas) にほかならない。

さらに、先の引用文は「良い行為のすべてを、天上の平和を得ることに関連づけるとき」(cum ad illam pacem adipiscendam refert quiquid bonarum actionum) と述べ、この関連づける作用に信仰の正しい生き方を見いだしている。つまりわたしたちの実践のすべては、特定の個別的な対象や実在に向かっていても、それ自体が究極目標とされるべきもの、したがって享受の対象とすべきではなくて、神と神において隣人を享受するという究極目標たる天上の平和にいたるように関連づけられている。この関連づける作用は、個々の良い行為をして、いっそう高次の目的に結びつけて自らを秩序づける働きなのではなかろうか。アウグスティヌスが説くこのような目的へと関連づける働きの中に、後にパスカルは精神の合理性を超えた心や愛の秩序を捉えている。(56)

アウグスティヌスの説く愛が天上の平和を求めてすべての行為をそれに「関連づける」という秩序の働きを生みだしているように、パスカルにおいても愛の秩序は目標へ向けての行為の機能的関連づけにおかれている。愛は実際神への愛という遠大な目標に向かいながら、同時に現実の隣人を目的とみなす「享受」を生み、すべての行為をこれへの「使用」において関連づけているといえよう。こうして秩序自体が人間の行動の連関の中に求められるようになり、新しい秩序の理解が始まっていることが示唆されている。

第三章　中世思想史における「愛の秩序」の展開

はじめに

アウグスティヌスが自己の倫理思想の中核に据えた「愛の秩序」はその後の歴史においてどのように継承されていったのであろうか。中世の各時代を代表する思想家はそれぞれの立場からこの問題をとりあげて論じている。この時代における愛の学説は、P・ルスローの『中世における愛の問題の歴史のために』（一九〇八年）によると、アウグスティヌスが神への愛、自己愛、隣人愛という三つの愛の関係として論じた問題によって考察することができる。ルスローが愛の問題として定式化したものは、「利己的でない愛は可能であるか。それが可能であるなら、この他人に対する純粋な愛は、自然的傾向のすべての基礎であるように見える自己愛とどういう関係にあるのか」という問題である。そしてこの問題は神への愛と自己愛との関係として中世の思想家たちによって論じられており、愛の脱自的立場と愛の自然本性的立場との対立があると言われる。前者は利己的な自己愛を断ち切って神への愛に向かうものであり、クレルヴォーのベルナールを中心とするシトー会の神秘主義である。後者は、自然的なそれ自身の善を求める愛の傾向に自己愛と神への愛との一致を求めるもので、トマス・アクィナスにより代表される立場である(1)。

ここでわたしたちはアウグスティヌスが自己愛を三つに区別したことを想起すべきである。その第一は自然本性にもとづく自己愛で、人間は生まれながらにして自己の善を欲するという意味での自己愛であり、その第二は神に向かわず自己の方向に偏向してねじれた自己中心的な利己愛としての自己愛であり、その第三は神への方向を回復した正しい自己愛であった。もしわたしたちがありのままの現実から出発するなら、罪に染まった自己愛が神の恩恵によって真の自己愛へと改造されなければならない。これはローマ法の有名な表現を用いるならば、人間の愛の事実上の問題なのであって、愛はその権利上どうあるべきかという権利問題とは区別されている。そしてベルナールが愛の四段階を利己的な自己愛から開始させるとき、彼はアウグスティヌスの主たる思想傾向に一致していたのであり、一二世紀までの初期スコラ哲学は概してこういう傾向にあったといえよう。しかし、やがて愛の自然本性への省察が深まり、神が人間に自己を愛させる運動を創始し、自己愛が神の愛に基礎づけられていると説かれるようになった。一三世紀を代表するトマスはこのような立場から愛の形而上学を説いてゆくのである。とはいえ、先のベルナールも、人間の創造主が欲したままの状態では、人は自己自身よりも神を自発的に愛していたことを認めていたのである。したがって愛の脱自的立場と自然本性的立場はルスローが考えたように対立しているのではなく、愛や意志における主体的契機が次第に成熟して歴史とともに前景に現われてきていると見るべきであろう。この主体的契機は後期スコラ哲学においてはとくに「すべてに優って神を愛する徳があるか否か」という問題として提起されるようになった。

ここではこれらの問題に限定して愛を論じることにしたい。しかも三つの愛の関係から「愛の秩序」の思想史的展開を要約して指摘することにとどめたい。

一　クレルヴォーのベルナール

ベルナールが活躍した一二世紀の前半は南フランスでトゥルバドゥールといわれる吟遊詩人たちが登場した時代に当たっている。この時代には歴史家セニョボスにより「愛は一二世紀の発明である」と宣言され、ルージュモンにより「ヨーロッパ的愛」と規定された宮廷的愛が開花していた。(2) この宮廷的な愛とキリスト教的な愛との関係はさまざまに議論されているが、直接キリスト教の影響はなかったとしても、一二世紀ルネサンスと呼ばれるこの時代に新しい愛の形が芽生えてきた。この時代を代表する思想家クレルヴォーのベルナールにも愛の新しい理解が認められる。もちろん、ベルナールは神学や倫理を刷新したとはいえ、彼自身の意識においては、ジルソンも指摘しているように聖ベネディクトゥスに返り、そこからさらに聖書のイエス・キリストにまで立ち返って、それに倣うこと以外に何も意図していたわけではなかった。(3)

ベルナールの「愛の秩序」の思想は「愛の四段階」について詳論した『神を愛することについて』(De diligendo Deo) の中で最も明瞭に述べられている。彼はエメリックス枢機卿から多くの質問を受けていたのであるが、そのなかで愛に関してのみ答えて、この書物を書き残している。「神を愛する理由は、神自身である。そしてその限度は限度なしに愛することである」(4) ということばから筆を起こし、神を人が愛する理由は神自身、つまり神の人に対する自己自身を与える愛にあるので、人がもし神を心を尽くして愛し返さないなら、「生まれながらに具えている、理性に知られた正義」が愛すべしと命じる、と説いている。しかし、人間が神を愛さないで、自分のものを追求している点にこそ悪が存在するのである。(5) 次に彼は自分のために自分を愛することを自己愛として規定している。すなわち、「それは肉的な愛であって、それにより人はすべてに先んじて自己自身のために自己自身を愛している」(6)。

この肉的な愛が限度を破って快楽の広場に入りこもうとすると、「あなたと同じく隣人を愛しなさい」との戒めがそれを阻止する、と彼は説いている。というのは同じ本性を共有する人間同士は恩恵をもともに分かち合うべきであって、自己と同じく隣人に対しやさしく寛大でなければならないし、「自分の欲望を抑え、兄弟の必要をみたすならば、あなたの愛は節度がありかつ正しいであろう。こうして愛が共同体の中に入れられることにより、肉的な愛は社会的なものとされる」(7)と説かれている。彼はこのように自己愛が隣人愛により導かれて他者に奉仕するものにまでいたることを力説し、さらに神により与えられる聖い愛（カリタス）が欲望を秩序づける点を次のように語っている。

「愛（カリタス）は畏れなしには決してなく、それには適度な畏れが伴われている。愛は欲望を欠いていることは決してないにしても、秩序づけられている。献身を注ぎこむことによって愛は奉仕を求める律法を実現する。愛が欲望を秩序づける場合には、それは応報的である律法を実現している」(8)。

ここにベルナールもアウグスティヌスと同じく愛自身が自らの内にある欲望を秩序づける働きをもつと述べており、愛の本質を「献身」(devotio)においている点に注目すべきであろう。なぜなら、愛は元来、自己から離れて他者に向かう運動であり、その本質に「献身」がないかぎり、総じて生起してこないからである。ベルナールは先の引用に続けて、愛が善に対する選択において示されていることを述べながら、愛の具体的な秩序づけについて次のように語っている。「悪が全く退けられ、善の中からより善いものが選ばれ、善がより善いもののために追求されるなら、欲望は上から来る愛によって秩序づけられる。このことが神の恩恵によって完全に実現されるとき、身体と身体的善のすべてがただ魂のために、魂の善が神のために、だが神が神ご自身のために愛されるであろう[9]」と。

ここに身体・魂・神という三つの実体の間にあるべき愛の秩序が明らかにされる。だが、人間が肉的存在から霊的存在にまで発展していくプロセスから四つの愛が区別されるようになる。ベルナールはこれを四段階に分けて論じているので、その要点をここに記してみよう。

①「最初には人は自己のために自己自身を愛している。確かに彼は肉であり、自己のほか何も味わうことができない」。これはいわゆる「自己愛」(amor sui) の段階である。

②「人は第二段階で神を愛するが、神のためではなく、自己のために愛する」。これは神をも自己のために使用するため後に「貪欲の愛」(amor concupiscentiae) と呼ばれた。

③「人はもはや自己のためではなく、神のために神を愛するという第三段階に進む」。これは後に「友情の愛」(amor amicitiae) と呼ばれる状態である。

④「第四段階では人はただ神のためにのみ自己を愛する」。この状態が後にどのように呼ばれたか明らかではないが、「真の自己愛」と名づけることができる。しかし、現世で人がこの状態に達しうるか否かベルナール自身も知らないと付記している。この段階では神と人との完全な一致にいたっており、「一つの霊」となる「神秘的合一」が実現してはじめて人はそこに到達することができる。そこで彼はこの状態を「ある不思議な仕方であたかも自己を忘却し、自己から完全に脱却し、全く神の中に入っていって、さらに神に付き、神と一つの霊となるであろう[10]」と叙述している。

ベルナールによって明瞭に説かれた愛のこの四段階はその後の歴史に大きな影響を与えることになった[11]。わたしたちはその最初の影響の跡を次のトマスにおいて認めることができる。

二　トマス・アクィナス

一三世紀を代表するスコラ哲学者トマス・アクィナスは、アリストテレスの哲学により基礎づけられた思想体系の中に「愛の秩序」の特質をきわめて鮮明に描きだしている。なかでもアリストテレスに由来する目的論的な倫理学により目的と手段との関連から秩序の思想が明快に説かれている点が注目に値する。しかし、同時にアリストテレスとの相違点も目的自体の理解において明らかとなっている。

アリストテレスは『ニコマコス倫理学』の冒頭ですべての行為は善を目的とし、善の中で最高のものがわたしたちに幸福を与えると説いている。善の中でも低俗な人々が追求している快楽・富・名誉は自足的でなく、一時的で人間に固有のものではない。人間の善は最高の高貴な対象に向かう人間の最高の能力を完成することにあると言う。この最高の対象を知性という人間の最高能力により観照することのうちに人間の幸福が求められているが、このような対象は不動の運動者たる神である。とはいえ彼は単に神の哲学的観照に触れているにすぎず、宗教的な神の直観を扱ってはいないし、道徳的な行為の目的も現世で獲得できるものと考えている。

トマスはこのアリストテレスの目的論的倫理学を受け継いでいるが、彼は至福を不完全なものと完全なものとに分け、不完全な至福は現世において実現可能な幸福、つまり観照的で有徳な生活である。他方完全な至福とは現世を超越しており人間の能力では到達できず、恩恵により来世において実現される神の直観にある、と説いている。すなわち「究極的な完全な至福は神の本質の直観にのみあり得る(12)」。こうして不完全な至福は完全な至福に向かって秩序づけられ、アリストテレスの倫理学の全体が超自然的な神という究極目的に向けて再構成されるにいたった。

つまり、すべての被造物はその究極目的としての神に秩序づけられており、理性的被造物は自己の最高の能力たる知性によって神に秩序づけられている。そのさい「事物に対する知性の合致」に思弁的理性による自然的秩序の認識があるのに対し、実践理性は意志による「正しい欲求に対する合致」に倫理的秩序の形成がある。したがって倫理的秩序は意志によって「善く秩序づけられた欲求能力、つまり倫理的徳をもつ者が究極目的として欲求する善」[13]の実現により確立される。

このような目的を現実に実現するさいに、手段の選択をなすのが自由意志の働きである。ところがこの自由意志は神の律法から離れて道徳的に邪悪なものとなっている。こうして理性が神に服し、下位の能力が理性に服し、身体が魂に服していた始原の義がアダムにより破壊されたのである[14]。かつては魂は神に対し正しい秩序のうちにあって、人間の本性自身においても正しい秩序が支配し、低次のものが高次のものに服し、後者が前者を支配していた[15]。このような原義は人間の本性の完全性を意味している。そこでは神の律法が人間の自然的能力により実現され、罪はさけられていた[16]。したがって人は自己の創造者また幸福の最高目的として「神をすべてに優って愛することができた[17]」。この原義の回復は恩恵が人間の心の内に注がれ、本性に反した罪の習性によって破壊された状態から新しい内的習性が形成されることにより達せられる。「そういうわけで聖霊の恩恵は内的な習性としてわたしたちに注がれ、わたしたちが正しく行動するように心を変えるゆえに、恩恵に合致することをわたしたちは自由に行なうようになり、また恩恵に反するものを避けるようになる[18]」。恩恵は神の愛であり、神は人間に幸福を分与することにより人間を愛の交わりの中に入れる。そこにトマスはアリストテレスの「愛とは自他の共同である」との説を導入して愛の秩序に関する自説を展開している。

『神学大全』II-II第二三問題においてトマスは愛の秩序の思想を組織的に展開させているので、彼の思想上の特質をいくつかあげてみよう。

(1) トマスは愛を定義するさい、ベルナールの愛についての四段階による分類を参照しながら、アリストテレスのフィリア（友愛）観にもとづいて愛を解釈している。まず事物の善を自分のために愛する「貪欲の愛」（amor concupiscentiae）に対し、「友情の愛」（amor amicitiae）は相手のために善を願うという好意を伴っていなければならない点がベルナールにしたがって指摘される。そして愛の本質である相互的な愛は共同の交わりにもとづいていなければならないが、神が人に幸福を分与することにより成立する交わりの上に友愛は基礎づけられている。「だが、この交わりの上に基底づけられた愛はカリタスであり、したがってカリタスが神に対する人の友愛であることは明らかである」[19]と説かれている。

(2) 次にこのカリタスはトマスにおいては「愛徳」と訳される理由がペトルス・ロンバルドゥス批判によく示されている。ロンバルドゥスは神から注がれる聖霊は何らかの習性を介さないで愛の運動を起こすゆえ、愛は霊魂のうちに創造されたものではなく、精神の内なる聖霊であるとみなした。それに対しトマスは、愛は意志的なものであり、意志が愛するように聖霊によって自発的に働くとみなし、愛が究極の根源において神的であるにしても、救済に役立つためには愛が功績となりうるものでなければならない。したがって愛は人間の習性によって形成された愛徳でなければならないと説いた。こうして神の愛は聖霊によりわたしたちの心に注がれると、意志の働きによって習性となり、この習性から功績としての愛徳が生まれて、永遠の生命にいたる。これがトマスの根本思想である。だが、そこには意志を道具のように見る考え方に対する鋭い批判があったのである。[20]とはいえ、このトマスの考え方に対し後代になると反論が向けられるようになる。[21]

(3) 次に、彼の秩序についての考え方をとりあげてみよう。トマスは「神は万物を適切に秩序づけたもう」（知書八・一〇）を解釈し、神が万物をそれにふさわしい目的に向かって動かすために、それぞれの存在に形相を与え、この形相によって万物が自己の目的に傾けしめられると説明している。このような神学的な説明に続けてトマスは秩序をアリストテレスにしたがい時間の上での、「より先」と「より後」、したがって順序として捉えて次のように説明している。「何らかの始源があるところにおいては、いつでもまた何らかの順序があるとしなければならない。カリタスの愛は至福の根源・始源としての神へと向かうがゆえに、……この愛の第一の根源・始源、すなわち神への関係に即して、何らかの順序が認められるのでなければならない」[22]。

(4)　始源なる神との関係において秩序が認められ、カリタスとしての愛は当然至福の始源なる神に向かうため、神への愛がすべてに優先する。次に、至福のわかちあいという交わりの中にある友愛に隣人愛としての位置が与えられる。というのは、友愛が共有される善に関わっているからである。そして人間が自己自身を愛するという意味は霊的本性に即して愛するかぎりで認められている。真の自己愛は、他人とともに善を共有することに先立っているがゆえに、隣人愛に優先すると考えられている。

トマスにおいて秩序は始源との関連において目的論的に確立されている。しかし「秩序はより根源的に事物そのもののうちに見いだされ、そこからわたしたちの認識へともたらされる」(Ordo autem principalius invenitur in ipsis rebus, et ex eis derivatur ad cognitionem nostram.)[23]とあるように、秩序が愛の主体のうちにおけるよりも、客体の側に定位づけられている。それゆえ愛が習性により内的な心の形相を造りだすという優れた見地が十分生かされていないといえよう。アウグスティヌスで転換していたように、愛を客体の側からではなく、主体のうちに確立してゆくことにこそ優れた意味があって、近代への道も開かれてくるのであるが、トマスを批判したスコトゥスがそこへの一歩を切り開いていくことになる。

三　ドゥンス・スコトゥス

一三世紀から一四世紀にかけて活躍したスコトゥスは当時自覚されるようになった個我意識と直接的な自由の体験にもとづいて、トマスよりもいっそう人間の自由や責任を力説し、愛についてもその自由な発露を強調するようになった。

トマスが意志や愛の運動を目的に向かう運動とみなし、「意志は必然性にもとづいて至福という終局目的に密着していなくてはならない」(24)、また「終局目的というものは決して選択に服したりしない」(25)と説いたのに対し、スコトゥスは「意志はみずから自由に運動する」、「意志は目的に向かって必然的に行為しているのではない」とみなし、「自然にまさって自然的な運動がありえないように、意志にまさって自由に行動しうるものはない」(26)ことを力説する。このように意志の自由が説かれても、意志は決して恣意的なものではなく、正しい理性と一致してはじめて善い行為が実現するのであるから、理性が意志を動かしても、それは部分的な運動因にすぎず、全体的原因は意志に求められねばならないと説かれた。(27)

このような意志の優位の学説は神学の最大の問題である救済論において、神の意志の絶対的自由と愛とを力説している。つまり愛の力は意志の中にあり、神の意志は他の何ものによっても決定されない根源的な自由をもち、これを「神の絶対的権能」(potentia Dei absoluta)と称している。この見地から、聖霊により形成された愛徳を功績とみなすトマスの立場を否定し、神はこの権能のゆえに永遠の生命にいたる備えをもたない人をも救いに予定し、神の愛を与えたもうと説いたのである。とはいえ彼は現に神が授けている創造や救済の秩序を「神の秩序的権能」

(potentia Dei ordinata) として説き、教会の制度にしたがい恩恵を受け入れ、功績による救いをも認め、神の寛大な意志とともに愛のわざが必要であるとも説いている。

そこで愛の秩序についての理解を考えてみよう。スコトゥスは愛の秩序に関して論じるにさいし、「すべてに優って神を愛すること」(diligere Deum super omnia) が自然的能力で可能か否かという主題をとりあげる。

スコトゥスは意志が正しい理性に合致するがゆえに、「すべてに優って神を愛すること」が自然的能力により可能であることを説いている。トマスが同様の思想を説いたとき、彼は万有をつらぬく神の力に動かされて神を愛することが可能であると説明していた。したがって自然の中に神の恩恵が働いていると見られていた。それに対しスコトゥスにおいては意志が正しい理性との合致において「純粋な自然的能力により」(ex puris naturalibus) 神を愛することが可能であると説かれている[28]。この意志と正しい理性の合致こそ秩序づけられた愛であり、意志と理性とは両者とも純粋な自然能力であるがゆえに、彼は自律の立場に立っていることが知られる。しかし、このような状態は天使とか創造された秩序世界でのみ実現できる、つまり単なる可能性にすぎないことをスコトゥスもトマスと同様に認めている。すなわち、神を心を尽くして愛せよとの「この戒めは現世においては実現されない。なぜなら低次の能力の傾向が現在の状態においては高次の能力の完全な実行を阻止しているからである[29]」。

また、この完全な本性の状態においても神を愛することが実現するためには神の恩恵の助けが必要である。そのさい神の働きかけは強制という性格のものではなく、内的に促がすことにより傾けさせる、とトマスもスコトゥスもともに説いている。これは近代においてライプニッツが『弁神論』その他の著作で「神は人に強いないで傾けさせる[30]」と語った優れた表現と同じである。

ところが両者のあいだにわずかながら差異も見いだせる。トマスがその目的論的見地から万物が神に向かい、自己愛と隣人愛とが神への愛に関連づけられると説いたのに対し、スコトゥスでは神の人に対する働きかけがいっそう内的になっている。つまり、神の善性はその愛のゆえに人間をご自身と一つになすため、神との内的な一致関係によって愛が秩序づけられ、そこに深い充実と幸福とが感得されるので、すべてに優って神が愛される、と説かれている。

このような共通点の中のわずかな差異が明白な相違となって顕在化してくるのは、「自然本性はすべてに優って神を愛することに十分であるか否か」をスコトゥスが論じている箇所である。そこではトマスの意見もあげられており、「自然本性は注入された習性なしにはこの愛のわざに十分な力をもっていない」というテキストが引用されている。これに対してスコトゥスは反論を加え、自然的理性が、最高善なる神はすべてに優って愛されなければならない、と教示するばかりでなく、意志がその力をもっていることを、次のように語っている。

「このようにして意志は純粋な自然的能力により（ex puris naturalibus）これをなしうることになる。なぜなら、知性は自然的意志が本性上実行に移しえず、またそれを傾けさせえないことを、指示し得ないからである(31)」。

これこそ神の恩恵を排除した自律の主張であり、アウグスティヌスに対決したペラギウス派のカエレスティウスが、またルターを批判したエラスムスが主張した立場と同じものである。トマスが同様のことを述べたときには、神の力に動かされてはじめて神への愛は可能であるとみなし、完全な自然本性の状態においても神の恩恵が不可欠なのを認めていた。それに対してスコトゥスは「純粋な自然的能力により」恩恵なしにも神への愛が可能であるとみなした。天使とか堕罪以前の創造の完全な状態に局限されていたとはいえ、純粋な自然性に立つ自律が説かれるに及んで、自然本性の単なる可能性の領域にとどめられ、全体としてはなお隠されていたとはいえ、主体的で自律的な愛が説かれるにいたった。

次に神の愛と隣人愛との関係について考察してみたい。この問題は「神が愛されるのと同じ習性によって隣人は愛されるべきか」という命題によって論じられる。

まずカリタスについては「カリタスとは、それによってわたしたちが神をカールス（愛すべきもの）とみなす習性をいう」(caritas dicitur habitus quo Deus habetur carus)(32)と語源的に定義づけられる。次に妻を愛するあまり嫉妬する人のような私的な愛の場合には「このような習性は秩序正しくないし完全でもない」と言われる。この場合「秩序正しい」(ordinatus) と言われないのは、共通の善を個人的で私的な善とみなすことを神が願っていないからである。だから「正しい理性によってだれも共通の善を私物化すべきでない」と言われる。したがって「神は、すべてのものが完全にかつ秩序正しくご自身の方に向かわせる愛を注ぐにあたって、神が他の人々によってもともに愛されるべき善としてカールスとみなされる習性を与えたもう」。この習性により隣人によって神が愛されることが生じ、隣人が神を愛するように願う友愛も生じている。このような愛の習性は神を第一の対象とし、第二に隣人に向かい、隣人により神が愛されることを欲する。これが「神に対する完全で秩序にかなった愛」(perfecta dilectio eius, ordinata dilectio eius)(33)なのである。ここでは愛の内面的意図まで吟味されているため、隣人愛は神への愛によって秩序づけられ、何よりも神が愛の第一の対象であり、他者はともに愛し合って神への愛を実現する媒体として考えられている。

さらにスコトゥスは神への愛と自己愛との関係を考察し、「神の次に自分を最も愛するようにすべての人は拘束されているのか」について論じている。賛否両論の中の反論には自己愛を非難したアリストテレスと並んでグレゴリウスの言葉が引用されている。「だれも自己自身に対しカリタスをもっているとは本来言われはしない。そうではなく愛によって他者に向かうのである。そしてこの他者に対する愛がカリタスと真実に呼ばれることができる」[34]。この言葉は後年ルターによって引用されるため重要である。他方、賛成の立場は「自分を愛するようにあなたの隣り人を愛せよ」（マタイ二二・三九）をあげ、自己愛が隣人愛の尺度となっている、と主張する。

これに対するスコトゥスの回答は先に隣人愛について言われたことを自己愛に適用したものであって、次のように語られている。「それゆえ、神に続いて直ちに人はカリタスから、それによって神に向かう者、もしくはそれによって自らが神を愛そうとする者〔つまり自己〕を愛したくなる。自己が神を愛そうと意志することにより、その人はカリタスから自己を愛している。なぜなら彼は自分のために義なる善を愛しているから。したがって神への愛の後に直ちに彼はカリタスから自己を愛しているのである」[35]。彼は先のグレゴリウスの反対論に対し、カリタスから自己愛が成り立つのは「自分のために義なる善を愛している」（diligit sibi bonum iustitiae）からであると説いている。スコトゥスによると神への愛も自己愛もその根源は同一であり、カリタスにより隣人が神を愛するように働きかけるのと同じく、自己も同じ根源から神を愛しうるとみて、そこに矛盾は生じないと考えていた。

四　オッカムとビール

（1）　ウィリアム・オッカム

一四世紀の前半に活躍したオッカムのウィリアムはトマスの批判者であったスコトゥスと同様フランシスコ会士の哲学者であったが、スコトゥスの実在論を批判して唯名論を復活させた。彼はキリスト教神学とギリシア的な存在論との総合が神の自由と全能の教義を危くすると見て、アウグスティヌス以来の哲学と神学との伝統的な総合を解体し、実践的な倫理学の領域においても、古典的形而上学の枠から自由意志を解放し、「無記的未決定性」(in-differentia) と非必然的な「偶然性」(contingentia) の中に新しい自律的自由の根拠を捉えていった。このようなオッカムの自由論にはキリスト教的「愛の秩序」がどのように含まれているのであろうか。彼は神の絶対的自由をスコトゥス以来伝統となった「神の絶対的権能」(potentia Dei absoluta) により示し、それに対し現に神が人類に授けている創造や救済の秩序を「神の秩序的権能」(potentia Dei ordinata) とみなし、前者によって神の自由と全能を、後者によって神の愛による人類への関与を説いた。したがってオッカムの愛の秩序についての思想はこのような自由論との関連から理解することができる。またオッカムの思想は一五世紀の神学者ガブリエル・ビールによって体系的に整理され、一六世紀に入ると「新しい方法」(Via moderna) として歴史に登場し、近代思想の一つの源流となる。そこでオッカムの自由論が成立してくる精神史的境位について触れなければならない。

先に言及したようにスコトゥスは神の絶対的自由 (絶対的権能) のゆえに、習性により形成された愛のわざが功績として役立つというトマスの説を批判したのであった。これに対してペトルス・アウレオリ (一二八〇頃―一三二二) はトマスの立場に立って反論した。アウレオリが「愛こそ事態の本性上必然的に神が受納する根拠である」[36]と説いて、救いは神の意志でもその契約によるのでもなく、人間の内なる価値や徳によるのであって、神から注がれた愛によって形成された習性に依存していると主張した[37]。この反論を再批判したのがオッカムである。

オッカムは愛の習性と功績との関係を非必然的な偶然とみなし、神はその絶対的権能により愛の習性なしに受け入れ恩恵を注ぐと説いた。しかし、彼はこの神の自由を主張すると同時に神の秩序的権能にしたがうように導き、神の約束もしくは契約を実現するように教導した。こうして神の秩序的権能により立てられた聖書の啓示や戒め、またサクラメントを守り、神に受け入れられるように実践すべきことが説かれた[38]。ここにオッカムの秩序の思想が示されている。つまり神は被造物による二次的原因を必要としないため、[39] 人間のなすべきことは神の意志に信頼し、それと一致して善をなすことである。ところで神の意志はその制定した秩序をみずから守り、みずから語った約束と契約とを果たすことに示されている。それゆえ功績は永遠の生命にいたる保証とはならないまでも、「純粋な自然的能力によって」(ex puris naturalibus)、つまり習性となった愛徳よりも道徳的にいっそう価値の高い自由意志の力によって「すべてに優って神を愛することができる」と彼は説いた。[40] このように救済をもっぱら神の意志に依存させた上で、神の救済意志による秩序に対し、人間が自由意志により応答し、神と人とが自由に人格的に関わり合う新しい人格関係に立つと考えられた。この神と人との双方の自由を媒介するものが神の約束や契約という思想であり、その契約の内実こそ「純粋な自然的能力によりすべてに優って神を愛することができる」という命題を含み、これを実行すれば、神の愛が必然的に恩恵として注がれる、と説かれた。[41] ここにスコトゥスでは堕罪以前の自然本性における可能性として深く隠されていた自律の思想が顕在化しているといえよう。

オッカムの思想の根本的動機は神の自由であり、超自然的恩恵による習性から人を解放し、神と人とを人格的に新しい関係に入れることではなかろうか。人間の自由意志それ自体は非必然的な偶然性と無記性(contingentia et indifferentia)を本質とし、本性的に中立的であるかぎり、それによって生じる行為は功績となりうる。したがって、自分のこの力ですべてに優って神を愛し、その諸々の秩序を守り、神の前に真剣な歩みをなすべきことが要請されている。トマスやスコトゥスでは堕罪以前の状態で可能であったものが、いまや現実の人間に求められている。こうして神と人との愛の関係は階層的秩序にもとづいてではなく、自由な主体間の人格的な関係に移行しはじめていることが知られる。

（2）ガブリエル・ビール

次に、一五世紀の後半に活躍したテュービンゲン大学の教授ガブリエル・ビールの愛の秩序についての学説を検討してみよう。彼はオッカムの思想を体系化してノミナリズムの思想を完成させた「中世最後のスコラ神学者」であった。[42] しかし、彼は同時にトマスの学説も可能なかぎり受容しており、愛の秩序に関してもトマスの学説を受け継いでいるといわれる。[43] 彼は愛の秩序についてのトマスの議論を支持し、愛の作用は愛する者と愛される人との双方につり合わせなければならず、どちらかに傾いて無秩序となってはいけない。また人間の愛の最高の対象は神であり、他の事物は、それらと神との間にある道徳的距離の大小にふさわしい仕方で秩序正しく愛されなければならない。こうしてすべてに優って神を愛するとき、愛は、神の正義が保たれ、より善い者がみちたりた至福を受けるように欲する。[44]

この「すべてに優って神を愛する」という愛の主題は、トマスやスコトゥスを経てオッカムによって受け継がれていた。ビールはそれをオッカムの精神にしたがって「純粋な自然的能力によって」と結びつけて解釈する。ここでもトマスに一応は従いながらも、自律した意志の立場からオッカム主義の特質をいっそう明確に説いている。そのさい、まず、この「純粋な自然的能力によって」恩恵に対し準備することができるという自然主義、もしくは自律的主体性の学説が明らかにされなければならない。ビールのノミナリズム的スローガンであるこの「純粋な自然的能力によって」は、恩恵の注ぎから自由であることを意味している。[45] トマスの場合はこの能力が堕罪以前の創造の状態として規定されていたが、ビールはオッカムに従って現実の旅する人間に適用してゆくのである。このようにして意志は自己の最善を尽くすことによって恩恵を受ける準備をなしうると考えられていた。

ビールにとり愛は人間の根本的な徳であり、他者に対する正しい行為として規定されている。「愛は自己のものを求めず、すべてのものを他者と共通なものにする」[46]。愛において他者と所有を分かち合う配分の中に正義が成り立っており、他者と自己とを結びつけるのが友情であり、可能なかぎり自己を他者に与えることが最も完全な倫理的徳なのである[47]。さて、人間が他者に正しい行為をなして正しい人となるように、神に対する愛によって正しい行為をなす人は義人となる。しかるに人間は自己自身のなかに神に向かう愛をもっていないので、神の愛という恩恵の注ぎを受けなければならない。こうしてオッカムで退けられた恩恵の注ぎが積極的にビールによって肯定され説かれるようになった。聖霊により注がれる神の愛こそカリタスであり、ビールは伝統的カトリックの教えを重んじこれを回復しようと試みている。

オッカムとビールとによって愛は神により価値づけが与えられながらも、いっそう主体的に神に向かって秩序づけられている。コートネイはオッカム主義について次のように述べている。「もしオッカム主義がキリスト教徒と非キリスト教徒とによって共有されている共通の根拠へ導き返されるならば、それは最善を尽くして人に救いを保証することによってキリスト教徒のためにいっそう実践的な宗教生活を激励していたのである。神に対する個人の愛の程度、および愛のわざにおけるその愛の履行は、ただ神によって価値あるものと判定されえたとしても、そのための諸要求は聖書と教会の教えの中に啓示されており、人は恐れなく神を信頼してその契約を守ることができたのである」[48]。

神と人との関係である契約という思想は、神が創造や救済において契約の相手になるという、新しい神観から生まれてきた。このような神人関係を形而上学的に基礎づけ、第一原因と第二原因との関係から捉える存在の秩序から理解するのではなく、ここでは人格の意志にもとづく協力関係から把握し、人間が神の協同者、つまり相手となる同格的位置づけが与えられているといえよう[49]。

五　エックハルトとジェルソン

（1）マイスター・エックハルト

一四世紀の前半、オッカムが活躍したのと同じ時代にドイツ神秘主義の代表者マイスター・エックハルトが現われ、独自の神学思想を発展させ、人々の注目を集めた。彼はトマスの学統に立つドミニコ会に属し、スコトゥスの批判によって打撃を受けたトマスのアリストテレス主義を新プラトン主義によって克服しようと試みている。[50] わたしたちが問題にしている愛の学説でも、スコラ哲学の影響を受けつつも、それとは対立する傾向を示している点がとくに重要である。

エックハルトは愛を意志から把握しようとする。「愛の存在の場所は意志の中だけである」とか、「このような意志をもってすれば、愛であれ、その他何を望もうと、すべてやり遂げられる[51]」とか語られているとおりである。このように愛は意志の中に、意志とともに存在しているが、愛は魂の内奥に深くあって神と触れ合っている。「神が魂の根底に隠れているがゆえに、愛も魂のうちに隠されている。この愛はまったく意志のなかにあり、意志を多くもつものが、また、愛を多くもつ[52]」と言われる。

エックハルトの神秘主義は、『教導対話』で詳述されているように、神との合一にいたるための修道の歩みを説いたものであり、修道の敬虔の道は神の意志と長上の指導に服従することから開始され、自我や我意の放棄と神の生命により充実する生活が説かれる。そのため最初から徹底して現世に執着し、世俗的欲望に沈んでいる、利己的自己愛は退けられている。この自己愛は「我意」（Eigenwille）と呼ばれている。「人が神の意志のうちに入り、我意がなくなって初めて、完全な真の意志になるといえよう」[53]。この我意こそ自己のうちに不和をひき起こす罪の主体である[54]。その反対に意志が正しい意志となるのは「意志が一切自我の束縛のない、自分自身を捨て去って、神の意志のうちへ形象化され、形造られたとき」であって、こうしてはじめて意志は「完全な正しいものとなる」[55]。このような意志こそ本来の自己の姿であり、神の像にふさわしい存在であるがゆえに、エックハルトにおいては自己愛は神の愛と合致し、そこに矛盾はないとみなされている。

それゆえ、真の意味で自己を愛する意志は「神以外のいかなるものによっても、あなたの心を快楽や愛に動かしてはならない。他のいっさいのものの上にあなたの心は超越していなければならない」[56]。この神に向かう超越は『高貴な人間について』では外的人間から内的人間に転換した後に六つの段階をとって発展している。その第三段階は人が母の愛を離れて神の愛に結ばれることから成り、第四段階では「愛の中に、また神の中に、根を下すことがなされ」、自己自身に自足する第五段階を経て、第六段階で完全性に達し、「神的な像のうちに入れられ、変えられて、神の子となる」と説かれている。内的人間の高貴な姿はこの「神の像」であって、それはあたかも「魂の根底にある生ける泉のようなものである」[57]と語られている。この根底には神の愛の泉が注がれており、魂は神のうちに拉し去られ、神との合一のうちに「燃える愛の始まりがあり、その根源」が魂のうちに生じる[58]。

エックハルトは愛の本質とその本質の発露とを区別し、本質は神の愛との合一の中にあるのに対し、発露は外に現われた業として隣人愛となると説いている。それゆえ愛が修道の途上で内的沈潜・祈禱・歓喜という甘美な陶酔を伴う場合は最善の愛ではなく、そこには単なる自然性が働いている。彼の名声を高めた「マルタとマリア」についての説教が雄弁に説いているように、マリアが陶酔の中にとどまってより高きところに進まないことを恐れたマルタは、愛の奉仕において「神の最愛の意志と合一している霊の一番上の梢」にある。そのため「マリアは〔円熟した〉マリアとなる前に〈マルタのよう〉であったのだ」と説かれている。[59] マルタの立場は「神にならい、慎重に形造られた意志が一切の自然の喜びから自由になり[60]」分別に喜んで従う域であり、そこでの愛のわざは分別という合理性のみならず秩序も求められている。すなわち「秩序正しくと私がいうのはすべての点で最高のものに対応することである」(Das nenne ich "ordentlich", was in allen Punkten dem Höchsten entspricht.) と言われている。[61]

エックハルトにおける隣人愛の特質はこのような徹底した隣人愛の実践にあり、しかも「自分自身のように隣人を愛せよ」との戒めの中にある「自分自身のように」と語られている自己愛の解釈が隣人の概念を変化させている点に求められる。アウグスティヌス以来、この戒めの中に自己愛と隣人愛とがともに含意されていると考えられ、自己が神を愛すると同様隣人も神を愛するように配慮することが説かれてきた。したがって自己愛が隣人愛の原型のようにみなされ、トマスも「のように」を「と同じ仕方で」と解していた。[62] ところが友人にせよ家族にせよ、自分に役立つ者を愛するというのでは不完全な愛であり、「ある人を他の人よりも多く愛するのは自然的にすぎず」、「あなたがある人に他の人よりもよく尽くすかぎり、神の意志は正しくあなたの意志となっていない[63]」と説かれている。こうして隣人愛の概念の中に「すべての人に対する差別のない愛の同等性[64]」が力説され、「自分自身のように」は彼の考えでは差別のない「すべて同じく」が含意されていることになる。このことは先に述べたように、我意という自己のあり方から離脱し、自己から自由となり、全く神の愛に立って他者を愛するという彼の倫理の基本姿勢に由来している。したがって神の愛において自己愛と隣人愛は同時に可能になっている。[65]

エックハルトがこのように語ることができたのは、自己愛を徹底的に否定した上で真の自己愛を捉えていたからにほかならない。神と一つになるウニオ (unio) は、まず自己が無化されて (entwerden)、神において真の自己と成る (werden) ことにより成立している。ここにスコラ神学の立場と非常に相違した特質が明瞭になってきており、愛はもはや恩恵を受けとる準備となる功績とは考えられず、そのような愛は否定されている。この点は『離脱について』において明確に説かれるようになった。その内容はスコラ神学で説かれているのとは正反対なものとなっている。

「純粋な離脱は純粋な無に立つのである、なぜそうなのかその理由は、純粋な離脱は最高の状態にあるからといおう。それだから、神がその意志のままに働くことができる心をもった人こそ最高の状態にある。……そこに存在し得るかぎりの最大の可能性もある。離脱した心が最高の状態にあるとすれば、それは無の状態でなければならない。なぜなら、無のうちに最大の受容性があるからである(66)」。

したがってこの離脱は愛と全く相違しているし、離脱が愛に優る理由が次のように二つあげられている。「その第一の理由は、愛のもっともよいことは、わたしが神を愛さざるをえないように仕向けるのに対して、離脱は神がわたしを愛さなければならないようにするからである。ところで、わたしが無理やり神のもとに行くよりも、わたしが神をわたしのもとに強いて〔強制し〕招くほうがはるかに勝っている。それは、わたしが神と合一するよりは、神がわたしとしっくりと接合し、完全な合一ができるからである。……第二の理由は、愛によってわたしは神のためにすべてのことを〔受動的に〕堪え忍ばねばならないが、離脱によってわたしは神のみを受容せざるをえないからである(67)」。

愛の代わりに徹底した自己否定が神への最大の道として説かれるようになっている。とはいえ、この否定の道こそ神に愛が積極的に向かう弁証法を形成していることが看過されてはならない。この自己否定こそ後述するようにルターの愛の思想と構造的に類似している。

（2）ジャン・ジェルソン

次に一五世紀の前半パリ大学ソルボンヌ神学部の指導者で、公会議による教会改革の提案者であったジェルソンの「愛の秩序」に関する思想を扱ってみたい。彼は有名な『神秘神学』(De mystica theologica, 1407) においてノミナリズムの立場から神秘主義を新たに唱道するようになり、エックハルトが離脱と対比して退けた愛を再度把握し直し、それにもとづいて愛の神秘主義を説き、これを中心にして教会改革を「秩序」の確立として力説した。一般にはノミナリズムと神秘主義とは相容れ難いものと考えられているが、ジェルソンは神との合一を神の意志との「一致・同形化」(conformitas) において把握し、意志と愛において新しい神秘主義を確立し、これが後にガブリエル・ビールやヨハンネス・シュタウピッツ、またマルティン・ルターに影響を与えている(68)。

そこで、まずジェルソンの愛の神秘主義についてその特質だけを指摘してみよう。

神秘神学は彼にとり主として魂の情意の能力に関わっていて、神への愛のうちに本質的に実現しており、こうした愛は脱自的、合一的、平和的な特質を示している。しかし、彼は経験的な愛の現象から考察を開始していく。「愛は愛する者と愛される者とを結びつけ、その結果、愛する者を愛される者とともに確固不動にする」(69)。この愛の合一させる作用は人間の霊の働きに属し、身体に関係していない。この愛する者と愛される者との合一はアリストテレスの『ニコマコス倫理学』にある友愛（フィリア）に従って「意志」に求められる。「友人のあいだには意志の合致がある」というアリストテレスの言葉は神とわたしたちの霊とのあいだに適用され、「意志の一致によって神と一つの霊になる」(unus spiritus est cum eo per voluntatis comformitatem.)(70) と説かれる。この「一致」(conformitas) は「同形化」を意味しているが、そこには人間の「変容」(transformatio) が伴われている。そのためには魂が自己自身とその被造存在を放棄し、真の神的存在を受容しなければならない。だが、この変容は実体的な変化ではない。彼はロイスブロックが実体的変容を説いた点を批判し、それを訂正させている。それゆえ、神のうちに変容するのは愛し合う者同士が「心を一つにし、思いを一つにして」(cor unum et anima una)(使徒行伝四・三二)いるという意味で神に「似たものになる」ことを言う。[71] ここにジェルソンの神秘主義が意志における神との合一(unio)から成立していることが明らかである。

神との愛による合一によって魂が休息と不動とを見いだし、愛が完全になるとき、神との結合も完全なものとなることが続いて説かれている。[72] ジェルソンはこのような平和な魂の状態が聖霊の働きと祈禱とによって得られると繰り返し説いている。そしてコンスタンツの公会議で活躍した頃には彼の神秘主義が御霊を中心とする性格をもつようになり、教会改革の運動と同一精神に立っており、教会の階層組織の構造という文脈の中に彼の神秘主義が位置づけられているといえよう。[73] つまり個人的な魂の問題は同時にキリストのからだとしての教会の建設に関わっていたのである。この点を次に「秩序」の観点から考察してみたい。

ジェルソンは教会の改革を一貫して説いたため、その著作には教会の階層組織に立つ秩序の確立が主題となっている。全宇宙は秩序づけられていて、天上の国の秩序を反映し、天も星も、大地の構成要素も、それらを治める法則とともに神の秩序を物語っていると彼は言い、「神によらない力はなく、力は神から出ており、神により秩序づけられている」(ローマ一三・一)とのパウロの言葉が聖書的根拠となっている。[74] そして教会は天上の国の秩序が目に見えるように現われたものであり、神の至高のわざである教会は本質的に秩序の教会にほかならない。彼は伝統的なアウグスティヌスによる秩序の定義を採用し、「秩序とは各々にそれぞれの場所を配分する等しいものと等しくないものとの配置である」[75] に従って教会は「秩序づけられた戦列」(acies ordinata)でなければならないと説いている。[76] また教会の秩序は本質的に階層組織をもつようになっており、天上の国における階層をそこに反映している。それは神の秩序的権能による、と彼が言うとき、前節でのスコトゥスやオッカムのノミナリズムの思想が影響していることが知られる。この階層組織はディオニュシウス・アレオパギタの伝統に従い、各々の階層の活動は、浄化・照明・完成（purgare, illuminare, perficere）によって遂行されている。なかでも教会の高位聖職者には浄化のわざを実行に移す権威が授けられているので、人々はこれに服することにより教会の秩序を守るべきであると説かれている。それに続く照明のわざは説教により行なわれ、サクラメントによって愛における神との合一が生じ、そこから完成へと導かれなければならない。この神との合一が教会活動の究極目的であり、「最低のものは中間のものにより最高のものに連れ戻される」（ut infima reducantur ad suprema per medica）という原則が確立される。ここに言う最低のものは平信徒を、中間のものは聖職者を、最高のものは天上の国を指している。[77]このような中世的階層秩序の上に立って公会議の決定により教会改革をなし、教会の秩序を回復しようとするのが、ほかならぬジェルソンの意図したものであり、旧来の「秩序」に立つ体制内改革を彼は計画したのであった。しかし、公会議に集まった改革神学者たちは教皇に改革の実行を委ねることによって自らを裏切ってしまった。ジェルソンはこれに対し「公会議による宗教改革は、公会議の指導者たちがそれに好意をいだき、機敏に振舞い、確固不動でなければ成功しないと思う」[78]と述べ、改革を説く神学者自身の実践を説いたが、徒労に終わってしまった。

ジェルソンでは究極目的たる神との合一に愛が向けられており、魂のうちでは正しい理性が諸々の能力を秩序づけ、魂の能力は恩恵を伴った神の愛の働きにより神に向けて秩序づけられ、教会と社会との平和は天上の秩序に従うことによって達成されると説かれるにいたった。このような愛の秩序の思想は一五世紀の中世末期に流行した「性愛の神秘主義」に対決するものであって、当時の指導者の考えを見事に結晶させたものである。[79]

第四章　マルティン・ルターと愛の秩序

はじめに

アウグスティヌスに由来する「愛の秩序」の思想は中世思想史をとおして発展してきたが、ルターによって歴史上はじめて反駁され、否定されることになる。オッカム主義により教育され、求道してきた彼は、オッカムとビールによって説かれた愛の道が自然的能力によっては確立しえないことを、みずからの体験により知り、彼の力説する信仰義認論から愛の秩序の思想を否定するようになる。しかし、彼がこの伝統となった思想をどのように理解したかを検討した上で、彼自身がどのような秩序の確立にいたっているかを解明しなければならない。そのさい、彼はスコラ神学と対決しながらドイツ神秘主義に接近し、後者に倣って愛の秩序をも弁証法的に、つまり即自的な自然的愛の否定の上に立って神の愛を力説し、そこに新しい愛の秩序を捉えていくのである。このようにして彼が批判するアウグスティヌス的愛の秩序は、自由意志の解釈においても示されていたように(1)、彼自身の解釈にもとづいて理解されていたことが判明する。しかし同時に、そのように理解しなければならなかった歴史的状況も十分考慮されなければならない。

一　ルターとスコラ神学

ルターは彼の新しい神学を『ハイデルベルク討論』で確立したとき、「使徒パウロとその講解者である聖アウグスティヌス」とをもっぱら証人として自説を論証しようと試みている。実際、若きルターにとってアウグスティヌスは最大の権威であって、この権威に依拠して当時のスコラ神学との対決がなされてきたのであった。しかし、このアウグスティヌスの受容の仕方には多くの問題があって、単に無批判的にその学説を承認するといった性格のものでは全くなかった。たとえばルターにとり最大の関心事となった義認の教義にしても、アウグスティヌスの義認論の受容過程を考察してみると、彼はアウグスティヌスが十分に自覚するにいたっていない点を知って、批判的にこれを受け入れていることが分かる(2)。そこには彼自身の独自な義認の経験が先行していて、「義認論の最深にして決定的なものをアウグスティヌスから学んだのではなく、かえって自己の宣義思想をアウグスティヌスのうちに読み込んだのであるといえよう(3)」。この受容の問題はルターがシュパラティン宛てにエラスムスに対する批判を述べた手紙の中でも明らかにされ、ルターがアウグスティヌスのペラギウス派批判文書のみを受容すべきであると主張したことにも示されている。後年の自由意志をめぐるエラスムスとの論争の萌芽が実にこの受容の仕方にかかっていることが暗示されている(4)。

ルターの新しい神学を形成している中心思想は義認論であるが、それは信仰義認として行為義認を全面的に否定するという形で主張されたため、信仰が行為を排他的に退けることになり、愛のわざをも否定するような印象を一般に与えることになった。しかしながら義認論で自由意志を峻拒したルターは愛のわざをも否定しているのであろうか。『ハイデルベルク討論』第一三命題は「堕罪以後においては、人間の自由意志は単なる名目上のことがらにすぎず、自己のうちにあることをなしているかぎり、死にいたる罪を犯す」（WA. 1. 359, 33f.）[5] と述べて、自由意志を退けているが、その最終命題は「神の愛は自分の愛好しているものを見ないで創造する。人間の愛は自分の愛好する対象から生じている」と語って、愛を決して否定することなく、神の愛と人間の愛の区別を説いている。したがってルターはこの討論において自由意志を退けて信仰だけを主張しているのに対し、愛の問題では神の愛と人間の愛の区別を、ニーグレンの言葉にしたがえばアガペーとエロースとを、区別している。ところで意志と愛とはアウグスティヌス以来交換可能な概念であった。そこでルターがアウグスティヌス的愛（カリタス）をどのように受容しているかを考察することによって、信仰義認論の実質的内容をいっそう明らかにすることができると思われる。

ルターは『ローマ書講義』（一五一五―一六年）においてアウグスティヌスに由来する「あの有名な愛の区別と秩序」（famosa illa differentia et ordo diligendi）に対決する姿勢をとっているが（WA. 56, 517, 4f.）、彼が主に批判の対象としている愛の学説はスコトゥスやオッカムという「スコラ学の教師たち」（scholastici doctores）のものであり、アウグスティヌスの言葉をもって彼らの学説が批判されてもいる（ibid., 337-338）。だが、アウグスティヌスに由来する愛の学説でルターにより批判の対象になっているものとして「秩序づけられた愛」（charitas ordinata）があることを看過するわけにはいかない。これはアウグスティヌスにおいては「愛の秩序」（ordo amoris）として倫理思想の中核に据えられた重要な学説に発源している。この学説内容についてはすでに第二章で詳論しているので、ここではルターの批判がもっている意義を解明することにしたい。

だが、『ローマ書講義』に展開する「愛の秩序」に対するルターの批判を検討する前に、前章で検討した後期スコラ神学にみられる愛の学説全体を彼がどのように理解していたか要約して述べておこう。

スコラ神学がトマス以来アリストテレスに基礎をおいて神学を形成してきている点にルターはまず着目し、アリストテレスの倫理学を中世のキリスト教の神学者たちが無批判的に神学に利用してきた点を批判している。それは『スコラ神学を反駁する討論』（一五一七年）ではじめて明瞭に表明されている。そこでは「アリストテレスの倫理学のほぼ全体は恩恵に対して最悪の敵である」（テーゼ四一）とまで主張している（WA. 1, 226, 10）。その理由として、「わたしたちは義の行為をなすことによって義とされるのではなくて、義人に造られてこそ義の行為をなす」（テーゼ四〇 ibid., 226, 8f）というルターの義認論の主題がそれに先行している。同様の批判は『ローマ書講義』において次のように語られている。「アリストテレスが『ニコマコス倫理学』第三巻で明瞭に規定しているところによれば、義は行為から続いて生じる。しかし、神によると、義は行為に先行し、行為は義から生じる」（WA. 56, 172, 9ff）。ルターによると行為の善性は人格の存在から導かれ、人格は神に対する信仰から形成される。そこでまず人格の形成という「生成」が生じて「存在」を確立し、そこから「行為」が生じる。

もちろんルターはアリストテレスの『ニコマコス倫理学』第三巻に見られる「義は行為から生じる」を全面的に否定しているわけではない。そこでアリストテレスにより考えられている行為による義は「きわめて外面的なものにおいて」生じており、「市民的義」（iustitia politica）として「分配と交換における哲学者たちのいう義」なのであって、「神の前には非難されるもの」（coram Deo reprobata）である（ibid., 418, 30）。「神の前に」という規定と対立するのは「人々の前に」（coram hominibus）であって、アリストテレスの主張はこの後者に妥当する。だから、「人間の教えでは人間の義が示され教えられる。すなわち誰がどのようにして自分や人々の前に正しくあり義となるかを教える」（ibid., 171, 27f.）。こうして一般の道徳的な義は外面的で「人々の前」という市民的義として判定されるが、ルターによると、このような義は「神の前に非難されるもの」なのである。彼は倫理学の扱う人間の行為に関して、とくに哲学と神学とをこのように厳密に区別しており、それを混同するスコラ神学に対しては厳しい対決の姿勢をとっている。

そこで前章の中世哲学における愛の秩序についてとりわけ力説された「愛の習性」と「すべてに優って神を愛する」行為という二つの問題に対しルターがどのように反論しているかをとりあげなければならない。周知のように、アリストテレスの倫理学は目的論的形成説に立ち、人間の善性の形成過程を考察している。そのさい、「人間の善は人間の卓越性（アレテー）に即しての魂の活動である(6)」とみなされ、この活動は反復する習慣により性格を形成するから、倫理学は善い性格（エートス）を形成する実践的学問とみなされる。ところで前章で述べたように、この習慣概念が神の恩恵にも適用されて、超自然的行為の前提として習性的恩恵（gratia habitualis）の必要が説かれるようになった。それは「すべて完全な行為は完全な形相から生じる」（Omnis actus perfectus a forma perfecta.）という命題によって論じられている。つまり内的人間の形相から完全な功績となる行為が生じるのだから、恩恵が内的習性として心に注がれて魂を完全にしなければならない。トマスは「習性とは能力に内属している性質もしくは形相である(7)」という。だからルターは心に注がれた恩恵を、「心に付属する性質」であり、「形相的義」（formalis iustitia）と呼んでおり、これが習性（habitus）であると説明する（WA. 40-I, 225, 28ff.; 226, 14ff.）。この習性は自然本性によって生じる「獲得した習性」（habitus acquisitus）と区別されて「注がれた習性」（habitus infusus）とみなされているが、習性が魂の能力態である以上、功績思想が生じる傾向があったといえよう(8)。というのは習性は一般に「人はキタラを演じることによりキタラ奏者となる。すなわち反復した行為の実践により、この能力を開発する」と説明され、徳行の前提にされるからである。ところがルターは反復の実行により義にいたろうとすること自体が「不幸な習性」(habitus desperationis-ibid., 615, 8) であり、ただ「絶望の習性」しかそこから生じないと批判している (WA. 40-I, 42, 14)。彼はオッカム主義の伝統に立っているため内的能力態による行為の実現よりも、そのつど神の意志に対して決断する人間の意志と功績との関係を問題にしている。(9)

次に、第二の問題「すべてに優って神を愛する」行為が「自然的能力により」可能かということに関してもルターはスコトゥスとオッカムの名前をあげて論じ、これら後期のスコラ神学者はトマスの学説より劣っていると評価する。たとえば「スコトゥスは次のように論じている。もし人が被造物を、若者が少女を、貪欲の人がお金を――それらは小さい善である――愛することができるならば、より大きな善である神をも愛することができる。もし人が自然的能力によって被造物に対する愛をもつとしたら、それにまさって創造者に対する愛をもつことができるであろう、と」(WA. 40-I, 226, 20-27)。

ここにスコトゥスにおけるセミ・ペラギウス主義的傾向が指摘されており、そこでは愛が被造物への愛から創造者の愛へと超越する人間的努力として立てられている。またオッカムとビールの学説で学んだ「すべてに優って神を愛する」行為が自然的能力によって可能であることもあげられている。この議論はスコトゥスが「勇敢な政治家」について述べ、ビールが詳しく解説したことがらと同一の事態である。(10) このスコラ神学の愛の命題に対決してルターは次のように自説を語っている。「人間は自分自身のものしか追求できず、すべてに優って自分自身を愛することしかできない」(WA. 56, 237, 12f.) と。また『スコラ神学を反駁する討論』では「自然本性にしたがってすべてに優って神を愛することはキマイラのように空想的用語である」(テーゼ一八) とも批判している。

ルターはスコトゥスに発する後期スコラ神学が力説した愛に対し信仰を対置させている。「彼らが愛を語っているところにわたしたちは信仰を対置する」(WA. 40-I, 228, 27f.) と彼は主張する。そこから彼は信仰よりも愛に優位をおくスコラ神学を批判してゆくのである。つまり、「要約すると、ソフィストたちが、愛は信仰を形成し習熟させると主張しているように、わたしたちはキリストが信仰を形成し習熟させる、あるいはキリストが信仰の形相であると主張する」(ibid., 229, 26ff.) と言って、対決している。この対決は「愛によって形成された信仰」(fides charitate formata) を徹底して批判する方向をとっている。オッカム主義では愛が心に注がれると、それが人間のうちにある徳と結びつき、この二者の協力により信仰が完成し、救いの働きを起こすと説かれていた。ルターはこのような愛によって人間が義とされ救いにいたると説かれた信仰に対決して、信仰が愛という人間関係を通して活動すると主張する。彼にとって信仰とは習性となった性質ではなく、全身全霊をあげて神の恩恵にとらえられていることを意味している。信仰は人間に対して働きかける神の力に自らを委ねること、こうしてキリストがわたしたちのうちに現存することである。すなわち「キリストは信仰の対象である。否、対象ではなく、いわば信仰そのものにおいてキリストは現存したもう」(WA. 40-I, 228, 25f.)。

すでに指摘したようにオッカム主義の信仰論は信仰の力を意志に求めている点に特色があり、人間が自然的能力である意志により「自己にできるかぎりをなす」(facere quod in se est) のでないならば、恩恵は働かないと説いていた。したがって自然の働きが前提となってはじめて超自然的な恩恵の注ぎも有意義な働きを発揮するのである。だが、このような能力と働きが人間の意志の働きのうちにあるというのは、宗教改革者ルターの救済の経験と真正面から対立する。ルターにとり信仰は神の語りかける言葉を聞くことにより成立するが、この聞くということが心に生じるように導くのは人間を超えた聖霊の働きである。

他方、ルターは中世思想のもう一つの流れをなしている神秘主義に対しては共感的であり、タウラーや『ドイツ神学』にみられる信仰体験に共鳴し、徹底した自己否定をとおしてはじめて信仰により愛を再建するようになる。[11]

「愛の秩序」に対決するのも、自己愛の徹底的否定という観点からであり、彼はスコラ神学の批判をなすさいに神秘主義者と一緒に戦っていることを意識していたといえよう。

二 「愛の秩序」の解釈

ローマの信徒への手紙第一五章二節の講解の部分はルターが「愛の秩序」をどのように理解し、それに対しいかに批判しているかを明らかに示している。彼はグレゴリウスの見解「このように愛は愛となりうるために、他者に立ち向かうのである。なぜなら、だれも自分自身に対して愛をもっているとは言わないからである」[12]に賛成し、「愛（charitas）は自分自身に対する愛（amor）ではなく、他者に対するものである」と述べ、愛の本質は自己から出て他者に向かう運動であるとみなす。つまり「隣人を喜ばすことは、自分を喜ばすことではない」と言う。しかし、あの有名な「愛の区別と秩序」（differentia et ordo diligendi）はこれに対立しており、アウグスティヌスにしたがうロンバルドゥスの意見「まず初めに神が、次にわたしたちの魂が、さらに隣人の魂が、終わりにわたしたちの身体が愛されなければならない」も間違っている。なぜならそれはスコラ学の「秩序づけられた愛は自己自身からことをはじめる」ということにほかならないからであると説いている（WA. 56, 516, 31ff.）。

ロンバルドゥスはアウグスティヌスの『キリスト教の教え』で区別された愛すべき対象の存在論的四区分、すなわち自分以上のもの、自分であるもの、自分に近いもの、自分以下のものにしたがって、このような愛の秩序を説いていたし[13]、リラも「愛の秩序にしたがえば（secundum ordinem charitatis）他者の救いよりも自分自身の救いをむしろ愛さなければならない」と述べている[14]。アウグスティヌス以来の伝統によると、神への愛によって自己愛も正しい者となり、この正しい愛にもとづいて隣人愛も実践されうるのであるから、神から遠ざかっている人はまず自己の救いを愛し求めることから開始しなければならない。こういう思想が「愛の秩序」(ordo charitatis) として述べられており、当時はよく知られた有名な学説となっていたようである。これと等しい思想に「秩序づけられた愛」(charitas ordinata) があり、ローマの信徒への手紙第九章三節の講解では次のように語られている。

「しかし、これら〔使徒〕の言葉は自分が聖徒であると思いながらも貪りの愛 (amor concupiscentiae) でもって神を愛している人たち、すなわち〔自分の〕救い、永遠の平安、また地獄を逃れるために、つまり神のためではなく自分自身のために、神を愛している人たちには奇妙であるばかりか、馬鹿げているように見える点に注目しなければならない。これらの人たちは、秩序づけられた愛 (charitas ordinata) は自分自身からはじめていって、まず自分自身の救いを各自は願い、次に自分と同じように隣人にも救いを願うべきであるといったことをおしゃべりしている。このように彼らが理解しているのは、救いや幸福が何であるかを知らないからであって、ただ自分の幻想にしたがって幸いや善い生活を理解しているにすぎないことは確かである。しかし幸福とは神の意志と栄光とを万事において欲し、この世においても、来たるべき世においても、自分のことは何も願わないことなのである」(WA. 56, 390, 23ff.)。

ルターは「愛の秩序」のことをここでは「秩序づけられた愛」という言葉で語り、内容的には前述の自己愛と隣人愛の優先順位のことを同時に述べている。そのさい、パウロが自分の救いを捨てても同胞のために救いを願っている点が対比されており、この誤りのすべては「神のためではなく、自分自身のために神を愛する」ような「貪りの愛」に起因していると説かれている。ここで問題となっている「貪りの愛」というのは愛を四種類に分けたことに由来している。すなわち、愛には「自分のために自分を」(se propter se) と「自分のために神を」(Deum propter se）と「神のために神を」（Deum propter Deum）と「神のために自分を」（se propter Deum）愛するという四つの形式がある。(15) スコラ学においては、これら四種類のうちの第一が「自己愛」（amor sui）と、第二が「貪りの愛」（amor concupiscentiae）と、第三が「友愛の愛」（amor amicitiae）とそれぞれ呼ばれており、ここからルターが貪りの愛を第三ではなく第二の種類の愛であると述べているのである。第三の種類の愛についてルターはこのテキストに続けて次のように述べている。「しかるに自然からではなく、ただ聖霊から来ている子としての、また友愛からの愛（amor filialis et amicitiae）でもって神を愛している人たちにとっては、これら〔使徒〕の言葉はきわめて美しく、最も完全に模範の証拠たるべきものである」（ibid., 391, 7ff.）と。このような友愛による愛は「神のために神を」愛することを意味しているが、ルターは自己献身的なアガペーとしてこれを捉え、自己愛と矛盾的に対立するものと理解している。もちろんパウロの同胞愛や隣人愛についてルターが考察しているかぎりその説くところは正しいにしても、この箇所において伝統的な「愛の秩序」しかも「秩序づけられた愛」としての自己愛と隣人愛とに関する優位の説を採りあげて論じることは、はたして妥当なことかどうか、大いに疑問となるところである。しかし、「自己のものを求める」自己愛に対し「自己のものを求めない」隣人愛とを順位づけて秩序を確立するのではなくて、つまり秩序による二つの愛の統合ではなく、二つの愛を矛盾的に対決させて、真の愛を偽りの愛から分離させようとルターがここでも試みている点に注目する必要がある。こうしてはじめて宗教改革的信仰に立つ倫理の特質が明らかになってくるといえよう。

したがって次にルターによる「愛の秩序」の理解とその批判について検討したい。

三　「愛の秩序」の批判

前節で引用したローマの信徒への手紙第一五章二節の講解で示された、アウグスティヌスに発しロンバルドゥスによって有名となった、愛の秩序の思想は、ルターにより次のように批判されている。

「それに対し次のように答えられる。このことこそわたしたちが間違って愛を理解したことによって愛から離れてしまった原因の一つである。ところが、わたしたちはこのことによってどのような善でもまず自分のために不法にも横取りしていて、隣人に対しては何も配慮していないからである。しかるに、あなた自身に対する真の愛はあなた自身を憎むことである。主が語っているように〈自分の魂を愛する者はそれを滅ぼし、自分の魂を憎む者は見いだすであろう〉（ヨハネ一二・二五）。また使徒もフィリピの信徒への手紙第二章〔四節〕で〈各々自分のことを考えないで、他人のことを考えなさい〉と、またコリントの信徒への第一の手紙第一三章〔五節〕で〈愛は自分のものを求めない〉と言っている。なぜなら彼は自分を超えて自分自身を愛しており、したがって、自己を憎み、隣人を愛する人が真に自己を愛している。なぜなら彼は自分を超えて自分自身を愛しており、隣人において自分を愛することにより、純粋に自分を愛しているからである」（WA. 56, 517, 7ff.）。

ルターは生まれながらの人間は原罪のため自己追求という悪徳に汚染している事実から出発して思考を展開させていく。「人間は自分自身のものしか追求できず、すべてに優って自分自身を愛することしかできない。これがあらゆる悪徳の総計である」（ibid., 237, 12ff.）。この自己愛のゆえに他者を隣人として愛するためには、自己を憎み、自己を踏み越えて（extra se）いかなければならない。こうして初めて「真の、純粋な自己愛」が成立するとルターは主張する。同様のことはローマの信徒への手紙第九章三節の講解においても述べられている。「愛するということは自己自身を憎み、弾劾し、災いを願うことである。……こういう仕方で自分自身を愛する人は真に自分自身を愛している。なぜなら自分自身においてではなく、神において自分を愛しているからである。つまりすべての罪人に向かって、したがってわたしたちすべてに向かって憎み、弾劾し、災いを願っている神の意志に一致して自分を愛しているからである」(ibid., 392, 20ff.)。自己が自己愛に満ちている以上、この自己を否定しなければ、他者なる隣人を愛することは不可能である。したがって自己否定なしには他者を愛しえないことも事実ではあるにしても、ルターの主張していることは自己否定が他者肯定に転換するということなのではない。「愛するとは自己自身を憎むことである」(Est enim diligere se ipsum odisse.) それは自己嫌悪という心理学的な現象でも、マゾヒズムでもなくて、神が自己愛を憎み、弾劾しているがゆえに、その神の意志にどこまでも従うことを意味している。それゆえ、このようなルターの逆説的な主張の背後には自己自身の罪性の徹底した認識が先行しているだけでなく、そこに神自身の意志を認識し、「キリストとともに神の中に隠されている」神の愛の本性を認識し、これに一致しようとする信仰が認められる。こうして否定を通して反対の相の下に働く十字架の愛が、次のように捉えられている。

「わたしたちの善は、反対のものの下に隠されているように、かくも底深く隠されている。わたしたちの生は死の下に、愛は憎しみの下に、栄誉は恥辱の下に、救いは破滅の下に、支配は追放の下に、天国は地獄の下に、知恵は愚かさの下に、義は罪の下に、徳の力は脆弱さの下に隠されている。そして一般的に言って善に対するわたしたちの肯定のすべてはその否定の下に隠れ、こうして信仰は否定的本質、否定的善、否定的知恵、否定的義である神の中に存在の場所をえている。神はわたしたちの肯定のすべてを否定することによってのみ獲得され、触れられる。……このようにして〈わたしたちの生命はキリストとともに神のうちに隠されている〉(コロサイ三・三)、すなわち感じられ、所有され、理解されうるすべてのものの否定の中に隠されている」(ibid., 392, 28ff.)。

信仰はこのような神の意志に服することであっても、「貪りの愛」が底深く根付いている場合には、地獄へと自己を放棄し、断罪され、キリストから破門されることも、神は意志されるがゆえに、これに従わなければならない。このような神秘主義的な「地獄への放棄」(resignatio ad infernum) がないなら、浄化は生じないと説かれているが、同時に「あふれるばかりの恩恵の注ぎ」(ibid., 391, 8-22) によらなければ罪は根絶されない。だから神の意志へ向けて自己を放棄する信仰のわざも「恩恵なしには不可能である」(ibid., 391, 27f.) と説かれている。(16)

実際、この時期においてルターは自己愛を何らかの仕方で肯定するスコラ神学を批判するために「否定の道」(via negativa) に立つ神秘主義を採用している。たとえば聖霊により心に注がれる神の愛 (ローマ五・五) について次のように語っている点にそのことが示されている。「〈神の愛〉(charitas Dei) と言われている。なぜならわたしたちはそれにより、ただ神だけを愛するからである。そこには信頼を寄せたり、愛されたり、恐れられたりする目に見えるもの、検証しうるものは内にも外にもなく、すべてのものを超えて目に見えず検証できず、把握できない神のうちへと、つまり内的な闇の真中へと拉し去られる」(WA. 56, 307, 4ff.)。このように「内的闇」とか「拉し去られる」という神秘主義的用語が用いられているのは、「ただ神だけを愛する」純粋な神の愛を明らかに説くためなのである。したがってこの神の愛が「注がれる」というのはわたしたちから生まれたのでも発生したのでもないことを示し、「聖霊によって」というのも道徳的力や徳性さらに習慣によって獲得されるものではなく、「わたしたちの心に」というのは「心の内奥・中核・精髄に」を意味している (ibid., 17-20)。また選ばれた人は神の意志に一致して生きているが、その最高段階においては、「神の意志のためなら地獄へまでも自分自身を放棄する」(ibid., 388, 10f.)。このような人の「愛は死のように強く地獄のように硬い」(雅歌八・六) と言われ、この愛の積極的な態度について次のように説いている。

「したがってこのテキストが示しているように、愛 (amor) とか〔聖い〕愛 (charitas) という名称の下で十字架と受苦とが理解されなければならない。これらがないと魂は鈍くなり、生ぬるくなる。そして神を熱望するのを怠り、生命の泉なる神を渇望しなくなる。この愛は受動的に受容するときではなく、積極的に自分を与えるときに甘美である。もっと一般的に言うなら、〔愛の〕対象にとっては甘美でも〔愛している〕主体にとっては苦い。なぜなら、それは他者にとってのすべての善を願いかつそれらを他者にもたらすが、あらゆる不幸をあたかも自分のものであるかのように引き受けるからである。というのはそれは〈自分のものを求めないで、すべてを忍び、すべてを耐える〉(第一コリント一三・五、七) からである」(ibid., 388, 21ff.)

このように「地獄への自己放棄」という神秘主義の思想は自己愛の主体から他者愛への全面的転換を示すものとして用いられている。ルターはキリスト教の愛は自己愛を徹底的に超克し、隣人に対し「死のように強く地獄のように硬い愛」となっていることを力説している。それゆえに自己愛から始まる「愛の秩序」と「秩序づけられた愛」の説を否定せざるをえないと感じたのである。

四　自己愛と隣人愛との関係

アウグスティヌスでは自己愛は三様に理解されていて、自然本性的な自己愛のほかに、神の愛へ向かう真の自己愛と、自己中心的な邪悪な自己愛とに分けられていた。したがって真の自己愛のみが隣人愛を実行すると考えられた。こうして初めて隣人愛を戒めて言われている「あなた自身のように」という事態が成立している。ルターは「教父たちに対する尊敬」のゆえにこのような解釈をも検討しているので、まずこの点を明らかにしてみよう。彼らによると隣人愛の戒めが与えられているのは、愛している人が模範となっていて、「あなた自身のように」と言われている。だから「まずあなたはあなた自身を愛し、あなたの愛の範型にしたがって隣人を愛すべきだ、という結論が与えられている」(ibid., 517, 20ff.)。ところがルターによるとこのように理解されてはならない。というのはルターは現実の人間にいつも注目しており、罪に染まった人間は「義人にして同時に罪人」(simul iustus et peccator)と言われるように、自己愛が自己中心的な罪に陥らざるをえないものと理解されている。そのため彼は伝統的な愛の秩序を批判して次のように語っている。

「この戒め〈あなた自身のように〉によって人間は自分を愛するように命じられているのではないのであって、事実上自分を愛している邪悪な愛が示されているのだ。すなわち、あなたは自分のほうに全く曲がっており、あなたに対する愛のほうに向かっている。この愛から匡正されるには、自分を愛することを全く止め、自分のことを忘れて、ただ隣人のみを愛するのでなければならない。というのは歪曲性とは、わたしたちがすべての人により愛され、万事につけ自分のものだけを追求しようとすることなのだから。だが、正しさというものは、あなたが歪曲した仕方であなたに行なわれるように欲していることを、あなたが〔自分にではなく他の〕すべての人に行なうなら、悪を行なったときと同じ熱意をもって善をなすことにある」(ibid., 518, 4ff.)[17]。

ルターは自己愛の歪曲性のゆえに、自己愛を止めなければ、隣人愛にいたりえないと考えている。したがって、「あなたが自分を愛していないなら、あなたと〈同じように〉他者を愛する必要はもはやない」(ibid., 518, 4ff.)。

つまり自己愛の上に隣人愛を基礎づける必要はなくなると説かれている。このようにルターは自己愛が全く消滅することを隣人愛の成立条件としている。このような自己愛の理解はアウグスティヌスと相違する。アウグスティヌスが「人は生まれながら自己の幸福を欲する」といった自然本性的な自己愛から出発する哲学的な愛の学説を説いたのに対し、ルターは神の前に立つ人間にとって自己愛は罪であるという神学的な愛の主張を推し進め、自己愛の否定を通して真実の自己愛に到達しようとしている。同様な事態は伝統的な自由意志の学説に対決する奴隷意志の主張にも見られる。(18)

このようなルターの自己愛に対する逆説的な主張はアウグスティヌス的カリタスの総合を破壊しただけではなく、プロテスタンティズムの倫理にとっても重大な結果を生みだした。次にこの点について簡略に触れておきたい。

五　「愛の秩序」の否定と「愛」の解釈

「愛の秩序」に対するルターの批判は、「自己愛」を倫理から排除することに向けられていた。このことは倫理からいっさいの幸福主義的動機を不純のものとして拒絶したカントの倫理思想と同一の傾向を示している。カントは行為の動機には義務以外の諸々の傾向性、つまり快・不快、自己愛、幸福の衝動が加わるとき、たとえ外面的に法に適っていても、またたまたま法に一致していても、厳密には道徳的であるとは言えないと主張する。このようなカントの主張にルターは先行しており、このことを伝統的な愛の秩序の否定という形で初めて明瞭に説いた。またカントが自己愛をしりぞけ道徳法則を遵守する義務の倫理を説いたのと同じく、ルターも神の戒めを義務として守るように説き、さらに道徳の主体として善意志をカントが説いたように、ルターも善いわざに先だって善い人格の形成が必要であると説いた。たとえば『キリスト者の自由』の結びの言葉がそれを最も明快に述べている。彼はこの書の後半で倫理の問題を扱い、良い樹が良い実を結ぶように、善い人格から善なるわざが生じるのであって、善い人格は信仰によってのみ形成されると説いている。これ以外の道は、仮象を生む肉の知恵にすぎず、「誤った追加条項」(falsch anhang)、「倒錯した意図」(vorkerete meynung)にもとづいている(WA. 7, 33, 31f.)。しかし信仰のみによる生き方は純粋な動機から、つまり「まったく自由な愛」から生じ、自己愛から解放されている。彼は言う「キリスト者は自己自身において生きるのではなく、キリストと自己の隣人とにおいて、すなわちキリストにおいては信仰を通して、隣人においては愛を通して生きる」(WA. 7, 38, 6f.)と。ここには信仰により神から自由とされたものは、もはや「自己自身において生きない」のであって、「自己愛」から全く解放されて、自由に生きる主体となっている。しかるに、「自己のものを求める」罪の歪曲性から解放されたものは、真っ直ぐに隣人に立ち向かう実践的行為の主体となっている。ここにカントにより代表される近代的な倫理思想を生みだした源泉がある。

このようなキリスト教的な愛はニーグレンによると「幸福主義的動機をもつすべての活動に対比して自発的である」[19]と言われる。もちろん自発的と言っても単なる自律ではなく、神への信仰によって自己を形成したのであるから、神律的である。また、信仰がこの愛において活動しているがゆえに、この愛は「溢れ出る愛」(quellende liebe)であって、創造的である(WA. 36, 358, 11)。

信仰により自発的に働く愛は「愛によって働く信仰」(fides, quae per charitatem operatur)の解釈によく示されている。ガラテヤの信徒への手紙第五章六節にあるこの言葉はルターによると「わざが愛を通して信仰からなされるとパウロは述べていて、愛によって人間が義とされるというのではない」(WA. 40-II, 35, 23ff.)。それゆえ、活動するのは愛ではなく、信仰であり、カトリックの「愛によって形成された信仰」(fides charitate formata) に対決し、愛は「信仰の道具」(fidei instrumentum) である (ibid., 36, 12ff.)。したがって「信仰こそ愛を通して善いわざを起こし促すものである。……愛のわざが信仰に継続して生じないならば、真に信仰しているのではない」(ibid., 37, 14ff.) と説かれている。

ルターは義認の教えにおいては、人間の愛を信仰から分離し、愛が信仰を形成するのではなくて、真のキリスト教的な愛は信仰の創造的活動の成果であるという。カトリックを代表するトマスの主張によれば、神から注がれる愛が形相の原理であって、これが生じると人間のうちなる主体的な信仰に形を与え、人間は内的に改造され、善いわざを生む実践的主体となる[20]。この注がれた愛 (charitas) によって人間の信仰は高められて功績を積み、聖化のうちに神との交わりの中に入れられる。これに対しルターは人間の愛に土台を置かないばかりか、自由意志に立つ信仰を愛によって高めることも拒否して、愛をむしろ「信仰の道具」とみなしている。これでは自由意志も功績もなくなってしまうというトマスの批判が妥当する立場に自らを置くことになる[21]。しかし、彼が人間的な愛を土台とする信仰を説くのではなく、愛と信仰とを切り離して「信仰のみ」を説くことは、神の愛を純粋に受容することになり、愛は隣人との間柄、親子、兄弟、友人、社会の間柄関係といった人倫に深く関わることを意味しており、愛が人倫の秩序を実現する働きとなっている。このような神の愛と人間の愛との分離は、一般に非難されているようには、倫理の否定にならないで、かえって現実の人間関係の中で愛がその秩序を具体的に実現してゆくものとなっている。この点についてルターは次のように述べている。

「こうして信仰の教義の後に愛の奉仕が勧められ、信仰によって良心が確立された後に、相互的な奉仕がなされなければならないとの激励が続いている。これが倫理である (Das sind moralia)。……わたしたちの教義が善い道徳を解体し、公共の社会秩序を破壊すると思われてはならない。むしろわたしたちの教義はどのような種類の哲学者よりもいっそう善い道徳を教えている」(WA. 40-II, 59, 4ff.)。

キリスト者は信仰において神の愛を受け、愛によりそれを隣人に伝える。そのさい神の愛は人間の愛を道具として使用するが、これにより社会秩序の完成と維持をなすというのがルターの倫理であり、この神の愛は出発点において自己愛を徹底的に超克しているがゆえに真に神的な性質を保っている。その神的性質はイエスにおいて啓示されているように愛の対象の価値によって誘発されるものではない。ニーグレンも強調するようにこの愛は上昇する愛ではなく、かえって下降する愛であって、対象が無であるにもかかわらず、それに働きかけてその価値を創造する愛である。ところがアウグスティヌスは最高善へと上昇する愛を価値高きものとみなし、最低な善へ下降する愛を価値なく有害であるとみなしていた。[22] 前者がカリタスであり、後者がクピディタスである。[23] しかし、このカリタスもクピディタスもともに愛であり、愛自体は倫理的に無記的な情念であって、その価値はそれが引き寄せられる対象に依存している。それゆえ対象の存在論的な価値秩序が「愛の秩序」を形成している。[24] アウグスティヌスにとり愛は根源的な価値を志向する働きであり、最高善なる神に向かう場合は善である。だから現世の対象から転向して神へと愛の動向を内的に転換することが求められている。これに対してルターの場合には神に対して信仰を説くけれども、愛のほうはもっぱら現世における隣人に向けられることになった。このことは神と世界との関係を超自然と自然の関係として存在論的階層秩序によって規定し、そこから「愛の秩序」を基礎づけるプラトン主義的キリスト教的世界像が、オッカム以来原理的に解体してきたことを反映しているといえよう。たとえアウグスティヌス自身のカリタス思想には主体的な契機が芽生えているとはいえ、彼の「愛の秩序」は存在論的な秩序思想によって基礎づけられていた。この秩序思想はオッカム主義の教育を受けたルターによって解体され、「愛」は人倫の「諸秩序」（ordines）として人間関係自体において把握されるにいたった。

六　諸秩序（ordines）について

終わりにわたしたちはルターの秩序の思想を問題にしてみたい。隣人への愛は神によって定められた各人の社会的地位（身分や職業）に応じて具体的に実践されることになった。彼が用いる「もろもろの身分」（Stände）は中世的な階級の秩序である支配階級（bellator）・僧侶階級（orator）・労働階級（laborator）を意味していない。身分は神により与えられているゆえに高低の区別はなく、職分による機能的な区別があり、身分は「組合・教団」（Orden）、「施設」（Stifte）、「職務・官職」（Ämter）、「階級制度」（Hierarchie）などによっても言い換えられる。したがって多数で多様な諸身分があり、「神はその主人で多くの使用人をもっている」（WA. 30, II, 570, 3）と考えられていた。それらは三つに大別され、Priesterstand, Ehestand, weltliche Obrigkeit または oeconomia, politia, ecclesia とされ、これが「諸秩序」（ordines）と呼ばれていた（WA. 43, 30, 13）[25]。そしてこれらの諸身分は神によってその御言葉の中に創始されているから「神的な秩序と身分」（göttliche Ordnungen und Stände）であるがゆえに、聖なる秩序として尊重されなければならないと説かれている[26]。もちろん神により立てられているから、すべての身分は等しい価値をもっており、相互に協力し合って仕えるよう定められている。こうして諸身分は一体となって秩序・法・平和を現世において確立する。そのため国々の法秩序も役立っている。だが、法は時代とともに変化しても、諸身分の構成は本質的には変わらない。「神はそのような諸身分について、それらが存続すべきであるとみなしたもう。さもなければ世界は存続しえないであろう」（WA. 31, I, 400, 1）。

ルターは諸身分が神により創始されたのは「神と世界に奉仕するため」（WA. 30, II, 598, 33）とみていることから、彼は兵士の身分について「それは愛の律法に発源する職業である」（WA. 19, 657, 26）、つまり隣人に奉仕するためだと言う。それゆえ、そこには何が正当な身分であり、何がそうでないかの判断の基準が同時に与えられている。したがって神の意に反する、罪となる身分もあることになる。こうして存続すべき秩序からの批判に諸身分はさらされていることになる。これらの身分は職分と等しく、人は複数の身分をもち、多くの社会関係の中に生きている。したがって、各人はそれぞれの身分にあって神と人とに奉仕すべきであり、その職分の遂行により、神の意志を具体的に実現すべきである。こうして身分は職業と同じ意味をもち、プロテスタントの倫理がここから形成されてくる。

したがって倫理は単に人格としての自己完成におかれているのではなく、人間が自由と愛とをもって肯定すべき神の秩序にたいする服従となっている。[27] というのは、律法は生を形式するものではなく、むしろ与えられた生の秩序としてキリスト者に対してもなお意義をもっているからである。この秩序は神からの所与であり、この根源的な人間関係を理性によって追求すべきなのであって、近代の社会契約説のように理性によって造られるものではない。したがって統治者の階級や父長、男と女、親子の関係は神から与えられた人倫の秩序として理性によって探究され、決断的にその真の姿に向かって形成されなければならない。[28] 人間社会の諸関係は本来的な秩序からの呼びかけとしてわたしたちに迫って来ており、社会における「諸秩序」（ordines）は神のもとにある「秩序」（ordo）へ向かってわたしたちの決断を求めているといえよう。これがルターによって再建されたと考えられる「愛の秩序」の思想ではなかろうか。

第五章　パスカルとキルケゴール

はじめに

アウグスティヌスに発し、中世スコラ哲学において継承されてきた「愛の秩序」の思想は、一六世紀の宗教改革者ルターにより批判された点をこれまで考察してきた。そこには自己愛についての透徹した反省と自己認識の深まりが決定的役割を演じていた。このように批判され否定された伝統的な「愛の秩序」を同じく徹底した自己愛に対する反省をもって再建したのは、一七世紀に活躍したパスカルであり、近代的な自我の立場のみならず、新しい自然科学的理解により「秩序」の思想も大きく変化するにいたった。そこでまずパスカルにおける愛および秩序の思想がどのようにアウグスティヌスを受容しながら新しく発展しているかを考察する。さらに愛に独自な動的発展が、キルケゴールによって実存的に深められることにより実存弁証法が形成され、愛や情念における独自な法則性が理解されるにいたったかを明らかにしてみたい。そのさい主としてパスカルを扱い、キルケゴールはそれを補足するかぎりで取り扱う。なぜなら、「愛の秩序」の思想はアウグスティヌスに発し、パスカルを経て、シェーラーへと発展し、その思想上の発展をわたしたちがいかに理解し、今日の状況の中で反省すべきかが、重要な課題となっているからである。

一　パスカルにおける愛の情念

パスカルの『パンセ』の中には愛の情念が見事にとらえられており、わたしたちが問題としている「愛の秩序」についても注目すべきいくつかの思想的発展が見られる。そのさいパスカルは愛の現象そのものがもっている独自の法則性を指摘している。たとえば恋愛の空しさを鋭く指摘する有名な断章をまず引用してみよう。

「人間の空しさを、底の底まで知りつくしたいと思う人は、恋愛の原因と結果を、じっくり観察してみるだけでよい。その原因は、〈なにやら得体の知れぬもの〉（コルネイユ）であり、その結果ときたら、それこそ実におそろしい。この〈なにやら得体の知れぬもの〉、見わけもつかないほど小さなものが、全地を、王侯を、軍隊を、全世界をゆるがす。クレオパトラの鼻、それがもう少し低かったら、地球の全表面は変わっていただろう」(1)。

パスカルは「恋愛の原因と結果」が通常の因果律によっては計りえない運動となっている点を指摘し、極微なものが極大な結果を生みだすと言っている。実際、恋愛の秘めごとが全世界をゆり動かすのはクレオパトラだけではなく、トロイア戦争のヘレネもそうであり、そこに恋愛のはかり知れない力がある。実際、パスカルは青年時代に一時社交界に出入りし、このような恋愛の悲喜劇を経験しつつ、つぶさに観察し、三一歳のころ『愛の情念について』という小冊子を書き残した。その冒頭に「人間は考えるために生まれた」とあるのを見てもわかるように彼はデカルトの影響を受けている。このように語りながらも、「人は愛なくしては一と時も生きることはできない」といって同時に愛の情念の重要性を強調している。彼によると「純粋な思考」といった反省の生活は単調で疲労困させてしまうので、「人間には、動揺や行動が必要であり、ときには情念にゆさぶられる必要がある」[2]。だから「恋愛にはじまり野心に終わる生活」がのぞましいと説いている。したがってデカルトの影響はこの著作の書き出しだけであり、「恋愛は才気（エスプリ）をもたらす」ことが力説されている[3]。

パスカルが愛の情念の中でとくに注目するのは愛の空間性である。すなわち愛をいだくと大きな尊敬の心がおこり、愛する人を大事にし、愛する者のほか何もいらなくなり、「自分自身から外に出て行くとき、その分だけ自分の心の中に他の人のための空席をつくりだす」[4]。こうした他者への愛着や執着は自己を忘却させ、自己をあげて他者に向かう献身のゆえに、愛の空間性が心中に生じ、人をしてその人の中に入らざるをえなくさせる。この愛の献身を受け取った人は与えた人の中に入っていき、愛し返さざるをえなくなる。なぜならパスカルに言わせると「取っただけのものを返すのは、当然である」から。

このような愛の運動に備わった心理学的法則性の発見は画期的であった。愛の情念は理性の合法則性を突き破りながら、そこにある一つの法則性を示している。パスカルはこの心情の法則を見事にとらえており、たとえば次の情熱についての考察にもそれはうかがえる。

「恋愛をすると、財産のことも、両親のことも、友人のことも忘れてしまうと語った人がいるが、わたしはこの人の意見に賛成だ。大きい愛情は、そこまで行ってしまうものだ。恋愛においてそこまで深く入りこんでしまうのは、愛する者のほかにはなにも要らないと思うからである。心はみたされている。もはや、心配や不安の入りこむ余地はない。情熱は、ここまで過度でなければ、美しいとはいえない。こうして、人はもう、世間のうわさも気にかけなくなる。この行動は正当な理由にもとづくものだから、なんら非難されることはないのだと、ちゃんと知っているのである。情熱は、みち溢れる。反省のハの字も入りこむすきまはない」[5]。

愛の情念には反省が入らなくとも、「その行動は正当の理由にもとづく」と言われているように、そこには一つの法則性が認められ、情熱が点火されて過度になると美しい姿へ変貌する運動が把握されている。ここにパスカルは自然法則とは異なる法則性、したがって愛の情念が運動を起こす理由と法則性のあること、つまり情緒的なものの法則性を捉えようとしている。

パスカルがこのように愛の情念を把握している姿はキルケゴールと基本的に一致している。キルケゴールは『現代の批判』でヘーゲルを批判し、思惟するだけで情熱や決断力を失った時代を反省の時代と呼び、それ以前の英雄の時代と対比させている(6)。同じ事態はパスカルとデカルトとの比較においても妥当している。パスカルはデカルトの「思惟する存在」(res cogitans) に対し情熱的な激情の生を対決させていて、合理的な生よりも情念の生の方がいっそう高いものとみなしている。もちろんデカルトも『情念論』を書いている。彼は情念を生理学的に分析することからはじめて、倫理的な高邁な精神を説くにいたっていても、合理的な生とは異質な情念独自の世界を捉えてはいない。それに対しパスカルは理性的な精神を原則的に超えている情念の世界を把握しようとする。これまでの哲学は情念をも理性的に見ていたといえよう。プラトンやストア哲学の基本的問題性は情念を理性により支配すべきものとみなしていた点にある。このようにみなすと情念に独自な法則性が捉えられない。つまり理性を最高とみなす立場は情念をその外側から抑制し、理性の法則を、あたかも鋳型を押し付けるように、情念に強制し、服従させようとする。こうして理性の型に情念が押し込まれて行ったのに対し、パスカルは理性の合法則性を超えた情念の世界を発見しており、ここに彼の思想家としての偉大さがある。この情念の世界こそ『パンセ』の説く愛と心の世界であり、そこで発見された法則性こそ「愛の秩序」にほかならない。

それゆえ、この『愛の情念について』の中でもパスカルは愛と理性とを単に分離させないで、愛の中に理性が働いている点を述べ、愛の法則性への道をもこの著作で準備している。すなわち、「人が愛から理性の名を取り去ったのは、不当であった。両者を対立させたのは、根拠のないものであった。なぜなら、愛と理性とは同じものにほかならないからだ。愛は、すべてをよく吟味しないで一方に片寄る性急な思考である。……だから、愛から理性を除外してはならない。両者は引き離すことのできないものである」[7]。理性から愛を除くと、続けて語られているように理性は道具のような「不快な機械」になりさがってしまう。愛と一つになってこそ理性も生ける働きをもつようになる。ここでの思考はある目的に向かって傾倒する愛によって生かされている。このように理性を目的に向かって傾倒させる愛は、アウグスティヌスの表現では、「火の論理」であり[8]、そこに愛独自の法則性が見られる。しかし、パスカルの青年時代にはいまだこの法則性の発見にまでいたらず、単にそれを暗示しているにすぎない。また、理性と愛の情念との分離は『パンセ』において「三つの秩序」として明確にされ、理性の合法則性とは相違した愛の法則性が説かれるようになる。

二　三つの秩序

身体・精神・愛の三つの領域を分割する三つの秩序の主張は、新進気鋭の若き科学者としてのパスカルの中に早くから芽生えていたといえる。それは科学者、とりわけ数学者として直接現実に触れている経験に由来している。この現実はわたしたちの理性的観念を無限に超えており、事実、数学もすべて無限の観念の上に立てられている。この「空間が無限に分割されうることを信じない幾何学者はいない」と彼は『幾何学の精神』で語り、さらに、あらゆる事物には対立する方向の二つの無限、つまり一方は極大の、他方は極小の、無限が存在することを指摘している。二つの方向に向かう無限というこの観念は秩序の非連続もしくは異質な秩序という思想と密接に関連している。このような秩序間の非連続の思想は『数と累乗の和』という論文において「或る秩序（位数）の連続量は、これにそれよりも低位の量を、いかに多く加えてみても、増加しない。かくして点は線に、線は面に、面は体に何も加えない」と語られている。[9] この点・線・面・体の関係は根・平方・立方・四累乗の関係にも見られるし、身体・精神・愛の関係にも妥当する。つまり身体をいかに増加しても、それによっては少しの精神も生じないし、精神の所産を重ね上げても、愛のささやかな動きを起こしえない。これが三つの秩序といわれているものである。彼は『パンセ』の中で次のように語っている。

「身体から精神への無限の距離は、精神から愛への無限大に無限な距離を表徴する。なぜなら、愛は超自然であるから。この世の偉大のあらゆる光輝は、精神の探究にたずさわる人々には光彩を失う。精神的な人々の偉大さは、王や富者や将軍やすべて肉において偉大な人々には見えない。神から来るのでなければ無に等しい知恵の偉大は、肉的な人々にも精神的な人々にも見えない。これらは類を異にする三つの秩序である」[10]。

次にパスカルは愛と心情の秩序が精神と理性の秩序といかに相違しているかを探究している。心情も理性も認識する能力であるが、認識の仕方が全く相違している。「われわれが真理を知るのは、理性によるだけでなく、また心情によってである。われわれが第一原理を知るのは、後者によるのである」といわれ、「原理は直感され、命題は結論される」[11] と両者の働きの相違が端的に示されている。この中でも心情の直観により宗教は与えられるので、それは「信仰の目」とも呼ばれている。[12]

さて、身体・精神・愛というパスカルの三つの秩序は彼の認識論と密接な関連に立っていることがここで指摘されなければならない。科学者として鋭い考察をなしながら、彼は同時に科学と宗教との両立を主張してきた。そこから彼の非連続な秩序の思想が生じてきたのである。彼は人間の認識能力を感性・理性・権威信仰とに分け、三つの能力にそれぞれ対象として感性的事実・自然的な事柄・超自然的現実を対置し、認識論において三つの領域を峻別している。しかし、三つの領域に対しパスカルが共通に妥当するものとみなしているのは自然科学に発する実験の優位であり、「現実の理由」(raison des effets) である。その著作『真空論』により説かれた原理は、実験のみが自然学の唯一の方法であるということで、事実が真空の存在を提示するなら、形而上学の名による真空の否定は偽りの体系であることを証示している。したがって理論は事実に服すべきであり、理性はこの事実を認知し、実在を再構成するのではなく、実在に従うべきである。また理性の能力は幾何学に示されるような定義と論証の術である。「決して誤ることのない方法をすべての人々は求めている。論理学者たちはそこへ導くと言うが、幾何学者たちだけがそこに到達する。幾何学とそれを模倣したものを除いては真の論証は存在しない[13]」とパスカルは言う。これは方法の四教則を打ち立てたデカルトの明証理論と同じ立場である。しかし、パスカルがデカルトと相違するのは人間の認識に関してである。幸福を求めて意志する人間は幾何学の方法によっては捉えられないだけでなく、幾何学自身も自己の知らない諸原理に依存している。つまり先述の理性とは相違した心情に助けを求めざるをえなくなっている。こうして理性の論証と心情の直観との両者が、換言すれば「幾何学的精神と繊細な精神」とが真の方法には不可欠となる。

それゆえ、真理を知るためには、理性とともに心情が必要であり、人間における救済の真理たる宗教を知るためには心情の直観が不可欠である。パスカルはこれらのことに関して要約し、次のように語っている。

「われわれが真理を知るのは、理性によるだけでなく、また心情によってである。……それだから、神から心情の直感によって宗教を与えられた者は、非常に幸福であり、また正当に納得させられているのである。だが、宗教を持たない人たちに対しては、われわれは推理によってしか与えることができない。それも、神が彼らに心情の直感によってお与えになるのを待っているあいだのことなのであって、このことがなければ信仰は、人間的なものであるのにとどまり、魂の救いのためには無益である[14]」。

この心情の直観は宗教の真理を認識するさいに最も重要な働きをしている。「神を直感するのは心であって、理性ではない。信仰とはそういうものなのだ。理性ではなく、心に感じられる神（Dieu sensible au coeur）[15]」といわれているように、心（情）の直観は思惟（pensée）でありながら、神を愛する傾倒であり、この心の根底の上に神の働きは向かい、そこであらわに示される。この心情において認識と情念が相寄り相助ける。このことは先に『愛の情念について』でも説かれていたものであって、真の愛は知性を伴い、真理をその源泉において捉え、この真理に立ち返らすためにすべてのものを秩序づける。したがって心情の直観は既述のように「信仰の目」とも呼ばれ、すべての出来事を福音の栄光に向けて見ることを言う。

それゆえ、パスカルの真理認識の方法は、理性を否定して、その廃絶の上に信仰を立てようとするものではない。理性は幾何学のような確実な論証しかなしえないが、「理性の最後の歩みは、理性を超えるものが無限にあるということを認めることにある[16]」とあるように、謙虚に自己の本分に立ち返っている。この理性は現実を認知する働きをもっており、論理的理性に代わる「現実の理性（理由）」（raison des effets）と呼ばれている。この現実が与えている理由は、論理的理性にとってどのように不可解に映じていても、真であり、事実に合致しており、事実の理由を明らかにしている。聖書の啓示はこのような事実に立っているが、人間的実存の現実にもこのような理由が多く存在している。そこで一つの例として人間の悲惨の現実からその偉大さを推論している点をとりあげてみたい。

「人間の偉大さ――人間の偉大さは、その惨めさからでも引き出すことができるほど、はっきりと見てとれる。

ところで、わたしたちは、動物においては自然であることも、人間においては惨めさと呼ぶのである。そう呼ぶことによって、人間は今日では、その本性が動物とかわらないものになっているが、かつては独自に所有していたもっとすぐれた本性から堕落したものだということを、認めているわけである。いったい、位を退けられた王でもなければ、自分が王でないのを不幸なことと思う人がいるだろうか(17)」。

この「廃王の不幸」のような現実の悲惨から人間の偉大を推論する方法は「否定を通しての間接証明」とも呼ばれているが(18)、ここで推論している理性は現実の理由（理性）を認知し、厳然たる事実の前に膝を屈している。このような事実は社会的歴史的な証拠、宗教の啓示真理の証拠をも含み、人間のわざである概念的思惟はかかる事実に従わなければならない。心情の直観はこの事実の中に真理を知るよすがとなるもの、つまり現実の理由を捉えている。次に心情が真理にいたる具体的道程について心情の秩序、つまり愛の秩序について考えてみたい。

三　愛の秩序とその破壊

パスカルは三つの秩序の相違について語ったばかりでなく、第三の「心」の秩序を愛の現象から把握しようとしている。それは聖書の中に秩序がないという批判に答えた断片に次のように述べられている。

「秩序。聖書には秩序がないという反論に対して——心には、心の秩序がある。精神にも、精神の秩序があり、それは原理と証明とによる。心は、それとは別な秩序を持っている。愛される原因をあれこれと秩序立てて述べてみたところで、どうしても愛されねばならぬという証明はできない。そんなことをするのは、おかしいといえるだろう(19)」。

精神の秩序が論理的整合性によって、つまり原理による証明という幾何学的方法を通して、与えられるのに対し、心の秩序は愛の現象そのものの中にあり、単なる因果性によっては解明できない。ではどのような法則性が愛の中にひそんでいるのであろうか。人が何かを愛するとき、理性によって愛する理由を考えてからそうするのではなく、心がおのずと愛へと傾倒していくからであり、そこに心情の法則性が求められる。彼は次のように言う。「心には、理性の知らない独自の道理がある。このことは、多くの事実において認められる、心が普遍的存在をおのずと愛するようになるのも、自分自身をおのずと愛しているのも、どれだけ心がそこに傾倒しているかにかかっているのだ、とわたしはいいたい。……きみがきみ自身を愛するのは、はたして理性によってであろうか[20]」。このような「独自の道理」というものは心情の法則性であり、心がある目的に向かって傾倒することから生じている。このような心情の法則は聖書やアウグスティヌスにも認められる。

「イエス・キリスト、聖パウロの持っているのは、愛の秩序であって、精神の秩序ではない。すなわち、かれらは、熱を与えようとはしたが、教えようとはしなかった。聖アウグスティヌスも同じである。この秩序は、どちらかといえば、目標に関連のある個々の点にあれこれ目をくばりながら、しかもつねに目標をさし示して行くことを内容とする[21]」。

このテキストの終りに愛の秩序が目標に向けて関連あるものを関わらせていくことであると説かれている。それでは具体的にはどのように行動するのか。パスカルはこの秩序から遠ざかることのないよう一枚の紙片を肌身離さずもっていたが、その初めのところを見るならば、このことはよく理解できる。そこにはこう記されている。「わたしは貧しさを愛する。イエス・キリストもそれを愛されたのだから。わたしは富を愛する。富は、かわいそうな人たちを助ける手段を与えてくれるから。……わたしはそのすべてを神のためにささげたのだ[22]」。ここにある貧しさと富とは矛盾的に対立しておりながら神への献身的愛という目標において秩序づけられている。貧しさをすべての人は嫌悪するが、パスカルはイエスがそれを愛されたゆえに愛し、富はそれに対立していても、自己愛のためでなく隣人愛のゆえにそれへの手段として愛する。ここにイエスの歩みという目標に向けて、その対立物も目標への手段として組み入れるという秩序の働きが愛のわざにより生じている。

このような秩序は愛そのものの中に働いていて、ある目標に向けてすべてのものを整序する機能である。この機能は論理学的な機能、つまり類概念の下に個体を抽象的に包摂する論理的作用ではなく、カントのいうイデーの統制的原理としての使用であり、目的論的合法性とみなすことができる。(23) というのは「心」は人間存在の最内奥にして知的営みの本源であり、感性や理性が分けられる以前の全人間的運動であって、そこには何かにわたしたちを傾倒させる情念があるから。それは熱であり火であって、この力に促されて目標に向かい一切を整序する「愛の秩序」が形成されている。

では、パスカルにとり愛が目ざす目標、目的とは何か。もちろん、それは幸福であり、自己愛である。彼は言う、「人間は幸福になりたいと思う。幸福になりたいことのほかは何も思わない(24)」、また「自分自身をおのずと愛しているのも、どれだけ心がそこに傾倒しているかにかかっている(25)」と。これはアウグスティヌスと同様な思想である。だがパスカルはアウグスティヌスと相違して、幸福が人間の目的であるのを自明なこととみなさない。むしろ「すべての人間が手段だけしか考えず、目的を考えない(26)」と語っている。つまりアリストテレスに従って幸福が最高善であることが前提されており、人は究極目的を先入観によって受け入れていても、神でない一切のものを神と見なし、何でも同じように人間には幸福と見えるようになった。このような悲惨な状態にある以上、神がわたしたちの心に働きかけてわたしたちの愛を正しく導く以外にこの窮地を脱することはできない(27)。

こうして神が目標として確固不動のものとなると、すべてがこの目標に向けて整序されることになる。そうするとこの秩序により同じ素材でも全く別様に解釈され、組み建て直されることになる。[28] この配列はアウグスティヌスが「秩序とは等しいものと等しくないものとの配置にある」[29] という見方と同じであるが、パスカルはこの配列と配置を主体的な愛の秩序づける働きに見ている点に近代的特徴を示しているといえよう。

次に神の愛と自己愛との関係という伝統的な「愛の秩序」の思想を扱ってみよう。先にパスカルにより心の自然的傾倒が自己愛に向かい、幸福を求めていることが指摘された。この自己愛、「自愛の本質、人間のこの〈自我〉の本質は、ただ自分自身だけを愛し、自分のことだけをかえりみようとするものであり[30]」、この愛の対象が欠陥と悲惨にみちているのを知っても認めようとしない自己欺瞞に陥り、いっそう自己偽善にかたまってしまう。パスカルにとり自己愛は「自我」に発し、万事を意のままになしてもなお満足しない「我意」であり、「人をもわたしに執着させる」自己中心的生き方である。このように「自分を愛させるのは罪である」と彼は語っている。[31] そして、もし自己愛が目標を自分の上に立てるならばその愛の秩序は破壊されてしまう。「自分自身に傾くことこそ、およそあらゆる無秩序のはじまりである」[32]。このように彼は自己愛を罪とみなすため、ルターの思想に接近してゆき、まず「我意」の放棄を勧め、信仰により与えられる神の愛は自己嫌悪をもたらす、と前章で解明したルターと全く同一の思想を表明する。[33]

このような自己愛のあり方は共同体との関係で考察され、共同体の一部である自我は共同体の全体に向けて秩序づけられなければならないとみなす。ここからパスカルは自己へ傾斜している愛を正し、「愛の調整」によって秩序へもたらすため、「考える肢体」について熟考するように説いている。[34] まことに各肢体が別々の意志をもつなら、からだは無秩序になり、からだを治めている第一の意志である全体に服すなら、秩序を保ち、善をなしうる。それゆえ、「全体こそすべての肢体が存在する唯一の目的である」ことになるので、「神のみを愛し、自分だけを憎むべきである」[35]と説かれている。ここに既述の愛の秩序の思想、つまり目標に向けてすべてを整序するという考え方が神の愛と自己愛に対しても応用されていることが知られる。しかし、ここでは自己愛に対する否定の契機が強力に説かれており、アリストテレス的目的と手段との関係やアウグスティヌス的享受と使用との関係よりも、いっそう主体的・実存的性格が明瞭に示されている。しかも、肢体とからだとの関係は部分と全体との関係よりも有機的であるため、肢体はからだ全体の部分であるのみならず、生命的一体のうちに全体を理解し、意志することができる。だから共同体の全体への愛によって自己愛を秩序づけ、それを厳格に実行するためには自己を憎まなければならないと説かれた[36]。

パスカルはルターと同じく自然的な愛が自己愛のゆえに神をも他者をも愛しえない点を力説し、まず自己を憎むという自己否定によってはじめて真の愛が成立すると説いている。さらに近代が進んで一九世紀の中頃になると、パスカルと同じく自然的な愛の自己否定に立って隣人愛を説いたのはキルケゴールであり、彼がこの点を最も鋭く追求している。そこでキルケゴールの説く実存弁証法と愛の秩序とはどのような関連に立っているのか、そして隣人愛はいかに理解されているのか、この二点を次に考察してみたい。

四　キルケゴールにおける愛の三段階

愛の秩序が近代においてパスカルにより新しい観点から再形成されてきたのをこれまで考察した。それはまず身体と精神から全く異質な心情の領域に求められ、次に、愛の秩序には目的に向けてすべてのものを機能的に関連づける作用が認められたのであった。しかし、次の二点が問題として残されていた。第一に身体・精神・心情という三つの秩序は分離されたままであり、実際には共働している点が認められていても、パスカルは三者の関連を十分に展開しなかった。また、第二に愛が自己をそこへ向けて秩序づける目的もしくは目標は、幸福や神として論じられてはいたが、その目標と身体・精神・心情という三つの秩序との関連が明確にされてはいなかった。ある価値を絶対的なものと信じ、この価値に向けてすべてを整序する行動様式はウェーバーにより「価値合理的」(wert-rational) と規定されているが、その際の価値は主として精神的な価値 (美的・倫理的・宗教的価値) が考えられている。このような美・善・聖という価値を目的とする行動の全体的秩序づけはパスカルにおいてはいまだ見られなかった。これらの二点について原理的に新しい思想を発展させながら、先に指摘した隣人愛の問題を深く追究したのがほかならぬキルケゴールであった。

そこで隣人愛について述べる前にこの二つの問題点を非常に明確に説いたキルケゴールの実存弁証法についてわたしたちの主題に関係する範囲内で考察してみたい。

キルケゴールは自己の時代を「解体の時代」と呼んだ。(37) 一七世紀のパスカルの時代とは相違して一九世紀の特徴は、この言葉に端的に示されているように、人間がもはや自分の生を秩序づけてゆくべき絶対的目標をもたず、科学的哲学的自己確信のゆえに永遠の価値に対する信仰も失われている点に求められる。ルネサンス以来次第に顕著になってきたこの傾向は哲学ではヘーゲルにおいて頂点に達し、絶対知により真理の全体を捉え、人間の知は神の知に等しくなる。彼はまた倫理学において国家を最高の法廷とみなすことにより、超越的世界に対する信仰から人間を切り離し、人倫的な組織としての国家を偶像化する道を拓いた。こうして永遠への信仰が失われ、人間が歴史的に規定された時間的産物にすぎないとみなされた。これに対決し、キルケゴールは実存の深みから「わたしにとって真理であるような真理を発見し、わたしがそのために生きそして死にたいと思うようなイデーを発展することが必要なのだ[38]」と若き日のギーレライエの手記にしるしている。このように一切を時間の中に解体していく時代精神に対抗して、キルケゴールは人間は信仰によってのみ永遠なる真理を自己のものとなしうるというキリスト教の主張を対置する。ここから時間と永遠、有限と無限、身体あるいは魂と霊、必然と自由という二つの全く矛盾する対をなしている普遍的本質により人間が構成されていると説かれるようになった。

ここでは人間の構成について最も簡潔に述べられている点にまず注目してみよう。『死に至る病』の中で次のように語られている。「人間はだれでも、精神たるべき素質をもって造られた心身の総合である。これが人間という家の構造なのである[39]」と。これが身体（Leib）と魂（Seele）との総合としての精神（Geist）である。この精神は彼によると「一つの関係」（ein Verhältnis）であり、関係の中の項として時間と永遠、有限と無限、必然と自由があげられている[40]。しかし、このような二つの項から成る対《つい》の関係は身体と魂という人間学的基本構造が前提されていてはじめて成立している。そうすると身体と魂という二元性に立って精神が時間と永遠との関係に対し決断的に一つの態度決定をなすとき、精神の特質が明らかになってくる。そのさい永遠は時間より価値が高いし、双方の関係が正しいときには高いほうが他に対し先導的でなければならないのであって、ここに人間は相互に矛盾した二つの要素をあるべき姿に総合する実存的課題の前に立たされているといえよう。

さて、実存の三段階的発展という弁証法はこの総合の仕方の発展を述べたものである。そのさい、まず人間は時間的な目に見える世界に没入することができる。それが審美的段階である。次に人間は時間的なものにのみ関与していないで永遠を求め、それと結びついて時間と永遠との総合を試み、倫理的段階から宗教的段階に移行することができる。もちろんこの総合が不均衡になり絶望に陥る危険性がそこには常に伴っている。

さて、実存の第一の審美的段階は主として『あれかこれか』の第一部において探求されている。この段階を説明するのにキルケゴールは性的なもの、エロース的なるものに対する関係を好んで用いている。彼の定義によれば、性的なものは「総合の一極端の頂点」、「総合の極点」、「感性的なものの極限」であった。[41]その最低段階を叙述するためにドン・ジュアン、ネロとカリグラなどの生き方が典型的な実例としてあげられている。審美的段階は『人生行路の諸段階』の第一章「酒中真あり」で再度詳しく論じられ、登場する男性が永遠なるものを否定したときに女性に対して抱く考えが語られる。このプラトンの『饗宴』とよく似た作品で愛が多様に語られているが、プラトンでは永遠的で精神的な方向に話が展開するのに対し、ここでは反対に精神からその欠如態に離れてゆく。この審美的なものの極限は悪魔的であり、時間の中に完全に結びついて永遠を遮断する事態が解明されている。

第二の倫理的段階では永遠的なるものが倫理的要請をもって人間に現われ、人間も自己に目ざめてその要請を時間の中で実現しうると確信する。この倫理的当為は理性の命令として心に迫り、永遠的意味をもつ自己に目ざめさせる。しかし、この段階の頂点は、人間がいかに時間的なものにしばられ、自己の力が無力であるかを洞察するところにある。『あれかこれか』の第二部は倫理的段階がもたらす新しいものについて述べ、永遠なる自己を発見し、「自分の永遠なる価値を意識する瞬間こそ、何にもまさって意味深い時であり」[42]、人格としての自己の発見であると語っている。そして倫理家は時間の中で時間と永遠との総合を創造しようとする。たとえば結婚を現世的にではなく、愛の生命の原理として考えうる最高の標準に従って意義づけようとする。そして『人生行路の諸段階』では理想の結婚は困難であることを感じはじめていても、結婚は恋愛のより高い表現であり、個人的存在の最高の目標とみなされている。しかし同書の中の「ある苦悩の物語」においてキルケゴールは婚約者であったレギーネとの関係を説明する目論見から恋愛と結婚の問題を取り扱い、レギーネに対し婚約を破棄したことに責めがあるかないかを論じている。こうして倫理的段階は本質において通過する領域であり、その最高の表現は「後悔」であるという。彼は実存の三段階に言及しながら次のように言う。

「実存の領域は三つある、すなわち、審美的な実存領域と倫理的な実存領域と宗教的な実存領域とである。……倫理的領域は単に通過する領域にすぎない、したがって、倫理的領域の最高の表現は、消極的な行動としての後悔である。審美的領域は直接性の領域、倫理的領域は要求の領域（そして、この要求は無限に大きいものであるから、個人はつねに破産する）、宗教的領域は実現の領域である。……倫理的領域は、一度で決定的に通過してしまうわけではないものの、通過する領域であるし、後悔はこの倫理的領域の表現であるから、したがって後悔は最も弁証法的なものである[43]」。

キルケゴールは元来宗教的な性格をもっており、結婚を人生の最大関心事とみなすような人間的で倫理的な立場の外に身を置くように運命づけられていた。そのためレギーネに対し結婚の倫理的要求、つまり互いに完全に信頼し合うという要求が不可能な状況に追い込まれ、深く傷つき、宗教的段階に進むことを余儀なくされた。彼は最初エロース的な直接性によってレギーネの虜になった。しかし、そこから一歩も出られないのに気付いて次のように語っている。

「彼は相手の娘を見て、エロス的な印象を受けるが、それ以上には出ない。……彼はエロス的なもののなかにはいっているのに、事態を倫理的にとらえていて、その一方では彼の魂のなかで宗教的な可能性が絶えず深まってゆく。そして、この宗教的な可能性は、彼は知らずにいたのだが、すでに彼の最初の人生観のなかに含まれていたのである。倫理的なものは彼にとって現実のなかで明らかにわかってくる。そして彼は難破する[44]」。

したがって三つの段階は倫理を通過点としてエロースの直接的愛から宗教的なアガペーの愛の生命に移るプロセ

スをなし、この移行が最も重要な問題となる。最終段階への移行はここでは「後悔」であり、「後悔することは、何かあるものから離れるとか、あるいは、何かあるものへ向かってゆくとかいう積極的な運動ではなくて、内部へ向かう運動である。後悔することは何か行為することではなくて、自分自身によって自分の身に何かを起こらせることなのである」[45]といわれる。もちろん、後悔により神との信仰の関係に入る一つの飛躍が生じるゆえに、移行は単なる思考上の論理ではなく、質的変化を伴う現実的な愛の生成でなくてはならない[46]。

キルケゴールが主張する「質の弁証法」は一般的には実存の三段階の発展をいう。この実存は論理的な思弁によってでは何も説明されない。実存は愛と同様人間の生き方に関わっており、キルケゴールはそこに量的発展でなく質的に飛躍する運動の法則性を捉えている。この法則性はパスカルの愛の秩序と同様、神の前に立つ実存を目標としている。これが宗教的段階であって、審美的段階と倫理的段階を通って発展する。この三つの段階を美・善・聖という精神価値に置き換えることは必ずしもできないが——なぜなら審美的段階は直接的感性により規定された、自己に目覚めていない生のあり方で、芸術的価値を絶対視する立場ではないから——それでも価値が次第に高まっていることを示し、愛こそこの運動の根源になっている。

このようにパスカルで身体・精神・心情として説かれた三つの秩序はキルケゴールにおいて身体と魂との総合としての精神という形でダイナミックに統一され、この精神が時間と永遠とに関わる仕方から三段階的に発展するものと説かれた。ここにパスカルからキルケゴールへの愛の秩序の思想史的発展があると理解することができよう。

次にキルケゴールの隣人愛について考察してみたい。

五　キルケゴールにおける隣人愛

キルケゴールの大作『愛のわざ』は彼自身が「多くの考察の結実」であると言っているように、キリスト教的な高いパトスによって貫かれ、宗教的愛を他の人間的な愛と比較している。倫理的段階から宗教的段階に移るとき、また宗教的段階のうちで移行の生じるとき、そこにはたえず神と人間との質的差異が説かれ、しかも永遠と時間との絶対的距離が力説されていた。そのとき「愛のほかに人間の時間と神の永遠とを結びうる何があろうか。……愛こそまさにかく永遠を結ぶ紐帯なのである」(47)と説かれていた。だが、永遠と結ばれた愛は感性的な愛でも、自己愛でもない。実存の根底に愛の隠された場所があり、「人間の最も奥深き内面に愛の生命の出できたる場所がある。……静かな湖が、底深く人間の眼には隠された泉にその基底をもつように、人間の愛も、それよりもなおいっそう深い神の愛にその基底をもっている」(48)。この神秘に満ちた愛の根源はうかがい知ることはできず、ただ受容しうるにすぎないが、この神の愛に根ざした愛は隣人愛として与えられている。ここから見るとエロース的直接的な愛は利己愛にすぎず、利己愛の陶酔だけが自分よりも他人を愛するとか、時には神よりも君を愛すると言わせる転倒したものとなっている。したがって恋愛は美しい陶酔にすぎず、間違った飛翔にいたらざるをえない。それが利己愛に陥りやすいのに対し、キリスト教の説く愛は「自分と同じようにあなたの隣人を愛しなさい」という戒めによって、利己愛の城の扉を開き、それを引きずりだし、人から剝奪していると語っている。

次に隣人の概念が検討され、もしそれが自分に近い者であるとしたら、隣人愛は利己愛となってしまうがゆえに、自分が自分に近いのと同じだけ自分に近い存在をそれは指し、「隣人とはあなたの固有の自己の二重の存在である」

と彼は言う。つまりわたしたちが他者に面する場合の「対他存在」が「隣人」としてのわたしであり、かかる隣人であろうとしないで「対自存在」のみとなると、「そこに自己愛の利己的なものが啓示されるような〈場〉なのである」[49]。こうして隣人とは、ルカ福音書第一〇章のサマリア人の譬話が物語っているように、他者に対する自己の主体的関わり方をいうのであって、パリサイ人が答えているように「あわれみを施した人」という知的に知られる存在ではない。それゆえ「キリストの語り給うたことはつまり、だれが隣人であるかということを知るということにかかわる問題なのではなくて、サマリヤ人がその慈悲深い行ないによってしたように、自分自身が隣人となるということ、自分自身を隣人として示すということにかかわる問題なのである。なぜなら、サマリヤ人はこの行為によって、襲われた人が自分の隣人であったことを示したのではなくて、自分が襲われた人にとって隣人であったことを示したからである」[50]。

ここで教えられている隣人はわたしが他者に向かう対他存在のあり方であって、自己が他者に対し隣人となる愛自体のわざに関わっている。したがってわたしがすこしでも自分の方に偏向しているならば、それは利己愛となっているし、対象の特性によってわたしが引き寄せられる場合には、そこに利己愛がしのび込んでこざるをえない[51]。したがって隣人愛は「各々がそれ自身で永遠に精神として規定されているという二つの存在者のあいだの愛である」[52]と規定されている。それゆえ、隣人愛は恋愛や友愛とは相違しており、恋愛や友愛のような本性の類似性や相似性にもとづいているのではなく、「精神的な〈自己〉という意味で〈自己自身〉となって」はじめて可能になる。そこでキルケゴールは恋愛・友愛・隣人愛の相違を人間学的に次のように規定している。

「恋愛において自我というものは感性的－心的－精神的に規定され、恋人は感性的－心的－精神的な規定となる。友情において、自我は心的－精神的に規定され、友人は心的－精神的な規定となる。ただ隣人への愛においてのみ、愛するところの自己が精神として純粋に精神的に規定され、隣人は純粋に精神的な規定となる」[53]。

ここに示されている三つの愛は①「恋愛（Minne）＝感性的－心的－精神的（sinnlich-seelisch-geistig）」②友情（Freundschaft）＝心的－精神的（seelisch-geistig）③「隣人愛（Nächestenliebe）＝精神的（rein geistig）」に区別されている。そのさい感性的なわたしは感覚的対象の特性により強く引き寄せられるが、心的なわたしは身体的な対象よりも内的な心理的特性により影響を受けている。しかし、精神的なわたしは対象の特性から自由になって人格的に相手の存在自身に関わっている。こうして愛は恋愛・友愛・隣人愛において相手の対象的存在から次第に自由になり、愛がそれ自身において自発的に他者の存在自身に関わり、相手の人格的価値を高めてゆくことになる。ここより愛は相手のより高い価値に向かう性質をもっていることが明らかになる。もちろん愛がこのように高まっていくためには自己否定により「純真となる変化」が恋と友情との利己感情に対して起こらなければならないし、「永遠の革新[54]」によってすべての人を愛さねばならないという愛の義務を負う者とならなければならない。ここにおいて愛は義務として規定されるようになっている。こうした自己変革は愛の段階的発展を導いていて、そこに愛自身の発展があることをキルケゴールが説いている点にパスカルの愛の秩序を補う優れた思想が見られる。

このような愛のわざは『キリスト教の修練』にいたると最高点に達している。キリスト者の歩むべき道の最高段階は愛の献身の極致としての殉教である。この点についてマランツクは言う。「人生の価値の序列は殉教をもって完成した。キルケゴールは、価値の解体に抗して戦いを始めたのであったが、ついにキリスト教的殉教を最高位に置く価値の序列を据えるに至ったのである。殉教でもって時間性と永遠性の総合の最終段階は到達されたのである。この段階において、人は自分の時間的願望を斥けて、完全に神のための道具になったのである」[55]。事実、キリスト教的愛の本質は自己犠牲的アガペーであり、神への完き献身においてその道具となることであり、キルケゴールも教会闘争の真っただ中で路上に倒れたとき、この愛の使命を果たし終えたのである。

キルケゴールのこのような価値序列はもっぱら愛の三段階的発展の中から形成されたものであり、パスカルの愛の秩序を現実に向けて具体化したものである。それはキリスト教信仰によって導かれており、著しく宗教的特質をもっている。愛は絶対的価値への信仰に発源している以上、宗教的性格をつねに伴うが、献身という愛の特質や性格が普遍的本質としてどのような愛の現象にも含まれているかが解明されなければならない。この問題に現象学の方法を駆使して迫ったのがマックス・シェーラーであった。

第六章　マックス・シェーラーにおける愛の秩序

はじめに

現代の人間学の創始者マックス・シェーラーは倫理学を中心として人間学・哲学・社会学・心理学・宗教学にわたる広範な学問領域において大きな成果を収めている。彼は現象学の方法を駆使して伝統となっている世界観的に固定化した思考の枠組を突破し、現象にどこまでも忠実に従いながら事態の本質に迫っていく。彼が自分の思想体系の要として考えていたのはわたしたちがこれまで探求してきた「愛の秩序」(ordo amoris) であり、これが晩年においてはその思想の全体を統一するライト・モチーフとなっていた。(1) シェーラーの思想の中心をなすこの思想を、単に彼の未完の遺稿『愛の秩序』(Ordo Amoris 一九一四—一六) から解説するのではなく、倫理学上の主著である『倫理学における形式主義と実質的価値倫理学』(以下『倫理学』と略称する) および『共同感情の本質と諸形式』(以下『共同感情』と略称する) にもとづいて彼の思想を全体的に考察しながらその特質を指摘してみたい。

なお、愛の秩序という思想は、すでにこれまで考察してきたように、遠くアウグスティヌスに淵源し、パスカルにより近代の初めに継承され、現代ではシェーラーやヒルデブラントにより倫理学の中心に据えられている。それにもかかわらず、これまで日本ではほとんど注目されてこなかった。(2)

一　愛の現象学的規定

愛はプラトン以来人間の理性活動の根源であると語られてはいても、この根源的力そのものは理性により認識しうる性質のものではなかったし、ましてやその本質を把握することは困難であった。シェーラーはこの困難な問題に現象学の方法によって立ち向かっている。(3) 実際、元来は定義できない愛の本質が現象学によってどのように解明されているかが問題であり、たとえ概念化できなくとも、わたしたちの経験において現象してくる愛の本質を確定できる仕方を初めに問うてみたい。

シェーラーは大著『倫理学』において、カントを批判しながら彼独自の「アプリオリに実質的な倫理学」を構想し、「価値現象学」もしくは「情緒的生活の現象学」を提唱した。ここからわたしたちの問題とする「愛の現象学的規定」も明確になってくる。

シェーラーのカントに対する批判は、アプリオリなものと思考されたものとの同一視、つまりアプリオリ主義と合理主義との同一視に向けられる。この同一視によって精神の情緒的な作用にあるアプリオリな側面が全く無視され、倫理学から排除されることが生じている。これに対決して彼はパスカルの「心情の秩序」(ordre du coeur) や「心情の論理」(logique du coeur) の主張を引き合いに出して情緒的生の現象学を次のように説いている。

「感得、先取、愛、憎しみなど、精神の情緒的なもの、および意欲も、〈思考〉から借り受けられるのではないような、そして倫理学が論理学から全く独立に提示すべき、或る根源的にしてアプリオリな内実を有する。ブレーズ・パスカルが適切に述べているように、或るアプリオリな〈心情の秩序〉あるいは〈心情の論理〉が存在する。ところが〈理性〉という語は――そして特に、それがいわゆる〈感性〉と対置させるときには――、この術語がギリシア人たちによって鋳造されて以来、精神の非論理的でアプリオリな側面をではなく、おおよそその論理的な側面だけを表示する。こうして、たとえばカントは〈純粋意欲〉をも〈実践理性〉に、あるいは実践的にはたらいているかぎりでの理性〈一般〉に還元し、そのため意志作用の根源性を見誤っている」[4]。

たしかにカントの合理主義は理性の根源性にのみ立脚していて、同時に意欲や情緒の根源性を認めず、感得や情緒の作用を感性に属するものとみなして、倫理学からそれらを排除している。これに対し、シェーラーは理性と感性との誤った二元論を徹底的に破棄し、アプリオリに実質的な倫理学を構想し、この新しい倫理学を情緒的生、つまり愛のうちに基礎づけたのである。こうしてフッサールがノエシスと呼び、純粋意識における知的プロセスとして解明した志向体験は、いまやシェーラーにおいては情緒的生の体験となり、感得（追感得）、共同感情、愛と憎しみといった情緒的生の存在論に立つ新しい認識が開かれたのである。そこでは対象と志向体験との間に本質連関が成立しており、現象学の最高原則が規定されている。それはカントの超越論的な認識とは全く相違している[5]。

したがってノエシスとノエマ、経験対象と主観的経験種、現象存在とその知識とは、すべての現象学者と同じくシェーラーにとっても、相関項として直接連関し相互に指示し合っている。彼は現象学的判断中止、いわゆるエポケーを用いないで、現象学的直観をなまの形で直接提示している。

それでは主題に立ち返って愛の本質がどのように把握されているか考察してみよう。

二　愛の本質と価値世界との関連

先にシェーラーはパスカルが説いた「心情の秩序」や「心情の論理」に依りながら情緒的生の現象学への道を指示していた。この点が力説され、パスカルの言う「心情はその理由（理性）をもっている」（Le coeure a ses raisons.）にもとづいて彼は「純粋な論理学と同様に絶対的ではあるが、決して知的法則性に還元されえない、感得すること、愛すること、憎むことの永遠的で絶対的な合法則性」を「心情の秩序」において把握しようと試みている。この「合法則性」は理性や悟性による知的合法則性には還元できないので、悟性には完全に閉ざされたような経験の仕方で、つまり「耳と聴力が色彩に対して盲目であるように」、悟性には不可解な合法則性が一つの秩序として与えられている、と彼は主張する。(6)

さらに、このような合法則性は『共同感情』において愛憎の現象学的考察により解明される。愛憎作用の本性はブレンターノが説いたようには価値認識の領域に属していない。したがって「愛と憎しみは認識作用にはかぞえられない」(7)し、価値認識を基底づけていても、価値認識そのものではなく、その志向対象は価値よりも「価値を含んだもの」（etwas, das werthaftig ist）であると批判している。(8)

このような愛憎の特性はパスカルの『パンセ』（ラフュマ版六八八）に立脚しており、愛憎の「理由づけ」を釈明するさいの異様な戸惑いの指摘もパスカルの有名なクレオパトラの断章にみられる「なにやら得体の知れぬもの」（コルネイユ）たる恋愛の原因として説かれている事態にもとづいている。したがって相手の価値を認めた上で距離をもって関わる「尊敬」では対象に対する根源的距離が前提されているのに、愛憎には対象的な観察が欠けており、「情緒的態度の根源的で直接的あり方」が現われている。[9] だから愛したり憎んだりする作用は相手が優れた特性、美しいとか才能があるといった価値のために起こるのではなく、相手の存在自体に向かう「根源的・直接的あり方」にほかならない。それゆえ愛と憎しみは「事物の個体的中核」と「価値中核」へ向かっている。[10]

愛憎は相手の特性という評価可能な価値を超えて直接人格に関わるため、合理主義者からは「盲目」のようにみえるが、理性の評価する目とは別の精神の目によって、より高い人格価値をみることが可能である。それゆえ、「愛と憎しみのなかには、〈理性〉の明証性によっては測りえない独自の明証性が存在する」。[11] この明証性は観察されたデータからの帰納によって増大も減少もしないし、すべての偶然的なあり方に対しアプリオリに妥当している。したがって愛は経験的法則を超えた本質法則をもっており、あらゆる差異の中にあって同一であるような、究極的に同一である行為の本質を示している。

では、そのような愛の本質とは何であろうか。まず、愛と先取とを対比させてみると、先取においてはAとBとの二つの価値を前提した上で、二つが比較され選択が行なわれる。それに対し、愛はまず多数の価値を前提せず、一つの価値でも生じうる。次に、愛は対象に向かう志向運動であって、ある対象のうちに与えられた価値Aから出発していって、その対象の中にあるより高い価値Bを出現させる運動であり、このより高い価値の出現は愛との連関のなかで生じている。愛が相手の人格に関わりながら、その価値を発見し、より高い価値へと相手を高め、価値領域を拡大していくのに反し、憎しみの方は、反対により低い価値へと相手を貶め、価値領域を縮小させていく。ここに愛憎の自発性と価値の発見的作用とがあって、この根源的働きの上に価値感得や価値先取が基礎づけられている。それゆえ愛は本質的にすでに与えられているものを超越して、より高い価値に向かう運動である。[12]

したがって愛の本質は「愛される対象のもつより高い価値の可能性を目ざす運動」という作用の中に明らかに現

象している。しかし、愛はより高い価値を何らかの対象の中に探求するのでも、価値を高める努力でもなく、またより高い価値存在を創造するのでもない。それはより高い価値を相手に生みだすべく関わる創造的な運動であり、憎しみはそれに対する破壊的な働きなのである。こうした愛の動的で創造的性格は次のように定義される。

「愛とは、価値をになうあらゆる具体的・個体的対象が、その対象にとって、またその理想的使命にしたがってありうる最高の諸価値に向かう運動、あるいは、その対象にとって本来的である自己の理想的な価値存在に到達する運動である」[13]。

愛はより高い価値の存在を創造しないが、愛の中でより高い価値が現われ出てくる（nie schaffen, erscheinen）という点こそシェーラーの画期的な発見ではなかろうか。だから、より高い価値が輝くようにする創造的運動が愛にほかならない。この愛の運動において「はじめて対象もしくは人格のより高い価値が突如としてきらめきでてくる」（der höchste Wert eines Gegenstandes oder einer Person erst zum Aufblitzen kommt）、また「愛においてはじめて高い価値がきらめきでる」とも言われている[14]。『愛の秩序』ではこの愛の運動を超越性において捉え次のように述べている。「愛は、愛するさいに、それが手中におさめ所有しているものをつねに幾分越えて広く愛し、かつ観る。愛を解き放す衝動の力は疲れることがあるにしても、愛そのものは疲れることはない。この〈心を高くあげよ〉（sursum corda）、これが愛の本質であるが、これは価値領域の種々の高さの局面において根源的に異なった形式をとりうる」[15]。このように愛がより高い価値に向かって超越する運動であるのに、衝動の方は対象の感性的享受のうちに消滅していく。しかし、この消滅してゆく衝動のもとにあっても精神的対象に向かう愛の方は人格愛の高みに向かう超越となり、「所与のものを越えてつねに少しばかり遠方へと促す」運動を生じさせている。この超越の運動によって愛は階層的秩序を構成している客観的価値世界と密接に関わっているだけでなく、愛の超越的運動ともに価値世界の秩序が愛の中に反映し、その具体的歩みの中に各人の「愛の秩序」が形成されている。

この客観的な価値世界は精神価値・生命価値・快適価値・有用価値という価値の位階（Rangordnung）として『倫理学』において明瞭に説かれている。しかも価値序列についての五つの標識をもって価値世界は普遍妥当性をもつものとして提示される。(16) この価値世界という客観的コスモスをわたしたちの心情に反映させているのが「愛の秩序」である。これが各人の心に具体的にどのように形成されているかという問題に入る前に、愛と共同感情、愛と衝動、愛と認識の三つの問題を解明しておかなければならない。

三　愛と共同感情

他者に対する愛には共感が含まれているが、愛と感情との関係はどのようになっているのであろうか。この問題を解明した点でシェーラーの功績は正当に評価されなければならない。愛に最も隣接している概念であって、情緒的生活に属しているものは、共同感情（Sympathiegefühl, Mitgefühl）である。この語は一般的に「共感」とも「同情」とも訳されているが、ここでは「共同感情」の訳語を使用する。情緒生活においては因果律や知的合法則性とは異質の心情の明証性が求められていた。表象・思惟・意志によってもたらされる合法則的明証性とは原理的に異質な心情の合法則性は、自己や他者との間に生じる共同感情の中にも認められる。というのはこの感情は愛と同様に人格間の生ける関連において生起しているからである。

「情緒的生活の成層のために」（『倫理学』第二部第五章第八節）においてシェーラーは感情の四段階を区別している。第一は感性的感情であり、第二は生命感情であり、第三は心的感情である。この第三の段階において悲しみや喜びのように自己自身に直接結びつきながら同時に世界の事物や人物に関係し、ここで感情は志向的となり、認識しながら価値を捉える。ここが共同感情の発生する場所とみなされている。第四は純粋に精神的感情であり、特定の対象と関連をもたないし、心的状態から区別された事実を示す。たとえば絶望や浄福の感情は何かについての絶望でも浄福でもなく、人格外の価値や動機に関わっている相対的なものではなく、それ自身において絶対的感情である。なぜなら絶望や浄福の感情は人格自身の存在と価値を土台にしているからである。[17] これら四つの感情段階で第一と第二は単なる感情状態であるのに対し、第三の領域は認識作用を含んでいる状態であり、第四は人格の絶対的存在にふさわしい感情であるといえよう。

さて、共同感情は他者との喜びや悲しみを共に感じる心の作用であり、他者との共存における情緒、つまり共歓（Mitfreude）・共苦（Mitleid）により他者を理解する働きである。しかし、共同感情は他我の体験や感情を単に把握したり、理解したり、場合によっては追感得することとは厳密に区別されなければならない。[18] また共同感情は他我の感情の模倣や伝播ではない。無意識で非任意的に生じる群衆心理には他我の感情を他我のものとして理解することがないのに対し、共同感情の本質には、他我を他我として、つまり自我とは異質なものとして理解しておくことが属している。したがって共同感情はまず自他の区別から始めなければならない。[19] こうして共同感情の二つの本質、すなわち自他の異質性と機能における一致は人格的な愛を基底づけている（fundieren）。

シェーラーはこの共同感情の本質についての理解にもとづいて、他我の知覚における類推説や感情移入説の誤りを指摘したばかりでなく、共同感情を社交本能から捉えたり、共同体の成員の関心から捉えたり、また世界根拠との一体感から捉える考え方を批判している。[20] もちろん他者との共同存在には一体感が広く認められ、なかでも未開人・幼児・婦人は今日においても主観性を離れられない程度に応じて実在との一体感にとどまり続けている。この一体感、追感得、共同感情および愛にも相互の間に親近性と連関性が認められ、そこには次のような基底づけ(Fundierung)の関係があると説かれている。①一体感が追感得を基底づける。②追感得が共同感情を基底づける。③共同感情が人間愛を基底づける。この共同感情は実在する他者とのあいだに生じ、虚構や仮想的存在の前では消えてしまう。また、これによって他者不在の生、たとえば自己性愛、おそるべき自己中心主義、本物の独我論、そして利己主義は克服される。[21] さらに④人間愛は愛の最高形式である人格愛または神への愛を基底づける。

これが共同感情の発生的秩序である。そこに共同感情は他者のもつ積極的価値体験に対して生じる「喜び」と消極的価値体験に対して生じる「苦しみ」に分けられているが、「そもそも分けられた苦しみは半分になり、分けられた喜びは倍になる」との諺どおり、共歓・共苦のすぐれた意味が見いだされる。この共同感情の倫理的価値についてもシェーラーは論じ、感情内容が心情のどの層に属するか、単なる感情伝播ではなく、固有の意味での共同感情か、他我の人格の中枢に関わるか、他我の価値性の程度、また事物との対応性の程度によって測られる点などが述べられている。しかし、わたしたちは『共同感情』第一部第一章の「愛と共同感情との関係」をとくに問題とすべきであろう。

シェーラーは愛と共同感情との異質性を次のように指摘する。

「ところで共同感情と愛憎とはどのように相対立するのか。第一に愛はそれ自身ある価値に関係している。それゆえ、すでに愛はいずれにせよ、共同感情ではない。単なるエゴイズムとは反対に、〈自己愛〉でさえも価値に関係し、元来決して〈自己自身との共同感情〉ではありえない。第二に愛は〈感得すること〉(すなわちある機能)ではなく、一つの作用であり、ある〈運動〉である。すべて感得することは受容することであり、諸価値や諸状態(たとえば〈苦しむ〉、〈耐える〉、〈忍ぶ〉)を感じとることである。わたしたちはこの働きを

〈機能〉と呼ぶ。しかし愛は心情の運動であり、一つの精神的作用である。……ここで用いられる〈作用〉(Akt)の概念は、むろん〈自我〉にではなく、決して対象とはなりえない人格に、結びつけられている。〔第三に〕愛はまた感得することの不可能な愛する対象からの〈さそい〉、〈まねき〉としても与えられうる。……〔第四に〕しかしなによりもまず愛は自発的作用であり、〈応答愛〉のなかでも、それがどのように基底づけられていようと、やはり自発的である。これに反して一切の共同感情の働きは、一つの反応作用の態度である[22]」。

このような愛と共同感情との異質性は人格の作用と、反応という機能との相違に帰着する。したがって両者は異質的であっても独特な本質的連関を形成しうる。「その最も重要な連関は、すべての共同感情が、一般にある種の愛に基底づけられており、一切の愛を欠くときには、共同感情もまた消滅すること、この関係は断じて逆にはならないことである[23]」。つまり共同感情は人格的愛の指示する方向に向かって働くため、方向性の観点から愛によって基底づけられている。次に「わたしたちの愛の程度と深さにしたがってのみ、わたしたちは共感する」という明晰な法則が指摘される。しかし共感しても愛していない場合はありえても「愛している場合に共感しないということは全くありえない[24]」という事実が示される。したがって共同感情の方が概念の外延が愛より広いが、愛は共同感情と働きを異にし、これに方向性と生命力とを与えているといえよう。ここから発生的には共同感情が愛を基底づけるが、現象的には愛が共同感情を基底づけることになる。

これまで考察してきたことから共同感情は感得や追感得、また理解と同じ一つの機能であり、反応作用であったが、これらの機能は愛の作用においてはじめて方向性や生命力が与えられることが明らかになった。そして愛が対象に働きかけてそのより高い価値を啓示し現象させるとき、それらの機能が愛により基底づけられていることが明晰に認められる。

四　愛と衝動

愛と衝動との関係は愛の秩序にとり基本的に重要な内容となっている。この関係は『共同感情』において近代の自然主義理論とシェーラーが対決することによって考察されている。そこでの基本的な問題は次の問いに要約される。すなわち「愛の作用は単に根源的・感覚的な衝動の力の洗錬・昇華・転移として表わしうるか否か。あるいは、愛の作用は根源的に精神的働きであって、自分の合法則性により身体・感覚的構成から独立しているか否か」[25]という問題である。

愛を自然的衝動の洗錬・昇華・転移と考える愛の自然主義的理論には、イギリスの連想心理学説（ミル）のように愛を共同感情や好意さらに追感得・再生・感情移入から発生的に説明したり、社会的本能から種族発生的に説く進化論（ダーウィン、スペンサー）、実証主義的愛の理論（コント、フォイエルバッハ）やリビドーの抑圧と昇華から愛を説明する深層心理学（フロイト）などがあげられている。しかし、これらの自然主義の理論は愛の作用の根源性・統一性・超越性・人格性を認めないところに共通の欠陥があると指摘されている。これらの理論に対してシェーラーは、リップスやシュタインの感情移入（Einfühlung）に対決して説かれた一体感（Einsfühlung）にもとづいて批判を展開する。そのさい一体感の中でも性愛におけるそれをここでは特に問題としてとりあげてみたい。

一体感の現象は自我と他我とが融合し合一する心的現象で、他我が自我のうちに、或いは自我が他我のうちに全面的にとり入れられ置きかえられる場合や、相互に自我を保ちながら一体となる「相関的融合現象」もある。[26]

シェーラーは性愛における一体感を「相関的融合現象」と特徴づけ、ここに一方が他方のうちに自己喪失を起こすことのない「真の一体感」が成立しているとみなしている。それは「愛に満たされた性行為」のうちに与えられている。[27] ここでは一つの生の流れに沈潜し合一することにより宇宙的生命との一体感に参入してゆくことが可能となる。[28] それゆえ性行為の本質を種族の繁殖かそれとも官能的悦楽かに二者択一的に定めた古代ユダヤ教の目的倫理にはじまる性愛の思想がアウグスティヌスとカトリックの説をも含めて批判されている。というのは種族を維持するための性行為は単なる再生産にすぎないからである。しかるに性愛はそこに愛が実現しているかぎり、新たに「より善い」「可能的」人間を生みだし、「端的に新しい独創的〈個体〉」を生みだす「根源的創造の意図にあずかる秘密にみちた本能的参与」であり、「一体感情と融合感情」がそこに認められる。したがって「性愛はかつて〈存在した〉ものよりも、新しいもの・より善いもの・より美しいものを産出しようとたえず努力し意図している全体生命そのものが、あらかじめ先取的にエロースに接触することなのである」と説かれている。[29] したがって「愛はつねにそしていたるところ、価値を再生産するのではなく、価値創造的な運動である」。[30] それゆえ身体も全体的生命により生まれた「独創的個体」である。[31] この個体への愛のゆえに一夫一婦制が基底づけられ、日本の習俗であった「期間婚」あるいは「試験婚」さらに家柄、血統、格式等による結婚形式は個体的愛の欠如を表わし、個体を生命的標識（体格・毛髪・歩き方・声など）に解消する傾向があると指摘されている。[32] 日本の習俗では愛が生命価値に閉じこめられ、そこを超えでる愛の本質が否定されていることになる。

性愛の現象を一体感の下に考察してきたのであるが、性愛のうちなる愛は本質的に価値上昇の運動であることが明らかになった。この運動をより明らかにするためにここで愛の三種類を区別するシェーラーの思想を顧みてみよう。まず、①身体的衝動的生命層で愛は働き、生命価値を実現する。これは生命的愛もしくは情愛（vitale od.

Leidenschaftsliebe）と呼ばれる。次に、②心的自我の層に由来する働きで、文化価値（認識や美）を実現する。これは個体我の心的愛（seelische Liebe des Ichindividuums）と呼ばれる。さらに、③人格の精神層における愛は精神価値を生みだす。これは人格の精神的愛（geistige Liebe der Person）と呼ばれる。[33] 性愛はこの第一段階に属してはいても、愛の本性ゆえに第二、第三段階への飛躍と上昇の運動となっている。しかるに愛の自然主義的理論はすべての愛を衝動に還元する試みである。この理論は右に述べた愛の三つの段階もしくは層を知らない。[34] 衝動から愛の発生を説く自然主義的理論は、人間の歴史において生命や情愛を凌駕する作用や価値の層が現われ出る現象に注目しない。[35]

それでは愛と衝動との原理的関係をシェーラーはどのように理解しているのであろうか。愛と衝動とは別個の存在であるが、衝動が愛を生み出すという「積極的産出の関係」ではなく、むしろ「制限と選択の関係」がそこにあると説かれている。このことを定式化するために彼は次の二つの命題を提出している。

(1)　愛の作用が、与えられた生物心理的組織体のなかで、そしてこの中においてのみ、生じるのは、愛の運動が目標として目ざすのと同じ価値領域に対して衝動活動が現に存在する場合である。

(2)　与えられた客観的に存立する価値の諸性質の中から、実在する存在者にとって「愛することのできる諸価値」として摘出される価値は、その価値を帯びた実在する物的な担い手がまた何らかの仕方で衝動体系を解発する場合の価値だけである。

ここでシェーラーは衝動が愛を「解発する」（auslösen）と言う。つまり衝動は愛の源泉ではないが、衝動活動により目ざすのと同じ対象に愛を向け、価値の領域を指定する。このことにより愛は活動を開始する。したがって衝動が或る存在に対して活動していないと愛の運動は起こらない。「かくして衝動体系は、第一に愛の作用を解発する実際の仕方を、第二に諸価値の選択とその順序を規定するけれども、愛の作用およびその内容（価値のもろもろの質）、価値の高さおよび価値の順位におけるその位置を規定するものではない」[36]

しかしながら、愛と衝動との関係にとって最も重要な点は、シェーラーにとり精神的な愛の行為や真の愛が衝動の力（Triebimpuls）からの発生的産物ではない、ということである。衝動はいわば「松明」のように愛の対象となりうる価値内容の上に光を投げかける。つまり愛の対象となるような偶然的で現実的な存在に対し衝動は選ぶ意義をもっている。ちょうど共同感情がなければ愛は現実におこってこないように、衝動がある存在へ向けて愛を解き発つのである。これにより愛の運動が起こり、対象のより高い価値を志向するのである。

さらに、シェーラーはフロイトのリビドー説にも批判を加え、性的快楽の快感を求める衝動という下部構造によっては規定されていない、生の発展のプロセスにおける、新しい行為と性質の出現を力説する。性愛を性衝動に還元できない点があることを『羞恥と羞恥心』（Die Scham und Schamgefühl）でとくに明らかにしている。彼は性的羞恥心の現象を、生命的愛が集中した性愛の価値選択的機能と、感性的快楽へ向かう欲動衝動とのあいだの緊張から解明し、羞恥により欲動衝動から愛は守られて成長する事実を明らかにした。そのさい愛を性欲動の洗練された形態、つまり昇華とみるフロイト説は性愛と性欲動との原理的分離を欠いており、愛を、「意味深い価値選択的な機能」とはみなさない点が批判される。[37] またフロイトの幼児リビドーに対しても思春期に起こる性的共感以前には性衝動はないと言う。したがってリビドーと性欲動が区別され、性欲動は性愛から区別されなければならない。シェーラーにとって性愛は愛の運動の特別な性質と方向性とをもっている。それはわたしたちの精神が他の存在からは導き出されない基本的作用である。それゆえ性愛は決して「洗練された性衝動」（verfeinerter Geschlechtstrieb）でも、フロイトの説くリビドーの昇華や形相でもない。すべての愛と同様に性愛も価値創造的運動であり、性衝動により解発されるとはいえ自ら行なう一つの選択であって、より高い価値の発見に向かい、高貴な生へと質的に高まる方向に従う選択である。

性愛は純粋な精神的行為ではないが、生命存在としての人間の完成へと方向づけられている。それは前述のような生命的な愛の層における最も中心的機能であり、衝動体系の下にあっても愛であるかぎり、より高い価値への志向と運動を起こす。したがって愛はすべて、性愛をもふくめて、生命の領域から見るなら、それをも超えた全く新しい層、しかも他から導きだされない根源的な領域、すなわち生命の領域を超えた作用と運動の領域に属している。ここに生命の領域に属する衝動と愛との本質的相違とともに愛の秩序の基礎が据えられている。

五　愛と認識

シェーラーにとり愛はより高い価値に向かう運動であり、客観的な秩序を心に反映させているだけでなく、各自のうちに主観的な秩序、つまり心情の秩序を形成している。この主体における秩序形成を論じるに先立ってわたしたちは愛の価値を発見する作用について解明しておかなければならない。というのは愛は意志とは基本的に相違した作用だからである。つまり、意志はカントが「ある法則の表象にしたがって自己を規定する能力」と述べているように、理性の法則にもとづいて働く理性意志であるのに、愛の方は理性よりも根源的な作用として理性を方向づける能力をもっているからである。このような愛の作用について『愛と認識』という論文からその基本思想を解明してみたい。

近代的市民の判断の中に愛は目を開かせるよりも盲目にするとの通説がある。これに対し、「ひとは自分が愛しているものの外何ものも知るにいたらない」（ゲーテ）、また「あらゆる偉大な愛は偉大な認識の娘である」（レオナルド・ダ・ヴィンチ）、さらに「愛と理性とは同じものにほかならない」（パスカル）という発言は愛と認識とのあいだにある内的な相互促進関係をよく表わしている。もっともゲーテの場合は愛が認識を基礎づけ、レオナルドの場合には認識が愛を基礎づけている。前者の立場はキリスト教の最大の思想家アウグスティヌスの愛の学説、つまり愛を精神の最も根源的な原動力となし、愛がいかなる理性よりも至福をもたらすとの思想につながり、後者の立場は主知主義的な愛の理念に立つインド的世界観とプラトンやアリストテレスのギリシア思想と同質であると説かれている。ここではシェーラーがプラトンのエロース説の中にある愛の生産性と創造性についてそれが生産でも創造でもなく単なる再生産にすぎないと解釈している点に触れておきたい。[38] したがって生産や創造といっても、すでに存在している質料が、永続する形相や理念にあずかろうとする憧憬こそ、エロースの本質であり、自然的な愛の生産も種の形相をたもち続ける種族の維持にすぎず、創造とは言えない、と説かれている。

キリスト教の出現とともに認識と愛との関係は根本的に変化するにいたった。シェーラーはこれを「愛の動向転換」（Bewegungsumkehr der Liebe）といい、低いものから高いものへの、非存在から真の存在への愛の運動というギリシア的公理はもはや妥当せず、「むしろ高きものの低きものへの、神の人間への、聖人の罪人への、等々といった愛にあふれた下降が、それ自体、〈より高きもの〉の、それゆえにまた〈最高のもの〉の、すなわち神の、本質に取り入れられているのである。まさしくこの動向転換の基礎にあるものこそ、愛と認識の、また価値と存在の、或る新しい基底種（Fundierungsart）なのである」。[39] この観点からキリスト教以後のヨーロッパ精神史が検討されているが、シェーラーにとり認識に対する愛の優位という命題はキリスト教的－宗教的意識とすべてのキリスト教倫理との本質に属してはいたものの、この命題はアウグスティヌスの伝統の外では哲学的にほとんど活用されなかった。このことはおそらく、一般にキリスト教の教えが〈哲学〉としてはあまりにもギリシア哲学とギリシア的思惟構造に依存していたためであろうと語られている。(40)

そこでシェーラーは認識やすべての作用および思想また世界観の根底には愛の根源的に基礎づける作用が存在すると主張する。愛と関心について次のように言われる。

「〈或るもの〉に関心をもつこと、〈或るものへの〉愛は、そこにおいてわたしたちの精神一般が〈ありうべき〉対象を把握する最も始源的な、そして他のすべての作用を基底づける作用である。同時に、これらの愛や関心の作用は、それと同じ対象に向かうもろもろの判断・知覚・表象・記憶・意味志向のための基礎である」。(41)

実際、関心なしに感覚や表象も生じえないし、対象の選択も関心により当の対象に引き寄せられずには起こりようもない。この関心を寄せる働きには愛や憎しみが作用しているのも事実である。そこから世界観や思想も結局のところ愛または関心の作用の構築・方向・骨組によって規定されているし、世界観や思想の拡大と深化もそれに先行する関心や愛の拡大と深化に即していることになる。しかし、愛と関心の作用は認識主観の感覚・表象・想起・概念形成の基礎にある根源的活動であるばかりか、愛において「対象自体の応答反作用、すなわち対象の〈自己与示〉、〈自己開示〉、〈開明〉、いいかえれば対象の真の自己啓示(42)」が生起してくる。つまり愛の問いかけに対し世界は自己の本質を開示し、この自己啓示によって世界は自己の完全な存在と価値とを実現しながら応答している。こうして愛は主観的認識の根源的活動であるばかりでなく、対象の応答を引き起こし、その自己啓示により所与性における意味の充実、十全な存在と価値とに到達する。この二つの働きによってはじめて愛の本質規定が次のように明確になる。「愛は、各自の事物を、それに固有の価値完全性の方向に導こうとする傾向、あるいは活動である(43)」と。

これまで愛はより高い価値の実現に向かう運動であると規定されてきた。しかし、より高い価値の志向は対象自身の所有しているものであって、愛する側からそのような価値を押しつけたり、造り出したりするものであってはならない。この対象である存在自身の価値を認識するのは愛であるが、愛は相手から応答愛と対象存在の自己啓示を引き出すことによって、対象自身の隠された価値の実現に向かうのである。シェーラーは『愛の秩序』においてこのような愛の建設し、築き上げる行為についてゲーテの言葉「心しずかにあたりを見るものは、いかに愛の心を高むるかを知る」（『西東詩集』小牧健夫訳）を引用してからあらゆる愛は神への愛に至る途上にあると説いている。(44)

愛は認識の根源にある作用であるが、同時に神への愛にいたる途上にあり、自己の人格から歩み出て、他者に向かって自己および自己の諸状態を超越する働きである。このように自己の人格から他者の人格の固有の価値へ向かう人格的愛の本質をシェーラーはどのように把握していたのであろうか。この点をわたしたちは次にシェーラーの愛の秩序から明らかにしてみよう。

六　人格の本質と愛の秩序

愛は人間の間に作用している現象であるが、そこでの人間は人格としての人間である。愛は人格と深い関連をもっているがゆえに、人格の本質への理解が求められ、ここから愛の秩序への理解が開かれてくる。ここでは『共同感情』第二部第二章の「愛と人格」を参照してみたい。

まず人格に対する愛こそ道徳的な愛といえる。それゆえわたしたちは人が偶然的に所有している才能・美・徳性といった特性のゆえに人を愛するのではなく、これらのもろもろの特性が「個体的人格」に属するがゆえに、それらは人格への愛の中に引き入れられる。これこそもろもろの特性の変化から独立した「絶対的な愛」である。このような愛の作用によってのみ個体としての人格の価値が明らかとなり、この愛の作用の経過においてのみ人格の価値は与えられる。[45] したがって人格は対象化された諸特性の総和ではありえないがゆえに、決して「対象」としては与えられない。また愛においても、認識作用においても人格は対象化できない。それゆえシェーラーは次のような人格の定義づけをなしている。

「人格とは、認識されない、〈知識〉においては決して与えられえない、個体として体験された、一つの存在者が遂行するあらゆる作用の統一実体である[46]」。

人格の道徳的価値は対象的には把握されず、それが人格の愛の作用によって担われているがゆえに、「その人格に独自の愛の作用を共同に遂行することにおいてのみ与えられる[47]」。この愛の作用の共同遂行によって他者の人格の理解が得られる。それは先に引用文では「作用の統一実体」と言われていた。このようなシェーラーの「作用実体」は「作用構造」と同一の事態を指し、この構造は精神の集合と集中のうちに諸作用を統一するもので、「諸作用の構造秩序」とも呼ばれている。つまり「実体」と「構造」と「秩序」とは、人格の作用の中では同一視されている。[48]

シェーラーの人格理解の特質は「諸作用の統一実体」、「作用実体」、「時空から自由な作用の構造秩序」といった表現にも示されているように、多様に変化する作用の中で持続的に存続しているものとして考えられている。このように自己を構成する秩序は一つの作用活動における「自己産出」である。すなわち、「人格の存在というものは常に新たな自己産出である。それゆえ、人格においては存在と生とわざとはまったく同一のものである」と言われる。[49] しかもシェーラーにおいては人格の価値は愛の作用のうちにのみ与えられているがゆえに、人格の構成秩序を自らのうちに産出しているが、その本質上「より高い価値を志向する」ものであって、道徳的な価値世界に関わっている。ここから愛の秩序が主体的あり方と客観的あり方とに分かれて考察されるようになる。シェーラーの遺稿『愛の秩序』はこの二つの秩序の確立によって「愛の秩序とその惑乱」を解明しようとしている。その冒頭には次のような言葉が述べられている。

「わたしの生存と営為におけるあらゆる種類の正しさと誤謬ないし倒錯は、次のことによって規定されているということである。すなわち、わたしの愛と憎しみ、わたしの好みと嫌悪、この世界の諸事物へのわたしの多様な関心といったこれらの諸活動に、客観的に正しい秩序が存在するかどうかということ、さらにこの〈愛の秩序（ordo amoris）〉をわたしの心情に刻印することがわたしにとって可能かどうかということ、このことによってである(50)」。

ここに述べられている「客観的に正しい秩序」は、主観的な愛情や関心といった諸活動を人格的に統一する構成秩序のことではない。そうではなくこの「正しい秩序」というのは客観的な価値世界や価値位階が心に正しく反映しているかあるいは刻印されていて、それ自身で「客観的で正しく」ありうる形態のことである。したがってこの意味での愛の秩序は諸価値間の永遠の秩序の反映、もしくは大宇宙を反映し、それと「対型」をなしている小宇宙であるともいわれる(51)。この客観的な秩序はわたしたちの心情と愛のうちにある知的合法則性には還元できない、心情の法則性を形成している。だが、この法則性とは別に個人や社会の具体的行動様式たるエートスの中にこの秩序が主観的に形造られており、わたしたちはそこに各人の人格的な基本的な核心を捉えることができる。こうして主観的な愛の秩序は各個人の中に多様な形態および各自の心情の基本線を形成している。

「ある人間の愛の秩序をもつ人がその人間をとらえている。彼は、道徳的主体としてのその人間に対して、水晶の形式が水晶に対してあるところのものを所有している。彼はおよそ人がひとりの人間を見透しうる限度まで、その人間を見透す。彼は、あらゆる経験的な多様性と複雑さの背後に、つねに単純に走っている彼の心情の基本線を眼の前に見るのであるが、この心情こそ、認識や意欲よりいっそう精神的存在としての人間の核と呼ばれるに値する」。[52]

この心情の基本線こそ多様な作用を統一し、変化の直中にあっても不変に持続している人格の構造秩序であり、先の客観的な愛の秩序とは別の人格の作用実体として主観的な愛の秩序を意味する。ここからシェーラーは愛の秩序の規範的意義と事実的・記述的意義との二重の意義を説いている。まず①規範的意義というのは「愛すべき価値」の位階を認識し、すべての人に等しく妥当する永遠の価値位階を反映する「客観的に正しい愛の秩序」を各人の意志に関係づけ、それがある意欲によって命じられる場合である。②他方、人格としての各個体はその人格的特性のうちに各自の個体化された愛の秩序をもっている。それは人間に属し人間に固有な部分であり、ここで愛の秩序は基本的な価値に関して記述的である。[53]

ところが愛の秩序の客観的側面は価値位階を反映し、「人間はそれをあたかもどこに行っても身につけてゆく殻の中で歩き回るように、歩き回っている」。[54] したがって秩序は各々の人格により、その人の愛の秩序とその特殊な起伏が潜んでいるとはいえ、客観的なものとして与えられており、日常生活のなかであるものを他のものに対して先取したり後置したりする一定の不変の法則にしたがって、その人をいたるところで引きつけたり撥ねつけたりする。というのはシェーラーによると一方において「愛すべき価値の位階序列」はアプリオリに与えられており、他方、人間の愛はその具体的な対象に対する欲求をつねに承認しなければならないため、具体的な対象に向かいながら同時にこの位階序列にも従わなければならないからである。こうして正しい愛とか誤っている愛が存在することになる。それゆえ、この事実的な愛の作用の構成秩序においてそれ自体的に存立している価値の秩序の破壊という現象が生じている。

「人間の事実的傾向性や愛の作用は、愛すべき価値の位階と一致したり矛盾したりしうる。……もし人間が、彼の事実的愛において、あるいは彼の愛の作用の構成秩序において、先取と後置において、この自体的に存立している秩序を転倒させるならば、彼は同時に、志向に従って神的世界秩序をみずから転倒させる――このことは彼しだいである――ことになるのである。そして、どこで彼がその秩序をこのように転倒させようと、そこではまた、可能的な認識対象としての彼の世界、意志・行為・活動的場としての彼の世界も、それにつれて必然的に転倒するのである[55]」。

愛の秩序は規範的意義において厳密に客観的であって人間から独立した自体的に存立している秩序であり、人間はこれを自分のうちに反映させていても、それを刻印したり創造したりできず、単に認識しうるにすぎない。この愛の秩序の客観的存在が破壊されるというのは、各自の愛の方向が誤まり、愛の作用の構成においてそれ自体的に妥当する位階秩序が転倒するときである。たとえば有限的善において――すなわち知識・金銭・権力・祖国などにおいて――絶対的な満足を得たと思い込むときである。「わたしたちは愛の秩序の破壊・惑乱というこの普遍的形式をものの虜になる(Vergaffung)という古い表現をもって特徴づけようと思う[56]」。このような愛の秩序の惑乱についてこの遺稿は余り多く語っていない。しかし、シェーラーの『道徳の構成におけるルサンティマン』(Das Ressentiment im Aufbau der Moralen)がこの問題を扱っている。

ルサンティマンは愛の秩序の惑乱現象として理解することができる。わたしたちの心には永遠の価値位階が愛の秩序として示されてはいても、現実の愛のわざにおいては、この位階を転倒させ、何らかのものの虜となる場合が多い。そのさいルサンティマンに陥っている人は積極的な価値を錯覚により貶めて、妄想によって覆ってしまい、心の内に反映している客観的な愛の秩序に不透明な覆いをかけてしまう。また主観的には価値の序列自体を組み代え、価値世界の歪んだ高低の序列を生じさせることも起こっている。こうして異常ともいえる行動、たとえば放火魔や、連続殺人事件、無差別殺害行為などが、嫉妬・憎悪・敵意・陰険・猜疑心などの感情の突然の爆発となって起こってくる。ルサンティマンに陥っている人の体験構造の中に価値がいかに歪められた形で定着しているかを洞察するとき、愛の秩序と人格の構成秩序との関連の重要さがあらためて理解できる。つまりルサンティマンという否定的な現象をとおして客観的な愛の秩序が弁証法的に顕在化しているのである。ここにパスカル的な「廃王の悲惨」による人間の尊厳の論証方法がシェーラーによって継承されているともいえよう。

第七章　批判的考察

はじめに

わたしたちはこれまで「愛の秩序」についてその思想史的発展にもとづいて考察してきた。歴史的考察は、現代のわたしたちにいかなる意義がそこからもたらされるかを明らかにしてはじめて、その課題を果たし終えることになろう。これまでわたしたちはヨーロッパ精神史の源流から考察を開始し、「愛の秩序」の思想史的発展に即してもっぱらテキストの分析により可能なかぎり客観的に考察をすすめてきた。そして価値判断を下すことは差し控えてきた。しかし、今日わたしたちはそれに対しどのように対処すべきであろうか。ヨーロッパ的伝統から自由なわたしたちはこの「愛の秩序」に対しどのように関わるべきであろうか。たとえば中国の儒教の教え「五倫五常」をもってそれと対比すべきであろうか。または仏教における「心の秩序」を解明し、それとの比較において共通な事態を明らかにすべきであろうか。さらに日本的な愛の習性を民俗学的に解明したり、あるいは文化人類学的に研究を進めるべきであろうか。このような視点はたしかに重要であり、その実りも多いと推測される。しかし、それは将来の研究をまたなければならない。

わたしとしては東西の文化的伝統の相違を認めながらも、近代人としての共通な意識に立って、これまでの思想的発展に批判的に対処しうると信じている。もちろん近代人といっても不明確であり、現代人との区別もされていない。だが、中世から近代への移行は日本においても生じ、また近代のもつさまざまな矛盾にわたしたちが直面している点でも、東西の文化事情は共通しているといえよう。たとえば価値の多様化といった現象は共通の経験となってきている。この価値観と愛の現象は密接に関連しており、双方の多様化はいっそう発展し、ついには混沌である無秩序の状態を生みだそうとしている。こういう事態に対する危惧の念がわたしをして「愛の秩序」を再考すべく促しているのである。

ヨーロッパの歴史で近代と現代とを分かつ境界線が第一世界大戦の開始をもって引かれる時代区分に従えば、シェーラーは現代に属する思想家といえよう。愛の秩序の歴史的発展をプラトンから始めて現代にいたるまで考察してきたが、その歴史は先行する思想の批判的受容の歴史でもあった。現代でも愛の秩序に関して多くの思想家が発言していると思われるが、ここではシェーラーの思想を手がかりにして批判的な考察を試みよう。

そこでこの終章では、シェーラーを中心にして①愛の法則性について、②秩序の新しい理解について、③愛の本質についてこれまでの思想史的発展をも考慮しながら批判的考察を試みてみたい。

一　愛の法則性について

マックス・シェーラーはアウグスティヌスとパスカルとの「愛の秩序」の伝統に従いながら愛憎という情緒的作用の中に理性的な合法則性とは異質な法則性を探求したのであった。しかも現象学の方法を用いて情緒的生活の中にあるアプリオリに妥当する法則を把握している点に彼の画期的意義があるといえよう。そのさい愛の現象には理性的法則性に還元できない独自の法則があることを彼はパスカルによって確信するにいたった。つまりパスカルの三つの秩序というのは身体・精神・心もしくは愛の三つの領域がそれぞれ質を異にしており、「心には理性の知らない道理がある」と説かれていた。パスカルのこの発言に触発されてシェーラーは愛憎という情緒的作用の中にこの種の法則を探究したのである。そのさいプラトンおよびプラトン主義者たちの下では愛が理性の与える秩序に服すると一般に考えられていたことが想起されなければならない。理性は言論活動のうちに活動しており、共に語り合う対話を通して共通な普遍的なものが捉えられ、この普遍的なもの、そしてその究極にある真実在のイデアによって愛は秩序づけられ、調和・平和・安息に達すると考えられていた。したがって愛は理性の法則に服すべきものであったため、愛自身の法則性の発見にはいたらなかったのである。

また、シェーラーは『共同感情の本質と諸形式』において愛と共同感情とを区別している。この区別も愛の法則を把握する上できわめて重要な発見であったといえよう。共同感情というのは共歓共苦という心の機能（Funktion）であり、他者に対しやさしい心をもつことは人間としてすばらしい高貴な機能である。この心の機能なしには愛は働かないが、それでも愛はこの機能に還元できない、と彼は主張する。なぜなら共同感情が人間の自然本性的な「機能」であるのに対し、愛は自己から他者に向かって働きかける「作用」（Akt）なのであるから。

次に、愛は自己から出て他者に働きかける作用であるが、それが人格に発するものであるかぎり、他者の性質や特性に向かうのではなく、かかる性質や特性をもっている他者の存在そのものに向かい、このような関係行為を通して隠されている他者のより高い価値がきらめき出るように働きかける、とシェーラーは主張する。その結果彼は、愛が他者を現在あるよりも「幾分越えて広く愛しかつ観る」という愛の基本法則を把握した。

さらに愛が価値の客観的な序列と深く関わっている点をシェーラーは指摘する。これが彼の価値段階説と愛の秩序の学説である。つまり価値の四段階とか五段階というものが客観的に存在しており、主体的な行為の仕方がわたしたちのうちに愛の秩序を形成するのである。そしてこの客観的な価値序列と主観的な愛の秩序とが一致するところに正しい道徳的行為としての愛が実現されると説かれる。この視点は道徳法則と格率との合致に道徳的行為の原則を確立したカントとよく似ている。問題はカントにおいてもシェーラーにおいても同じであり、客観的に妥当する道徳法則や価値序列をいかにして立証するかということである。ところで道徳法則の源泉たる自然法も、価値序列を組み立てる価値表も、時代とともに変化している。たとえ自然法や価値表が伝統的世界観によって確立される場合が多いにしても、わたしたちはそれを主体的に改組する権利をもっている。とりわけ価値が多様化している今日においてはそれらの客観的妥当性が疑われており、歴史とともに変化している。それゆえ彼が説いたままの形で認めることは困難であると言わなければならない。

価値はシェーラーが説いているように高い価値と低い価値というように高低によってのみ序列できるものではない。高低による価値段階はプラトン主義的なものであり、キリスト教のヘブライ的伝統では創造主と被造物とが区別されているが、この関係を高低で区別することには（アウグスティヌスが神を最高善とし肉体を最低善とみなす場合にこの高低の区別が適用されている）、プラトン主義の影響が認められる。したがってシェーラーの高低による価値序列はプラトン主義的ヨーロッパの伝統に深く根差したものといえよう。だが、価値は高低による序列のみならず、ニコライ・ハルトマンが説くように、強弱によっても序列化できるし、ハンス・ライナーが説くように、状況に対する適切さによっても取捨選択と価値づけとは可能である。(1) さらに価値には新旧の区別を立て、歴史と時間との契機を加えて分類することもできる。

他方、シェーラーは愛の法則性を心情の基本線において捉えようとしている。この基本線は多様な行動を一つに集める人格の構成秩序において形成される。この視点と理解とは愛そのものの働きから把握されたものであって非常に優れた洞察であるといえよう。ただ、シェーラーで問題となるのは、この心情の基本線としての主観的な愛の秩序が客観的な愛の秩序——これは客観的に妥当する価値の位階秩序の主観の中での反映とみなされている[2]——に一致しているか否かによって道徳的か否かが決定されている点であった。

ところでシェーラーが価値の四段階（精神価値・生命価値・快適価値・有用価値）を導入したさいに用いた五つの価値序列の標識の中で、価値の高低と関係のない二つの標識を愛に適用することは決して無意味なことではない。その一つは「価値は持続的であればあるほど高い」という標識である。これはすでにアリストテレスが『ニコマコス倫理学』で用いていた価値基準でもある。もう一つは「価値の高さの基準とみなされるものには価値感得に伴う〈満足の深さ〉がある」という標識であって、充実感を価値基準とするものである。そして愛は人間関係において生起交流するものであるから、人が他の人に出会う領域にこの基準を適用することができる。この出会いの領域は身体・心理・精神・人格の四つの領域であって、人間学的構造から最も自然本性に即した区分であると考えられる。愛はこの四つの次元をとおして持続性と充実感から次第にその価値を高めてゆくことが解明されうるであろう[3]。もちろんこの四次元的構造は最高最深の人格を中核として同心円的に広がるもので、内なるものがそれぞれの次元をとおして自己を表現しているとみるべきである。この次元の中で精神と人格とが同一領域に属するとすれば、先の四次元構造は哲学的な人間学的区分法、つまり身体・魂・霊（＝心）の三重構造に還元される。そうするとこの三重構造はパスカルがその三つの秩序で表明したものと同じとなり、絶えず批判の対象とされるシェーラーにおける形而上学とそれにもとづく価値の高低の序列がなくとも、すべての人に明瞭な人間学的な構造を通して愛が人間の本性に即して解明されうるであろう。

シェーラーが『共同感情の本質と諸形式』および『愛の秩序』（遺稿）を著述したのは、彼の中期カトリック時代であり、明らかにキリスト教の立場に立っていた。しかし彼はやがて晩年にいたると形而上学的傾向をいっそう強く表明するようになる。現代は無神論の時代と言われているように神を最高価値とみなすことが不可能となり、「神の死」によって従来のキリスト教的ヨーロッパの価値体系は崩壊しつつある。しかし、わたしたちは自分の行動を何らかの形で人格の統一から秩序だてていかなければ、人間的にも生きられない。人格の統一は今日いかにして達成されるのであろうか。それは人格の外に立つ形而上学的存在や原理からもはや導き出せないとしても、人格と他の人格との出会いの現象から考察し、他者との関係から解明することは可能ではなかろうか。たとえば、マルティン・ブーバーは「関係の目的は、関係すること自体にある」、「愛は〈われとなんじ〉の〈間〉にあり、人間は愛の中に住む[4]」と言う。したがって愛において人間は自己の外に出て他者に関わりながら、愛の生命のうちに間柄を充たす主体となっている。この間柄に立つ主体こそ〈関係〉（relatio）の担い手としての人格（persona）であり、そこにすべての行動が集中している統一が実現するといえよう。愛は元来このような人間関係において現象しており、その現象に即してこそ愛の秩序は解明されるべきであり、この愛の秩序の形成においてこそ情緒的な愛に独自な法則性が把握されなければならない。

そこで次に「秩序」について批判的に検討してみよう。

二　秩序の新しい理解について

秩序の概念は古代から現代にかけて変化してきている。プラトンで明らかになったように「秩序」（τάξις）は人間の「よさ」（徳）と結びつきながら、同時に「コスモス」（秩序世界）という宇宙の総体をも意味していた。そして神々の間にも人間の間にも「幾何学的平等」の原理が支配している、と説かれていた。つまり個人の欲望を秩序づける徳は万物の秩序に従うものでなければならなかった。このような秩序は各々にその相応しいものを配分する正義において実現している。(5) このアリストテレス的な配分の正義からアウグスティヌスは「秩序とは各々にそれぞれの場所を配分する等しいものと等しくないものとの配置である」と定義している。(6) しかし彼は創造者と被造物との間に存在する関係から秩序を捉えたし、さらに具体的には神・自己・隣人に対する三つの愛のうち、何を優先させるかによって定められる順序に従って規定した。また人間社会の諸秩序も愛により基礎づけた。しかし同時に彼は神が世界を創造するにさいして定めた創造秩序が不動の秩序として存在すると説いていた。中世を通してこのアウグスティヌスの思想は一般に広く受容されていった。しかし、後期スコラ神学ではやがて神の自由が力説されるようになり、「神の絶対的権能」が説かれたが、同時に創造と救済とを意志する「神の秩序的権能」も認められていた。このように神の自由を説くことは人間の自由をもあわせて考えることを意味し、秩序は客体的な側面よりも主体的側面において意識されるようになり、そこから近代的な秩序概念が生じた。そこでは事物から事物の関連と秩序を考察するのではなく、反対に事物の関連と秩序を主観において捉え、その秩序から事物を考察するようになった。カントが自然をその形式、つまりその連関に従って、法則の下に立つ存在者として定義し、またその実質に従って、つまり連関の中にあるものを考慮して、「現象の全体」（Inbegriff der Erscheinung）と定義したとき、この事態が最もよく示されている。(7) わたしたちは自然現象についてニュートン以来普遍的な科学の用語で語るようになり、各々の事象にふれることなく、事物や事象の性質がどのような連関に立ち、法則の下にあるかを考えている。このことは近代哲学の超越論的主観性や意識一般から生じた基本姿勢であり、ここから秩序概念もこのような変化を受けてきている。

古代において秩序は全体的秩序世界（コスモス）にもとづいて理解されており、個人の生活と行動とはこの全体との連関から存在論的に規定されていた。中世においては世界は神により創造された秩序に服しており、古代的なコスモスの非神聖化が生じ、世界に秩序を授けている神との関連において個人の生活と行動とは神学的・形而上学的に規定されていた。そして近代においては法則を立て秩序を確立している主観性にもとづいて秩序は理解されるようになり、存在の秩序は主観の働きによって立てられるようになった。

このような秩序概念の変遷は愛の理解と深く関わっている。エロースとしての愛はイデアにより与えられている真実在に向かって上昇する超越の運動であり、究極においては存在の秩序（コスモス）に根拠をおいている。他方、アガペーやカリタスとしての愛は神に向かうべく秩序づけられた愛であり、現実には神と世界とのいずれを先取するかという主体的意志のあり方に関わっている。しかし神の導きの下に正しい選択が行なわれているかぎり、愛は秩序を得ていると説かれたのである。それに対し近代的な愛の形態は一般的に言ってコスモスや神から離れて、主観性において愛を捉え、主体的な自己の行動に即して秩序を確立しようとする基本的性格をもっている。

このような秩序と愛との歴史的変遷の中でわたしたちはパスカルの秩序についての発言に注目すべきではなかろうか。彼は既述のように三つの秩序を区別する。それは人間学的区分に従うものであった。その中で「心」（心情）の秩序が精神の理性的秩序とは異質のもので、独自の法則性をもつ点をここで再考してみたい。彼はパウロとアウグスティヌスに言及しながら次のように言う。

「この秩序は、どちらかといえば、目標に関連のある個々の点にあれこれ目をくばりながら、しかもつねに目標をさし示して行くことを内容とする(8)」。

ここではわたしたちの行動が目標へ向けてすべてを関連づけるように秩序が求められている。このパスカルの言葉と次のアウグスティヌスの言葉とは共通の秩序概念を志向しているので興味深い。

「天上の平和こそ真の平和であって、厳密にはこれのみが理性的被造物の平和、つまり神を享受し神において相互を享受するもっとも秩序があり、もっとも和合した社会であって、またそう呼ばれてしかるべきものである。……天の国は寄留している間このような天上の平和を信仰においてもち、そしてそれを神と隣人のためになす——というのは、天の国の生は社会的であるゆえ——良い行為のすべてを、天上の平和を得ることに関連づけるとき、その信仰によって正しく生きているのである(9)」。

ここでの行為の究極目標は「天上の平和」であり、それは「神を享受し、神において相互を享受する」こと、つまり神への愛において隣人愛を実践することにより達成される。これが「秩序」ある社会を形造っているが、その基本原理は「良い行為のすべてを、天上の平和を得ることに関連づける」という言葉により示されている。こうしてわたしたちの個々の行動が究極目標に向けて機能的に関連づけられるとき、秩序が得られると説かれた。

アウグスティヌスとパスカルが暗示的に語っているこの秩序概念はワルター・シュルツにより「秩序とは、決して固定した存在論的規定ではなく、むしろ行動の連関に機能的にかかわりをもつことである(10)」と明瞭に述べられている。つまり秩序とは存在の秩序でも利害の調停でもなく、主体的行動が特定の目的に合致して関連づけられていることに求められている。たとえば人類の福祉とか、国際平和という遠大な目的に向かってわたしたちの行動が機能的に関わりをもって合致しているとき、秩序が形成されるのである。ここに新しい秩序の見方があるといえよう。

目的に向かって個々の行動を関連づけるというこの秩序の思想は目的と手段という形でアリストテレスの『政治

学』以来論じられてきている。彼によるとすべての良い行動は、目的が正しく立てられ、その目的を実現するための手段の選択に誤りがないときに生じる。彼はこう語っている。「凡ての人にとって物事が〈善くいく〉のに必要なことが二つある、その一つは行為の的、すなわち目標が正しくおかれることであり、他の一つはその目標にいたる行為を発見することである。というのはこの二つは互いに食い違うことも一致することもあるからである。何故なら時として的は立派におかれているが、しかし行為においてその的に射当てるのを過つこともあるし、また時として目標に達する凡ての手段はうまく手に入れるが、しかしおかれた目標が下らぬものであることもあるし、また時としてはそれらの孰れをも過つことがあるからである」[11]。実際、アリストテレスがここで説いているように目標の設定がもっとも重大な事柄であって、何を究極目標とするかは時代精神により個人の関心により決定されており、誤ることが最も多いといわねばならない。古代や中世においてはこの究極目標は一般的には民族や国家、また神により決定されていたので、個人はそれに従い、問題はそれを実現するための手段の選択だけに限定されていた[12]。

この目的と手段との関係はアウグスティヌスでは享受と使用との関係として論じられ、究極目標も前述のように天上の平和として確定されていた。ところが近代に入るとマキァヴェリのように「目的のためには手段を選ばず」といった暴力主義まで登場した。このような目的達成のためには何をしてもかまわないという恐るべき自己中心的な我意の中にルターやパスカルは全体の秩序に違反する罪の実体を捉えている。とりわけパスカルは「考える肢体」として人間を把握し、肢体と全体との関連は部分と全体の関連よりいっそう有機的であり、部分の中に全体を反映させ、全体への方向性をもち、全体との関連秩序を保持していなければならないと説いた。

では、目的と手段、全体と部分などの機能的関わりという秩序の中で、愛はどのように作用しているのであろうか。愛は他者との関係に直接かかわりながら同時に究極目標を目ざす、遠近双方へ向かう運動ではなかろうか。たとえば愛は、親子の愛、兄弟の愛、隣人愛、同胞愛などのように直接人倫関係において働きながら、それをとおして祖国愛、真理愛、神への愛などの遠大な目的を志向することができる。またパスカルが述べたように富と貧しさという矛盾したものをも神への愛ゆえに同時に目ざすことも可能である。したがって愛は遠大な目的を目ざしながら、同時に身近な手段の選択に関わっていることになる。では、このような愛の行動様式は目的合理的であると言うことができるであろうか。

しかし、愛が主体的に目標へ向けてすべてを関連させる運動であるということは、近代産業資本主義の下に指導的役割を演じた「目的合理性」によっては、とうてい説明しつくされない。愛の運動がもっている法則性は、シェーラーが強調したように、理性的な合法性には還元できないからである。むしろ愛は何かに対する情緒的な傾倒や傾注、また献身に発動し、そこから燃え上がる火の論理をもって運動する。したがって愛の運動は、ウェーバーが目的合理性に対比して立てた「価値合理性」に近いと言うことができる。そこでウェーバーの社会的行動の類型を参照して愛の秩序の法則性を明らかにしてみたい。

ウェーバーは社会的行為を次のように規定している。「『行為』とは、単数或いは複数の行為者が主観的な意味を含ませている限りの人間行動を指し、活動が外的であろうと、内的であろうと、放置であろうと、我慢であろうと、それは問うところではない。しかし、『社会的』行為という場合は、単数或いは複数の行為者の考えている意味が他の人々の行動と関係を持ち、その過程がこれに左右されるような行為を指す(13)」。そして彼は社会的行為を次のように四つの種類に分類している。「すべての行為と同じように、社会的行為も、次の四つの種類に区別することが出来る。①目的合理的行為。これは、外界の事物の行動および他の人間の行動について或る予想を持ち、この予想を、結果として合理的に追求され考慮される自分の目的のために条件や手段として利用するような行為である。

……②価値合理的行為。これらは、或る行動の独自の絶対的価値――倫理的、美的、宗教的、その他の――そのものへの、結果を度外視した、意識的な信仰による行為である。……③感情的特にエモーショナルな行為。これは直接の感情や気分による行為である。……④伝統的行為。身に着いた習慣による行為である[14]」。

これら四つの社会的行動の中で愛の秩序を形成する働きに近いものは価値合理的行為であるが、出発点においては感情的エモーショナルな行為である。したがって目的合理性から見ると、「価値合理性は、つねに非合理的なものであり、とりわけ、行為の目ざす価値が絶対的価値へ高められるにつれて、ますます非合理的になる。なぜなら、その行為の独自の価値（純粋な信念、美、絶対的な善意、絶対的な義務感）だけが心を奪うようになると、価値合理性は、ますます行為の結果を無視するようになるから[15]」。しかし、ウェーバーも述べているように純粋な型というものは実際にはなく、たいていの場合は混合型になっているといわねばならない。愛の秩序は人格価値という非合理的内容に関わりながら、この目標に向けてすべての行為を機能的に連関させるのであってみれば、価値合理性の優位の下に目的合理性を伴う働きであるとみなすべきである。ウェーバーは目的合理性が価値合理性の方向をとる場合について「競合し衝突する目的や結果に決定を下す場合になると、価値合理的な方向を取ることもあるが、そうなると、その行為は手段だけが目的合理的ということになる[16]」と語っている。ここにある「手段だけが目的合理的」という二つの行為の混合型に、わたしたちがこれまで考察してきた愛の秩序形成の独自の行動様式が一致しているといえよう。

価値合理性は目的合理性からみれば非合理的であり、出発点で絶対的価値への信仰に根差している。愛は本質上その目ざす対象の絶対的価値へ向かって高まり、またこの価値に促がされて燃える火の論理を生みだす。したがって愛は内的な大きな促しに点火され燃え上がる場合が多い。性愛の場合は性衝動の衝撃力がそこに働いているし、金銭・財産・名誉・地位・権力などに対する欲望や愛好もわたしたちに不可解な働きをなし、デーモンのようにわたしたちを駆り立てることが生じ易い。ところが宗教的な聖なるものや精神的な真・善・美という真正な価値の場合には、その価値はわたしたちの行動を見事に整序し、秩序づけている。したがって価値合理的に働いている絶対的価値は目的合理性にとって非合理的また超合理的ではあっても決して反合理的ではなく、その価値への信仰と献身とによって行動が方向づけられ、かつ秩序づけられることが生じる。もちろん、その価値がまがいものの場合には、充実した生活は永続きせず、不幸な結果に終わり、自己破壊をきたすが、たとえ結果が疑わしくとも、すくなくとも形式的にはそこに愛の秩序がみられるといえよう。

わたしたちはこれまで愛の働き自身のなかに目的に向けてすべての行動を関連づける機能的連関を捉え、そこに愛の秩序作用を見いだし、その法則性を考察してきた。次にこの秩序の社会学的で客観的側面も反省してみなければならない。ウェーバーは「秩序」を規定して次のように言う。「わたしは行為が或る明らかな原則に（平均的およびび近似的に）従っている場合に限って、社会的関係の意味内容を『秩序』と名づけようと思う」[17]と。行動の反復により原則が確立されると一定の秩序が形成され、この秩序の効力により行動は円滑に実行されるようになる。そのさい、ウェーバーが指摘しているように、利害関係に立つ目的合理的動機で守られる秩序は価値合理的動機や伝統的動機により守られる秩序よりも一般に不安定にならざるをえないし、義務や理想によって秩序はいっそう強固となりうる。さらに秩序が慣例・組織・法則により牢固たるものになると、社会全般にわたって秩序がゆきわたり、社会の安定と平和がもたらされる。こうして主観に発した愛の秩序も客観化されるのである。

三　愛の本質について

これまで考察してきたことから知られるように、愛自体により形成される「愛の秩序」は愛の本質をよく表わしていると思われる。愛は多様な人間関係の中で働いており、世界観の影響を受けて多彩な類型を展開してきた。このような個性的であり、多様性に富んでいる、愛の本性は見極めがたく、その本質は把握しえないように考えられる。それでも、プラトン主義とかキリスト教といった立場からの愛の解釈は、歴史的には大きな役割を果たし、ヨーロッパ的愛の伝統を形成してきた。「愛の秩序」もその中から思想史的に発展してきたものである。しかしキリスト教思想の影響を受けてはいても、マックス・シェーラーがフッサールの現象学の方法を駆使して愛の本質に迫った点は注目に値するといえよう。そのさいシェーラーの哲学的試みがもっている意義についてフュルストナーは次のように発言している。

「愛はその究極の本質において定義できるものではなく、ただ直観できるものとなしうるにすぎない。したがってそれは概念による規定の中に自分を強制的に入らせはしない。このように解明しがたいため、認識に残余が残ってしまうという意識をもって、シェーラーは、とりわけ『共同感情の本質と諸形式』という著作において、現代の思想家が、自ら承認するかそれとも批判的に対処するかすることなしには、愛を考察の対象となしえないほどの深遠な仕方で、愛の本質について哲学したのである(18)」。

そこでシェーラーが探求した愛の本質についての考察がもう一度顧みられねばならない。ここではその中心思想だけを問題にしてみよう。彼の最大の功績は愛と共同感情とを区別し、後者なしに前者はないが、それでも前者は後者に還元されないと説いた点に認められる。こうして愛が高貴な自然的機能である共同感情から区別されて、愛の本質は作用、つまり自己から出て他者に働きかける作用として把握されたのである。次に彼は愛と衝動とを区別し、後者なしに前者はないが、前者は後者に還元されない、とここでも見ている。この衝動は性愛の場合には盲目的になりやすいが、この衝動が「解発」した愛は、衝動活動が目ざすのと同じ対象に向かい、その対象のより高い価値に関わり働きかける。これをカントの有名な命題「直観なき概念は空虚であり、概念なき直観は盲目である」を用いて表現すれば「衝動なき愛は空虚であり、愛なき衝動は盲目である」と言い換えることができるであろう。愛は衝動に発しながらも精神の目を開かせる独自の視力があることをシェーラー自身は次のように述べている。

「真の愛は、愛される対象のもついっそう高い価値に対して、つねに精神の眼をひらかせるといわなければならない。すなわち、愛は精神の眼をみえるようにするのであって、たとえば〈盲目〉などにする（愛においてあきらかにただ感覚的な衝動的情熱のみを考えている理不尽な諺がのべているような）ものではない。精神の眼を〈盲目〉にするのは、経験的な心情運動における愛では決してなく、愛にたえずつきまとう感覚的衝動であり、この衝動が事実上愛を抑圧し制限するのである[19]」。

このような分析は真実であり、わたしたちの経験に照らしても立証されうる。しかるにプラトンとプラトン主義の世界観は愛を衝動から切り離すことによって浄化しようとする。たとえばプラトンの『パイドン』のカタルシス説では次のように言われている。「浄化とは、さっきから論じられてきたように、魂をできるだけ肉体から切りはなし、そして魂が肉体のあらゆる部分から自分自身へと集中し、結集して、いわば肉体のいましめから解放され、現在も、未来も、できるだけ純粋に自分だけになって生きるように、魂を習慣づけることを意味するのではないか[20]」。しかし、このカタルシス説よりもアリストテレスの『詩学』の悲劇論におけるカタルシス説、つまり「いたましさとおそれを通じて、諸感情の浄化（カタルシス）を達成する」という洗滌や瀉出、また下血を意味する説の方がいっそう事態の本質に迫っている。

このような優れた愛の本質に対する洞察にもかかわらず、シェーラーの価値学説は既述のようにアプリオリに妥当する価値位階の序列を前提としている点に問題を残している。[21] そこには価値の高低を措定するプラトン主義の影響も看過できない。またシェーラーには愛の類型学的分析が欠けている。したがってエロースとアガペーとの対比はつねに行なわれていても、フィリアやカリタスの視点が欠けていたり、人間の愛が次第に成長していきこれら愛の本質を構成する諸契機を体得してゆく時間的発展の視点も見当たらない。[22] エロースとしての性愛はより高い価値を追求する愛であり、フィリアという友愛の本質は相互性の中に実現している。それに対しアガペーという愛の本質は自己犠牲的性質をもっている。これら愛の三つの位相の中に常に同じ姿をもって現われている共通の普遍的な本質は「献身」ではなかろうか。この「献身」が愛から消失すると、エロースは性欲に仕えるものとなり、フィリアは党派心のしもべとなり、アガペーは偽善に変質する。つまり愛から献身が失われると、それは欲望に変質する。それに反し献身の契機が保たれていると、究極目標に向かって欲望を秩序づけることが生じるので、どのような種類の欲望であれ、そこに献身の要素が存在するならば、それはすでに愛であるといえよう。愛の本質に対する深い洞察を数多く残しているシェーラーにもなお欠けているものとしてこのように主張することができるのではなかろうか。

あとがき

本書が問題にしている「愛の思想史」は決して目新しいものではなく、これまで同名の書物も出ている。しかし、その内容となると、同じくヨーロッパ思想史を素材に使っている場合でも、相当の開きがあることは否めない事実である。たとえば愛を恋愛に限定して考察することもできるし、個人的な関心によって思想史をたどることもできる。わたしは愛を恋愛に限定しないで、広く人間関係を活かしている生命であると考えてきた。そのようにわたしが考えるようになったのは、学生時代に読んだニーグレンの『アガペーとエロース』から受けた影響によるといえよう。だが、この書物に対する批判も早くから行われていて、とくにアウグスティヌスの愛の理解に関してはバーナービの研究と批判がよく知られていた。こういう批判をさらに愛の類型にまで大きく展開させたのはシンガーの大作『愛の本性』二巻である。その第一巻（一九六六年）は「プラトンからルターまで」という題が付けられており、第二巻（一九八四年）には「宮廷的愛とロマンティックな愛」となっている。こうして愛を五つの類型に分けて考察した研究は極めて示唆に富んでおり、そこから学ぶところも多かった。この書の第三巻を入手していないので、わたしはこれに自然主義的な愛を加えて全体を六つの類型に分けた上で、愛の思想史の第一部を叙述しようと企てた。

同時にわたしはヨーロッパ倫理思想史において「愛の秩序」（ordo amoris）がアウグスティヌスからパスカルを経て現代のマックス・シェーラーにまで展開していることを知り、かなりの歳月をかけてこの研究を続けてきた。そして倫理学の特殊研究においてもこの主題を二年間にわたって講義し、その成果を『愛の秩序の思想史的研究』

（一九九〇年）としてまとめてみた。それは岡山大学文学部研究叢書の一冊として出版されたが、非売品であったため一部の研究者に知られたに過ぎなかった。今から考えるとその研究内容は特殊研究ということもあって、余りにも細部にこだわりすぎており、決して読みやすいものではなかった。これを全面的に修正して本書の第二部が書き直された。

こうして「愛の類型」と「愛の秩序」を主題とする思想史をこのたび一書にまとめて再構成することになり、細部を切り捨て、全体として読みやすいように改作してみた。歴史の歩みを鮮明にするため削除した部分も多く、とくにルネサンス時代の愛に関する思想ではダンテ、ペトラルカ、タッソには簡単に触れてみたものの、先の書物ではかなり詳しく考察したフィチーノとエラスムスの思想は全部割愛せざるをえなかった。

本書を出版するに当たって今回も知泉書館の小山光夫氏に大変お世話になった。心から御礼申し上げたい。著者としては、本書がよい読者に幸いにもめぐり会って、人生を考え直すよすがともなるなら、これに優る歓びはない。

二〇〇三年二月一日

金子晴勇

注

第一部　愛の諸類型による歴史的考察

第一章　エロースの諸形態

（1）ホメロス『オデュッセイア』呉茂一訳、岩波文庫、上、二三五－三九頁。
（2）アイスキュロス『縛られたプロメーテウス』呉茂一訳、ギリシア悲劇全集、第一巻、人文書院、一一五頁。
（3）エウリピデス『ヒッポリュトス』松平千秋訳、ギリシア悲劇全集、第四巻、人文書院、二五頁。
（4）プルタルコス『愛をめぐる対話』柳沼重剛訳、岩波文庫、五九頁。
（5）ソポクレス『アンティゴネー』呉茂一訳、岩波文庫、五四－五五頁。
（6）ヘシオドス『仕事と日』松平千秋訳、岩波文庫、一九頁。
（7）フラスリエール『愛の諸相－古代ギリシアの愛』戸張智雄訳、岩波書店、七三－七四頁。
（8）プラトン『饗宴』森進一訳、新潮文庫、二七頁。
（9）Xenophon, Symposion, IV, 57.
（10）プルタルコス前掲訳書、八七頁。
（11）クセノフォン『ソクラテスの思い出』佐々木理訳、岩波文庫、一八五－八六頁。
（12）プラトン前掲訳書、八二頁。
（13）プラトン前掲訳書、九八－一〇〇頁。
（14）A. W. Price, Love and Friendship in Plato and Aristotole, 1989, p. 38f.
（15）Gerhard Krüger, Einsicht und Leidenschaft. Das Wesen des platonischen Denkens, 1963, S. 184 の解釈による。
（16）プラトン前掲訳書、九五頁。
（17）プラトン前掲訳書、一〇一頁。

(18) 一般にプラトンの思想は、イデアの認識から現実に向かうと考えられ、理想主義とか観念論と言われている。しかし、このエロースの歩みを見ていると現実から出発していってその本質を捉えようとする側面が明らかになる。
(19) プラトン『パイドロス』藤沢令夫訳、岩波文庫、六七頁。
(20) アリストテレス『ニコマコス倫理学』高田三郎訳、岩波文庫、下、七二頁。
(21) アリストテレス『動物発生論』I、18 エラスムスも『対話集』にある「エピクロス派」においてこれを引用している。
(22) 『エピクロス』出 隆、岩崎允胤訳、岩波文庫、七二頁。
(23) 『エピクロス』(前出) 断片一八、九〇頁。
(24) 『エピクロス』(前出) 断片五一、九六頁。
(25) 『エピクロス』(前出) 失われた著書からの断片一〇、一〇六頁。
(26) ルクレティウス『物の本質について』樋口勝彦訳、筑摩世界文学大系21、第四巻、一〇五二－六七行、三七五頁。
(27) ルクレティウス前掲訳書、一一一〇－一一一行、三七六頁。
(28) ルクレティウス前掲訳書、一一一五－一一六行、三七六頁。
(29) オヴィディウス『変身物語』中村善也訳、岩波文庫、下、七四頁。
(30) オヴィディウス前掲訳書七六－七七頁。
(31) オヴィディウス『アルス・アマトリア』樋口勝彦訳、筑摩世界文学大系64、三六五頁。
(32) オヴィディウス前掲訳書、三六五頁。
(33) オヴィディウス前掲訳書、三九六頁。
(34) フロイト『性欲論』縣田克身訳、日本教文社、二六頁。

第二章 フィリア(友愛)

(1) プラトン『リュシス』生島幹三訳、世界の名著6、七三頁。
(2) プラトン前掲訳書、七九－八〇頁。
(3) アリストテレス『ニコマコス倫理学』九・一二(前出)下、一四七頁。
(4) アリストテレス前掲訳書、八・三、七三頁。

(5) アリストテレス前掲訳書、同頁。
(6) アリストテレス前掲訳書、八・一二、九九－一〇〇頁。
(7)『エピクロス』(前出) 主要教説二七、八二頁。
(8) エピクロス前掲訳書、主要教説二八、同頁。
(9) エピクロス前掲訳書、断片五二、九七頁。
(10) フラスリエール前掲訳書、二四八頁からの引用。
(11) プルタルコス前掲訳書、一一四－一一五頁。
(12) キケロ『友情について』水谷・呉訳、岩波文庫、三三頁。
(13) キケロ前掲訳書、二六頁。
(14) キケロ前掲訳書、三五－三六頁。
(15) キケロ前掲訳書、七一頁。
(16) プルタルコス『愛をめぐる対話』(前出) 四五頁。
(17) プルタルコス前掲訳書、八一頁。
(18) プルタルコス前掲訳書、八九頁。
(19) 本書第一部第四章一節参照。
(20) ボナール『友情論』安東次男訳、角川文庫、四二頁以下。
(21) アウグスティヌス『結婚の善』九・九参照。

第三章　アガペーとカリタス

(1) レオン・モリス『愛－聖書における愛の研究－』佐々木勝彦他訳、教文館、一四五頁。
(2) レオン・モリス前掲訳書、一四四－四六、五五五－五六頁。
(3) ニーグレン『アガペーとエロース』岸千年・大内弘助訳、新教出版社、全三巻。ここで分析されている成果については金子晴勇『キリスト教倫理学入門』教文館、一六八－七三頁参照。
(4) シェーラー『ルサンティマン－愛憎の現象学と文化病理学－』津田淳訳、北望社、七八頁。

(5) レオン・モリス前掲訳書、一七五頁からの引用。
(6) アウグスティヌス『カトリック教会の道徳』七・一一、熊谷賢二訳、創文社、三三頁。
(7) Augustinus, En. in Ps., 31, II, 5.
(8) Augustinus, Conf., XIII, 9, 10.
(9) Augustinus, De spir. et litt., 36, 56.
(10) ニーグレン前掲訳書、第三巻、三三頁。
(11) Augustinus, En. in Ps., 31, II, 5.
(12) Augustinus, De civ. Dei, XIV, 4, 2. この変化についての人間学的考察に関して金子晴勇『アウグスティヌスの人間学』一〇二頁を参照。たとえば次のクピディタスの規定を見るとこのことは判明になろう。「被造物がそれ自身のために愛されるなら、その愛はクピディタスである。そのとき、被造物はそれを使用する人を助けず、それを享受する人を堕落させる。だから、被造物は私たちに等しいか、それとも劣っているかのいずれかである。私たちは私たちに劣るものを神のために使用すべきであり、私たちに等しいものを神においてすべきである」(De Trin., IX, 8, 13)。
(13) アウグスティヌス『聖徒の予定』二・五、金子晴勇訳、アウグスティヌス著作集10、教文館、一七四頁。
(14) Augustinus, De Trin., VIII, 10, 14.
(15) Augustinus, Conf., XIII, 7, 8. 山田晶訳、世界の名著14、中央公論社。
(16) Augustinus, En. in Ps., 122, 2.
(17) 神律倫理に関して金子晴勇『倫理学講義』創文社、一三三−四〇頁参照。
(18) Augustinus, Tractatus X in ep. Johannis ad Parthos, VII, 8.
(19) Augustinus, ibid., VIII, 10.
(20) Paul Ricoeur, The Conflict of Interpretations, Essays in Hermeneutics, p. 437.
(21) パスカル『パンセ』田辺保訳、L二九八、B二八三。
(22) Augustinus, Conf., IV, 14, 21.
(23) Augustinus, Enchridion ad Laurentium de fide, spe et charitate, 1, 5.

(24) H. Scholz, Fruitio Dei. Ein Beitrag zur Geschichte der Theologie und der Mystik: in, Glaube und Ungalube in der Weltgeschichte, S. 197ff. 参照。
(25) Augustinus, Enchridion, 31, 117f.
(26) Augustinus, ibid., 32, 121.
(27) Augustinus, ibid., 20, 76.

第四章　宮廷的恋愛

(1) 歴史家セニョボスの言葉は新倉俊一『ヨーロッパ中世人の世界』筑摩書房、一二九頁からの引用。
(2) ルージュモン『愛について—エロスとアガペー—』鈴木・川村訳、岩波書店はその原題『愛と西欧』が示すようにヨーロッパ的愛の特質を論じている。なお以下の叙述はアンリ・ダヴァンソン『トゥルバドゥール—幻想の愛—』新倉俊一訳、筑摩書房、新倉俊一前掲書、第二章「愛、一二世紀の発明」などの研究に負うところが大きい。
(3) C・S・ルーイス『愛とアレゴリー—ヨーロッパ中世文学の伝統—』玉泉八州男訳、筑摩書房、五頁。
(4) オヴィディウス『恋の手ほどき』藤井昇訳、角川文庫、六九頁。
(5) アンリ・ダヴァンソン前掲訳書、一五九、一六三頁。
(6) アンリ・ダヴァンソン前掲訳書、一六一頁。
(7) アンリ・ダヴァンソン前掲訳書、一六四頁。
(8) アンリ・ダヴァンソン前掲訳書、一六四頁。
(9) ルージュモン前掲訳書、九七頁。
(10) アンリ・ダヴァンソン前掲訳書、二二五頁この愛は単なるエロスの衝動を拒否し、質的に高めることを目ざしている。
(11) アンリ・ダヴァンソン前掲訳書、二二五—二六頁。
(12) アンリ・ダヴァンソン前掲訳書、二二六—三七頁。新倉俊一前掲書、一五三頁以下の叙述による。
(13) アウグスティヌス以来結婚の善は相互の信実、子どもの誕生、離婚を禁じるサクラメントとして説かれていた。しかし同時に結婚によって子孫が原罪に感染するとも説かれていた。アウグスティヌス『結婚と情欲』一・二四・二七参照。
(14) アンリ・ダヴァンソン前掲訳書、二三八頁。

(15) アンリ・ダヴァンソン前掲訳書、二四一－四二頁。
(16) アンリ・ダヴァンソン前掲訳書、二四八頁。
(17) ホイジンガ『中世の秋』堀越孝一訳、中公文庫、上巻、一四九頁。
(18) 『薔薇物語』見目誠訳、未知谷、一〇－一一頁。
(19) 金子晴勇『ルターとドイツ神秘主義』創文社、九一－九八頁参照。

第五章　ロマンティックな愛

(1) ダンテ『新生』野上素一訳、筑摩世界文学大系6、三〇〇頁。
(2) ダンテ前掲訳書、三〇一頁。
(3) ダンテ前掲訳書、三一九－二〇頁。
(4) ダンテ前掲訳書、三二九頁。
(5) ダンテ『神曲』平川祐弘訳、講談社、二八頁。
(6) ダンテ前掲訳書、二八－二九頁。
(7) ダンテ前掲訳書、三一九頁。
(8) ダンテ前掲訳書、五三六頁。
(9) 近藤恒一『ペトラルカ研究』創文社、六七頁からの引用。
(10) ペトラルカ『心の秘密』近藤恒一訳、岩波文庫、一七五頁。
(11) ペトラルカ『ルネサンス書簡集』近藤恒一訳、岩波文庫、七二頁。
(12) ペトラルカ『カンツォニーレ全詩集』池田廉訳、筑摩世界文学体系74、一八〇頁。
(13) ペトラルカ前掲訳書、一八七頁。
(14) ペトラルカ前掲訳書、一八七頁。
(15) タッソ『愛神の戯れ』鷲平京子訳、岩波文庫、一四九－五〇頁。
(16) タッソ前掲訳書、一八九－九〇頁。
(17) タッソ前掲訳書、一六七頁。

(18) ゲーテ『ファウスト』第二部終幕、手塚富雄訳、新集世界の文学4、中央公論社、二六二頁。
(19) ゲーテ前掲訳書、二六一頁。
(20) ダンテ『新生』(前出) 三一九頁。
(21) 本書六八頁。
(22) ペトラルカ『カンツォニーレ全詩集』(前出) 一八六頁。
(23) タッソ前掲訳書、七五頁。
(24) ゲーテ『ファウスト』第一部 (前出) 一八八－八九頁。

第六章　自然主義的愛とその批判

(1) フロイト『性に関する三つの論文』フロイト著作集『性欲論』日本教文社、三五頁。なお同書七一頁をも参照。
(2) フロイト前掲訳書、一一五頁。なおこの点に関してリクール『フロイトを読む』久米博訳、新曜社、三五四頁以下の叙述を参照。
(3) D・H・ロレンス『愛と生の倫理』羽矢謙一訳、南雲堂、一四頁。
(4) D・H・ロレンス前掲訳書、一四頁。
(5) D・H・ロレンス前掲訳書、二〇－二一頁。
(6) D・H・ロレンス前掲訳書、二三頁。
(7) 金子晴勇『マックス・シェーラーの人間学』創文社、一七五－七六頁参照。
(8) シェーラーは性愛が性衝動に還元されることができない点をとくに『羞恥と羞恥心』(Über Scham und Schamgefühl) で解明している。彼は性的な羞恥感情の現象を生命的愛が集中した性愛の価値選択的機能と感性的快楽へ向かう欲動衝動とのあいだの緊張関係から解明し、羞恥により欲動衝動から愛は守られて成長する事実を明らかにした。
(9) サリバンの学説についてはロロ・メイ『愛と意志』小野泰博訳、誠信書房、四六七頁を参照。
(10) シェーラー『愛の秩序』平木幸二郎訳、シェーラー著作集10、白水社、二四三－四四頁。「愛は、愛するさいに、それが手中におさめ所有しているものをつねに幾分越えて広く愛しかつ観る。愛を解き放つ衝動の力は疲れることがあるにしても、愛そのものは疲れることはない。……単なる蕩児は、同じ衝動の力、否まさしく減じてすらゆく衝動の力の下で彼の快適な対象への享楽の満足がますます急速に減じて行くことによって、いよいよ忙しく、対象から対象へと突き動かされる。というのも、この水は飲めば飲むほどいっそう渇きを生じさせるからである。逆に、その対象が物件であれ、愛された人格であれ、精神的対象の求愛者の満足は、根源的にその対象へと導く同じないしは減じゆく衝動の力の下で――その本性に従って――ますます迅速に増大し、いよいよ深く充足させるのであるが、この満足は、いわばたえず新たな約束をする。つまり、この満足は、愛の運動の視線をして、所与のものを越えてつねに少しばかり遠方へとうかがわしめる。この運動は――人格愛という最高の場合においては――まさにこのことによって、人格を、それに固有の理想性と完全性の方向において、原理的には無限的なものへと発展させる」(訳文の一部変更)。

第二部 「愛の秩序」の思想史

序章 ヨーロッパにおける愛の思想史と「愛の秩序」

(1) ダンテ『神曲』平川祐弘、講談社、三六〇－六一頁。
(2) 自然主義的な愛の理論について拙著『愛の秩序』創文社、八四－八七頁を参照。
(3) 伊藤整『近代日本人の発想の諸形式』岩波文庫、一四八、一五一頁。
(4) 伊藤整前掲書、一四六頁。
(5) ソフォクレス『アンティゴネー』呉茂一訳、岩波文庫、五四－五五頁。
(6) Augustinus, Conf., VII, 17, 23.
(7) Augustinus, Conf., VIII, 5, 10.
(8) ゲーテ『ファウスト』第一部、手塚富男訳、中公文庫、八三頁。
(9) Augustinus, De civitate Dei, XV, 22.

第一章 プラトンとプラトン主義における愛の秩序

(1) プラトンの著作の出典箇所は Oxford Classical Text を使用し、『響宴』の訳は森進一訳、新潮文庫版を基礎にし、一部修正した場合もある。

(2) プラトン前掲書、178B

(3) この点に関し H. Kuhn, Liebe. Geschichte eines Begriffs, S. 39f. を参照。

(4) プラトン前掲書、210A

(5) プルタルコス『愛をめぐる対話』柳沼重剛訳、岩波文庫、二〇頁参照。

(6) プラトン前掲書、178D

(7) W. Jaeger, Paideia: The Ideals of Greek Culture, vol. II, p. 180.

(8) 「したがって、少年が、自分に愛をよせる者になびくのは美しいことだ、というようになるべきためには、上の二つの習慣、少年を愛する場合の習慣と、知識愛や他の徳に関する習慣とが、一つに結び合わされねばならない」(プラトン前掲書 184C－D)。この議論は二つの習慣の結合というソフィスト的強弁にすぎないといえるが、それでも愛する者が少年の徳の育成を目ざし、自己自身を気づかう配慮、したがって「ソクラテス的福音」(マイヤー)に接近している。彼は次のように説く。「この徳を目ざしての愛が、すなわち天上の女神に属する愛なのだ。……なぜなら、その愛は、愛する者、愛される者をして、徳を目ざしつつ、自分自身を気づかうようにせしめるからだ」(プラトン前掲書 185B)と。

(9) 「そして、かかる人に向えば、たちまち、徳に関する話――善き人は、いかなることにたずさわるべきか、とか、いかなる仕事に没頭すべきか、とかの――徳に関する話が、つぎつぎと内に溢れ、やがてその人を教育しようと試みるのです。すなわち、思うに、彼は、こういう美しい人に接し、その人と交わりながら、その人のそばにいようと離れていようと、その人のことを記憶にとどめながら、それまでに孕んでいた知恵を生みつけ、出産するのです。また、生まれた知恵を、その人と一緒に育てるのです。その結果、この人たちは、現身の人間より、より美しく、より不死なる知恵の子を互いにわかち合っているのですから、現身の子による結びつきより、はるかに強い結びつき、はるかにゆるぎない友情(philia)を、互いにわかち持つことにもなるのです」(プラトン前掲書 209C)。エロースはこのテキストの終りではフィリアへと変化しており、エロースに伴いがちな激しい欲望が愛する人への献身的配慮により穏やかで永続きのするフィリアへ変わり、美のイデアに向かって探求する知識への愛、つまり哲学の源泉となっている。

(10) プラトン前掲書、202E－203A

(11) ただしエリュクシマコスの予言術は「神と人間との間の親和をつくる業であって」、それはエロースを守護する、と述べられていた(188D)。

(12) プラトン前掲書、205A - 207D

(13) プラトン前掲書、210A - D

(14) A. W. Price, Love and Friendship in Plato and Aristotele, 1989, p. 38f.

(15) これは Gerhard Krüger, Einsicht und Leidenschaft. Das Wesen des platonischen Denkens, 1963, S. 184 の解釈による。

(16) プラトン前掲書、208C - D, 211D

(17) A. W. Price, op. cit., p. 41.

(18) プラトン前掲書、212B　ここでのエロースは大文字のエロースであるから愛の神のことを言っているわけだが、ソクラテスがアガトンに問うて「愛の神とは何ものかを対象にした愛であるのか、それとも何ものも対象にしない愛なのか」(799D) と語った場合、大文字の愛の神は同じ小文字の愛にほかならず、表現としては同語反復ではあるが、愛のうちなる神的なある力をそれにより言い表わしているのではなかろうか。

(19) W. Jaeger, op. cit., p. 192.

(20) プラトン『プロタゴラス』322B - C

(21) プラトン『国家』504B - 508A　『国家』の訳は藤沢令夫、岩波文庫による。

(22) プラトン前掲書、499E

(23) プラトン前掲書、506C - E

(24) プラトン前掲書、507E

(25) H. Kuhn, Das Sein und das Gute, 1962, S. 218.

(26) H. Kuhn, op. cit., ibid.

(27) プラトン前掲書、430E, 561D, 399E, 522A

(28) プラトン前掲書、431A　なお詳しくは 440E - 441A の叙述を参照。

(29) プラトン前掲書、443C

(30) プラトン前掲書、500C

(31) プルタルコス『愛をめぐる対話』柳沼重剛訳、岩波文庫、六八―六九頁。

(32) プルタルコス前掲訳書、七一頁。

(33) プルタルコス前掲訳書、七三頁。「そうなれば、愛する者は愛される者の肉体を素通りして、相手の内部に入りこみ性格に触れるようになる、それにはさして時間もかからないだろう。目からは霞がとれ、たがいに多くの言葉多くの行為をとりかわすことによって、相手の心の中に真の美を映した切片が宿っているかどうかがはっきり見えるようになる。……しかし何か神の形見のようなもの、その発露というか、心を躍らせるような神との類似点が見えると、喜びと驚きに我を忘れて酔い、前世で接した真の美を思い出して心楽しみ、真に愛すべきもの、これこそ万人にとって至福のもの愛するに足るものを前にして、ふたたび輝き出すのだ」。

(34) プルタルコス前掲訳書、七四頁。

(35) プルタルコス前掲訳書、七五頁。「今この世で美しいと見え、我々が美しいと言っているものから、我々の記憶を屈折させて、かの神聖にしてあこがれの的、浄福の泉にして讃嘆すべき、これぞ真の美なるものに向かわしめる」。「今この世で美しいと見え、我々が美しいと言っているものから、我々の記憶を屈折させて、かの神聖にしてあこがれの的、浄福の泉にして讃嘆すべき、これぞ真の美なるものに向かわしめる」。

(36) プルタルコス前掲訳書、八六頁。

(37) プルタルコス前掲訳書、八九―九〇頁。「愛の場合も同様で、ちょうど二種類の液を混ぜ合わせた時のように、愛もはじめは液を沸騰させ混乱させるが、やがて時がたつにつれて、落ち着いて上澄みができて、非常に安定した状態になる。これが愛する者どうしの本当の〈完全なる結合〉と呼ばれるものなのだ。この完全な結合によらず、ただいっしょにいるというだけの結合は、エピクロスの言う原子の接触や混り合い（断片二八六）のようなもので、ぶつかりあったり跳びはねたりはするだろうが、エロスが夫婦の共同生活を司って成就させる一心同体の境には至らない」。

(38) フラスリエール『愛の諸相―古代ギリシアの愛―』戸張智雄訳、岩波書店、二五五頁。

(39) E. Brehier, The Philosophy of Plotinus, p. 150.

(40) E. Brehier, op. cit., ibid.

(41) プロティノス『エネアデス』三・五・四。田之頭安彦訳、プロティノス全集2、中央公論社による。

（42）プロティノス前掲訳書、三・五・二。「かくして、天上のアプロディテ（としての魂）は、クロノス（知性）にしたがいながらあるいは、もし差しつかえなければ、〈クロノスの父ウラノスにしたがいながら〉と言ってもよいのだがクロノスに働きかけ、彼に魅せられ恋にとりつかれてエロスを生み、このエロスと一緒にクロノス（知性）を観るのである。すなわち、このアプロディテの（クロノスにたいする）働きかけ（エネルゲイア）が実体つまり真実在（としてのエロス）を作り、母神アプロディテも美男エロスもともにかの知性界（クロノス）を観るのであって、つねに自分以外の美しいものに惹かれるのが、この実体として生まれたエロスの定めであり、〈恋い慕う者〉と〈恋い慕われる者〉との間にたって、その仲人のような役割をはたすところに、彼の存在の意義があるのである。すなわち、エロスは恋い慕う者の眼としての力を発揮し、恋する者が自分を通してその恋慕の対象を見ることができるようにしてやるわけであるが、エロス自身は先の方を走っていきながら、恋する者に〈眼で見る力〉をあたえる前に、恋慕の対象の有様をじゅうぶんに眺め、その光景を満喫しているのである。しかし、エロスの方が先に観るといっても、それは恋する者と同じ仕方によるわけではない。エロスは恋する者に愛の対象をしっかりと固定し、その姿を見ることができるようにしてやるのだが、エロス自身は、自分のそばを通りすぎる美の光景を観て、たのしんでいるにすぎないのである」。

（43）この点に関して金子晴勇『愛の秩序』創文社、八二頁以下を参照されたい。

（44）プロティノス前掲訳書、三・五・三。「それゆえエロースは、魂の〈観もの〉にたいする熱烈な働きかけと、〈観もの〉からのいわば（美しい光景の）流出という、ふたつの要素がたがいに作用しあった時、そこから、その光景に満たされた眼として生まれたのであって、それは肉体の眼の働きが映像をともなっているのに似ている」。

（45）プロティノス前掲訳書、六・二・二二。

（46）プロティノス前掲訳書、一・六・七。

（47）プロティノス前掲訳書、四・八・五。

（48）I. Singer, The Nature of Love, vol. I, From Plato to Luther. 1966, p. 115 参照。

第二章　アウグスティヌスにおける愛の秩序

（1）Augustinus, Conf., XIII, 9. 10.

（2）Augustinus, ibid., I, 1, 1.

(3) Augustinus, ibid., X, 22, 32.
(4) Augustinus, De civitate Dei = DCD, XV, 22
(5) Augustinus, De lib. arb., I, 8, 18.
(6) Augustinus, DCD, XV, 22　訳文は大島春子訳（アウグスティヌス著作集14、教文館）を参照した。
(7) Augustinus, Epist., 140, 3.
(8) Morin, Sermones post Marurinos reperti, XVI, I. J. Burnaby, Amor dei, p. 113から引用。
(9) このような外的善に対する彼の一般的評価は次のテキストに最もよく示されている。「この世の財は、それ自体において善である。それは、天と地のすべてのものを支配する神によってでなければ、人間に与えられなかったのである。この神の賜物が悪いものと思われることがないために、それは善人にも与えられる。しかし同時に、それが大きな善や最大の善だと思われることがないために、悪人にも与えられるのである」（Epist., 220.）。
(10) Augustinus, De natuta boni, 34.
(11) Augustinus, ibid., 36.
(12) Augustinus, DCD, XV, 22.
(13) 金子晴勇『アウグスティヌスの人間学』創文社、二九七―三二三頁を参照。
(14) Augustinus, DCD, XIX, 13.
(15) Augustinus, DCD, XIX, 14.
(16) Augustinus, ibid., X, 3
(17) Augustinus, ibid.
(18) Augustinus, ibid, XIX, 14.
(19) Augustinus, ibid.
(20) Augustinus, ibid.
(21) Augustinus, ibid., XIV, 28. 泉治典訳、アウグスティヌス著作集13、教文館。
(22) Augustinus, Serm., 96, 2.

(23) Augustinus, En. in Ps. LXX, 2, 6.

(24) Augustinus, DCD, XIV, 13.

(25) Cicero, Hortensius frag. 36, Tusc. V, 28. を参照。

(26) Augustinus, De doct. chri., I, 26, 27.

(27) Augustinus, De Trin. XIV, 18.

(28) ニーグレンが自己愛のこの三つの形態をはじめて正しく把握している。『アガペーとエロース』第三巻、岸・大内訳、新教出版社、九八―一一一頁。バーナビィとオドノーファンとはこれを継承しているが、アレントは二つの形態しか捉えていなかった。J. Burnaby, op. cit., p. 117, Oliver O'Donovan, The Problem of Self-Love in St. Augustine, p. 2, Hannah Arendt, Der Liebebegriff bei Augustin, S. 25.

(29) 本書第二部第四章、一七一頁参照。

(30) 恩恵が実体的魔術的であるとH. Jonas, Augustin und das pausalinische Freiheitsproblem, S. 74 は非難している。それに対する批判はJ. Burnaby, op. cit., p. 99, 313 によりなされている。

(31) Bernardus, De diligendo Deo, 15, 39.

(32) 金子晴勇『近代自由思想の源流』創文社、八三―八八頁参照

(33) Augustinus, Conf., III, 1, 1.「わたしはカルタゴにきた。するとまわりのいたるところに、醜い情事のサルタゴ（大鍋）がぶつぶつと音をたててにえていました。わたしはまだ恋をしていませんでしたが、恋を恋していました。……〈恋し恋される〉ということは、恋する者のからだをも享受しえた場合、いっそう甘美でした。それゆえわたしは友情の泉を汚れた肉欲で汚し、その輝きを情欲の地獄の闇でくもらせてしまいました。……ついにわたしは、自分からひっかかりたいと熱望していた情事におちいりました」山田晶訳、世界の名著（前出）（次も同じ）。

(34) Augustinus, ibid.「わたしをよろこばせたのは、〈愛し愛される〉、ただそれだけでした。けれどもわたしは、明るい友情の範囲内に、心から心への節度を保つことができず、泥のような肉欲と泡だつ青春からたちこめた靄で、心はぼやけてうすぐらく、ついには、はれやかな愛と暗い情欲との区別がつかなくなってしまいました。この二つが混合してわきたち、弱年のわたしをひきさらって、欲望の淵につき落とし、醜行の泥沼の中に沈めていったのです」。

(35) Augustinus, De bono conjuguali, 3, 3. 岡野昌雄訳、アウグスティヌス著作集7、教文館（以下同じ）。
(36) Augustinus, M. Scheler, Wesen und Formen der Sympathie, GW. Bd. 7. S. 121.
(37) Augustinus, De bono conjugali, 5, 5.
(38) Augustinus, ibid., 9, 9.
(39) Augustinus, ibid., 9, 9; 17, 19.
(40) Augustinus, ibid., 13, 15.
(41) B. Groethuysen, Philosophische Anthropologie, S. 85.
(42) Augustinus, DCD, XIV, 16.
(43) Augustinus, De nupt. et concup., I, 24, 27.
(44) Augustinus, De mor. eccl. Cath. 3, 4.
(45) Augustinus, De doct. chri., I, 4, 4.
(46) Augustinus, De Trin., VIII, 10, 14.
(47) Augustinus, DCD, XI, 25.
(48) Augustinus, ibid.
(49) ヴェーバー『社会学の基本概念』清水幾太郎訳、岩波文庫、三九頁。
(50) Augustinus, DCD, XV, 7, 1.
(51) Augustinus, ibid., XIX, 17. 松田禎二訳。
(52) ニーグレン、前掲訳書、一一八頁。
(53) Augustinus, De mor. eccl. Cath., 26, 48.
(54) Augustinus, ibid., 26, 49.
(55) 彼は親友の死を悲しんだ過去の経験を想起し、「神なるあなたを愛し、あなたにおいて友を、あなたのために敵をも愛する人は幸いである。まことに、失われることのない御者において、万人を愛する人だけが、親しい友を一人も失わないで済む。その失われることのない御者とは、われらの神でなくして誰であろう」(Conf., IV, 9, 14. 山田晶訳）と言っている

(56) B. Pascal, Pensée, L二九八、B二八三「心には心の秩序がある。精神にも、精神の秩序があり、それは原理と証明とによる。心は、それとは別な秩序を持っている。……イエス・キリスト、聖パウロの持っているのは、愛の秩序であって、精神の秩序ではない。すなわち、かれらは熱を与えようとはしたが、教えようとはしなかった。聖アウグスティヌスも同じである。この秩序は、どちらかといえば、目標に関連のある個々の点にあれこれ目をくばりながら、しかもつねに目標をさし示して行くことを内容とする」(田辺保訳)。

第三章　中世思想史における「愛の秩序」の展開

(1) ルスローの学説についてジルソン『中世哲学の精神』下巻、服部英次郎訳、筑摩叢書、一一〇頁以下の叙述を参照。
(2) ルージュモン『愛について―エロースとアガペー―』鈴木・川村訳、岩波書店。その原著の表題、『愛と西欧』(L'Amour et l'Occident) が示すように、ヨーロッパ的愛の特質を論じている。
(3) Gilson, E., The Mystical Theology of Saint Bernard, p. 60.
(4) Bernardus, De deligendo Deo, 1, 1.
(5) Bernardus, op. cit., 2, 6.
(6) Bernardus, op. cit., 8, 23.
(7) Bernardus, op. cit., ibid.
(8) Bernardus, op. cit., 14, 38.
(9) Bernardus, op. cit., ibid
(10) Bernardus, op. cit., 15, 39.
(11) サン・ティエリ、サンヴィクトル派のリカルドゥスへの影響については金子晴勇『ヨーロッパの人間像』知泉書館、九二―九八頁を参照。
(12) Thomas Aquinas, Summa Theologiae, II - I, 3, 2.
(13) Thomas Aquinas, op. cit., II - I, 1, 7. 稲垣良典『トマス・アクィナス』勁草書房、三六七頁による。
(14) Thomas Aquinas, Summa contra Gentiles, IV, 52.
(15) Thomas Aquinas, Summa Theologiae, I, 95, 1.

(16) Thomas Aquinas, op. cit., II-I, 109, 2, 4, 8.
(17) Thomas Aquinas, op. cit., II-I, 109, 3.
(18) Thomas Aquinas, op. cit., II-I, 108, 1, 2.
(19) Thomas Aquinas, op. cit., II-I, 23, 1.
(20) Thomas Aquinas, De caritate, 1. 討論集の中の『愛について』ではこの点が明瞭に次のように語られている。「したがって、もし魂がそれ自身のある形相によって愛のわざを生じさせないで、外的な働き、つまり聖霊によって動かされるがゆえにのみそうするとしたら、魂はこのわざのための単なる道具のような態度をとることになる。そうすると人間のうちには、この行為をしたりしなかったりする力がなくなってしまうし、より功績的となりえなくなるであろう」。
(21) 本書第一部第四章一八一頁参照。ルターはトマスと正反対に人間は神の道具にすぎないとさえ主張している。たとえば「働かされるということは働くことではなく、むしろ鋸や斧が大工によって働かされるように、駆り立てられることである」(WA. 18. 699, 11ff.) という。この点に関し金子晴勇『近代自由思想の源流』創文社、三六六頁以下を参照されたい。
(22) Thomas Aquinas, Summa Theologiae, II-II, 26, 1. 稲垣良典訳。
(23) Thomas Aquinas, op. cit., ibid., ad2.
(24) Thomas Aquinas, op. cit., I, 82, 2.
(25) Thomas Aquinas, op. cit., ibid.
(26) Duns Scotus, Quodlibetales, 16, 15.
(27) 前掲拙著　四九頁参照。
(28) 以下の問題は『オルディナティオ』(Ordinatio) 第三巻補遺第二八章で論じられている。Ordinatioのテキストは Wadding版にもとづく羅英対訳本を使用する。A. B. Wolter, Duns Scotus on the Will and Morality, 1986, p. 438.
(29) A. B. Wolter, op. cit., p. 440.
(30) G. W. Leibniz, Die Theodizee, übersetzt von A. Buchenau S. 45, S. 125.『形而上学叙説』清水・飯塚共訳、世界の名著、中央公論社、三九〇頁参照。
(31) A. B. Wolter, op. cit., p. 434.

(32) A. B. Wolter, op. cit., p. 448.

(33) A. B. Wolter, op. cit., p. 448-50.「こうしてただ神それ自身が〔愛の第一の〕善き対象であるが、他のすべての人々は反射の活動のように、それを媒介にして神である無限の善に向けられる、ある種の中間に介在する対象なのである。だが、直接的活動と反射的活動との根源は同じ習性である」。

(34) A. B. Wolter, op. cit., p. 454. なおグレゴリウスの出典はM. P. L. 76, 1139.

(35) A. B. Wolter, op. cit., p. 45f.

(36) 金子晴勇前掲書、八二頁以下を参照。

(37) ペトルス・アウレオリは「神が最も理性的な愛する存在である。なぜなら神は十分な理由なしには愛したまわないから」(Deus est rationabilissimus dilector, non amat enim absque rationali inductivo.)と説いて、神の意志に救済の原因を置くスコトゥスの説を批判した。神が義、愛、徳を愛しているので、習性となった愛徳を決して退けないというこの主張は、スコトゥスの原則「被造物は自己に備えられていることのゆえに神に受納されてはならない」(Nihil creatum formaliter est a deo acceptandum.)と真正面から対決している。したがって彼は愛を力説し、愛こそ神による受納の根拠であると反撃した。

(38) Ockam, III Sent. q. 9, A et C (Opera theologica VI, 281).「それゆえわたしは主張する、超自然的習性は神の秩序的権能からわたしたちに必要なのであって、絶対的権能からではない」。

(39) Ockham, Quodibeta Septem, VI, q. 6 (Opera theologica IX, 604f.)「神は二次的諸原因を媒介にして造りうるものは何であれ、それらなしに直接的に造りかつ保つことができる」(Quidquid Deus producit mediantibus causis secundis potest immediate sine illis producere conservare.)。

(40) Ockham, IVSent. Dubitationes, prima (Opera Plurima, Lyon, IV)「ある人が正しい理性と功績的行為のために要求されている他の諸条件にしたがって、すべてに優って神を自然本性的に愛するならば、純粋な自然的能力により恩恵に合宜的に値することができ、神の愛の最初の注ぎを受けるに値している」。

(41) Ockham, Quodibeta VI, q. 2 (Opera theologica XI, 592)「もしわたしたちが神の愛を受けるために準備するならば、わたしたちが何らかの仕方でたとえ称賛に値していてもわたしたちの権能の下にないこの愛を、神はわたしたちのうちに注ぎたもう」。cf. I Sent. dis. 17, q. 17, q. 1 (Opera theologica III, 445f.)。

(42) A. Stokle, Geschichte der Philosophie des Mittelalters, Bd. II-2, S. 1035.

(43) J. L. Farthing, Thomas Aquinas qand Gabriel Biel, p. 60.

(44) Biel, III Sent. dis. 29. q. un., a. 2, c. 6 (Collectorium circa quattuor libros Sententiarum, 5 vols, 1973-84, III, 526-27 以下カッコ内はこの新版の巻と頁を示す); Thomas Aquinas, Summa Theologiae, II-II, q. 26, a. 7.

(45) Biel, II Sent. dis. 28, q. uni. a. 1, nota. 2 (II, 536-37)「純粋な自然的能力についてわたしたちが語る場合、神の一般的な影響力は排除されていない。この影響力は第一原因として第二の行為者、つまり被造的行為者とすべての積極的行為に関して競合していない。実際、神がいわば第一原因として共に作用しないならば、いかなる積極的な結果も完成されることは不可能であるから……。しかし、〈純粋な自然的能力〉によって理解される魂の本性もしくは実体は、神によってのみ注がれる超自然的習性や賜物を排除して、自然本性から生じている性質や行為をもったものである」。

(46) Biel, III Sent. dis. 25, q. uni. a. 1, nota. 1 (III, 443).

(47) Biel, III Sent. dis. 34, q. uni, a. 1, nota. 3 (III, 570).

(48) W. J. Courtenay, Nominalism and late Medieval Religion, in: Trinkaus, Oberman (eds.), The Pursuit of Holiness in Late Medieval and Renaissance Religion, p. 59.

(49) H. A. Oberman, Shape of Medieval Thought, in: Trinkhhaus, Oberman (eds.), op. cit., p. 15.

(50) H. Ebeling, Meister Eckharts Mystik, Studien zu den Geisteskämpfen um die Wende des 13. Jahrhunderts, 1966 の解釈による。

(51) Meister Eckhard, Deutsche Werke（以下 DW. と略称する）V. 513『エックハルト』植田兼義訳、キリスト教神秘主義著作集6、教文館、二九一頁、以下邦訳はカッコ内に示す。

(52) Eckhard, DW, V, 514（二九一）。

(53) Eckhard, DW, V, 516（二九四）。

(54) Eckhard, DW, V, 506.

(55) Eckhard, DW, V, 514（二九一）。

(56) Eckhard, DW, V, 523（三〇五）。

(57) Eckhard, DW, V, 500（三七四）。
(58) Eckhard, DW, V, 481（三四五）。
(59) Eckhard, DW, III, 598（一四三）。
(60) Eckhard, DW, III, ibid.（一四四）。
(61) Eckhard, DW, III, 596（一四一）。これはマルタの客への配慮を指しているが、ここでは『教導対話』にある例をあげてみたい。「わたしが以前にいったように、もし、人が聖パウロのような忘我の境に没入していたとして、その人が一杯のスープを求める病める人を知るならば、愛のためにその忘我の境から覚めて、その貧しい人におおいなる愛をもって仕えるほうがはるかによいと思う」Eckhard, DW, V, 514f.（二九二）。
(62) Thomas Aquinas, Summa Theologiae, II－II, 47, 7.
(63) H. Plesch, Meister Eckharts Ethik, S. 113 からの引用。
(64) H. Plesch, op. cit., ibid.
(65) Eckhard, DW, I, 476f.（七三）。彼は『説教』でこう語っている。「もし、あなたが自分自身を愛するなら、すべての人をあなた自身のように愛している。ただひとりの人をあなた自身より少なく愛するかぎり、あなたは真にあなた自身を愛したとは決していえない。あなたが自分自身のようにすべての人を、ひとりの人のうちに愛さないならば、〔愛したとはいえない〕——このひとりの人とは神であり人である。——このように、自分自身を愛し、すべての人を自分自身のように愛する人は正しく、その人はまったく正しい。ところが、ある人々はこういっている。〈わたしによいこと〔好意〕を行なってくれる友人をわたしは他の人よりも愛する〉と。このような人は間違っているし、これは不完全である。しかし、それは、ある人々が半速で航海し、海を横切るように、許容されねばならない。他の人よりひとりの人を愛する人々はこのようなもので、それが自然なのである。もし、わたしが彼をわたし自身のように真に愛するならば、たとえ彼にどんな喜びであれ、悲しみであれ、死であれ、生であれ、生じようと、同じことがわたしに起きたとしても、それを同じように喜んで受けよう。そして、それが真の友情というものであろう」。
(66) Eckhard, DW. V, 544f.（三八七－八八）。
(67) Eckhard, DW. V, 539.（三八〇－八一）。

(68) H. Oberman, Die Bedeutung der Mystik von Meister Eckhart bis Martin Luther, in: Die Reformation, 1986, S. 39–42を参照。

(69) Gerson, De Mystica Theologia. ed. Andre Combes (Lugando 1958), p. 103.

(70) Gerson, op. cit., p. 103.

(71) Gerson, op. cit., p. 104.

(72) Gerson, op. cit., p. 113.「自分の形相を獲得した物質のように、中心に位置を占めた石のように、万物は自分が追求している目的に到達するとき、休息するにいたる。確かに理性的魂が神と結びつき、合一させられるとき、魂は自分の最高善とつながっている。そして、もし神が最高度において魂の中心、目的、完璧な完全性であるなら、魂はそれ以上の何を欲し、それ以上のどんな目標を熱望し得ようか」。

(73) Louis, B. Pascoe, Jean Gerson: Principles of Church Reform, 1973, p. 206.

(74) Gerson, Domine si in tempore hoc. Oeuvrs complĕtes, ed. P. Glorieux, vol 5, p. 212.

(75) Augustinus, DCD, XIX, 13.

(76) Gerson, Responsio ad errores de orationibus privatis fidelium, L. B. Pascoe, op. cit., p. 23から引用。

(77) L. B. Pascoe, op. cit., p. 35.

(78) シュトッペリヒ『ドイツ宗教改革史研究』森田安一訳、ヨルダン社、一九頁からの引用。

(79) 本書六二－六四頁参照。

第四章　マルティン・ルターと愛の秩序

(1) 金子晴勇『近代自由思想の源流』創文社、はこの問題を全体として詳論している。

(2) 前掲著二〇三－三二頁参照。

(3) 前掲著二二三頁。

(4) 前掲著二三八－四三頁参照。

(5) ルターの出典はすべてワイマール版全集による。Weimarer Ausgabe は以下 WA.で略称し、引用箇所は巻・頁・行の順に本文中にカッコにより示す。

(6) Aristoteles, Ethica Nicomachea, 1098 a 15.

(7) Thomas Aquinas, Summa Theologiae, II - I, q. 54, a. 1.

(8) トマスは罪の習性(habitus)により自然本性が壊敗しているとき、恩恵により新たに内的な習性が形成され、戒めを実行し得るようになると説き、神の恩恵のそぎにより意志が準備されるという(Summa Theologiae II - I, q. 108, a. 1, ad. 2 参照)。したがって、神の恩恵を行為の開始点において説いているためセミ・ペラギウス主義は回避されているが、恩恵との共働による功績は認められている。たとえば次のように云われる。「運動者としての神によって導かれた自由意志の運動に対して終点のように立てられるものは、人間の功績に入れられるが、出発点のようにこの運動に対立させられているものはそうではない」(op. cit., II - I, q. 114, a, 9)。しかるにハルナックによると共働的恩恵には活動的恩恵がアウグスティヌス以来先行し、両者は区別され、トマスもこの区別を明瞭に述べてはいても、実際は共働的恩恵のみが力説され、結果として功績思想が生じてこざるを得なかったとされている。(A. von Hernack, Lehrbuch der Dogmengeschichte, Bd. III, S. 652ff.)。

(9) E. Iserloh, Gnade und Eucharistie in der philosophischen Theologie des Wilhelm von Ockkam, S. 112f. およびK・リーゼンフーバー「トマス・アクィナスから近世初期にかけての自由観の変遷」(松本他編『トマス・アクィナス研究』創文社、二六三頁以下)参照。

(10) この問題について次の代表的テキストを参照されたい。A. B. Wolter, Duns Scotus on the Will and Morality, 1986. p. 436 G. Biel, III Sent. dis. 27, q. uni. a. 3, prop. 1 (Collectorium... 1973-1984, Bd. III, S. 504). なお金子晴勇前掲書、一一七、一三五―一三七頁を参照。

(11) 金子晴勇『ルターとドイツ神秘主義』創文社、六五―八〇頁参照。

(12) ルターによるグレゴリウスの引用は不正確である。本書の一五三―一五四頁にあるスコトゥスによる同じ引用を参照。

(13) Augustinus, De doctrina christiana, I, 23, 22.「そこで四つのものを大切にすべきである。第一はわれわれよりも上位にあるもの、第二はわれわれ自身、第三はわれわれの近くにあるもの、第四はわれわれの下位のものである。第二と第四についてはいかなる戒めも必要でなかった。というのはどのように真理から逸脱しても、その人にとって自己への愛と自分の体への愛は依然として残るからである」(加藤武訳)。

(14) WA. 56, 517, Anmerkung 2 における引用による。

(15) Bernardus, De diligendo Deo, 15, 39. 詳しくは本書一四三頁以下を参照。

(16) それゆえ神秘主義の否定の道(via negativa)がディオニュシウス・アレオパギタやタウラーの影響の下にここで説かれていると考えられるが、根本においては自己愛を何らかの形で肯定し、それを絶対的に否定する宗教についての十分な理解が当時のスコラ神学に認められなかったから、神秘主義の「否定の道」が採用されたのであると思われる。つまり自己愛に立つエロースの立場が単に修正され、浄化されるのであれば、アガペーはエロースのための手段にまで低下してしまい、神の愛が相対化され、宗教は道徳化し不純のものとならざるをえないのである。パウクはこの点に関して次のように述べている。「もしわたしたちが、スコラ神学に対してルターを批判へと向かわせた動機は何であったか、と問うならば、この神学の根底にある敬虔を彼が（カルヴァンの言葉を用いるなら）宗教に対する非宗教的態度とみなした点にあると、答えなければならない。このことは神に対する人間の愛を、神のためではなく、自分のためであると考えて、永遠の至福に関心を示す点に明らかになっていたからである。ルターは、人が永遠の至福を求めるこういう愛の方法を貪りの愛(amor concupiscentiae)と呼んでいる」(Pauck, Luther, Lectures on Romans, Introduction, p. 54)。

(17) このテキストの終わりの部分は、バウクにしたがってワイマール版を修正して訳出した(Puack, ibid., p. 408, note 16)。

(18) アウグスティヌスが自然本性上の自由意志と罪に拘束された自由意志とを区別している点に関して、金子晴勇『アウグスティヌスの人間学』創文社、一七六頁以下と四一四頁以下を参照。またルターが善悪いずれとも規定されていない無記的自由意志に対する否定について金子晴勇『近代自由思想の源流』(前出)三五一頁以下を参照されたい。

(19) ニーグレン『アガペーとエロース』第三巻、岸千年・大内弘助訳、新教出版社、三一一頁。

(20) Thomas Aquinas, Summa Theologiae, II－I, q. 110. a. 6.

(21) 本書九四頁参照。

(22) Augustinus, Enarrationes in Psalmos, 122, 2.「すべての愛は上昇するか下降するかである」。

(23) Augustinus, Enarr. in Ps. 31. II, 5.「愛しなさい。しかしあなたの愛しているものに気をつけなさい。神への愛と隣人への愛は『カリタス』と呼ばれ、世界への愛とこの世への愛は『クピディタス』と呼ばれる」。

(24) このようなニーグレンによる解釈の問題性について本書四八頁を参照。

(25) その他に WA. 39II, 42, 3: 26, 504, 30: 50, 652, 18 et 33 を参照。

(26) WA. 31I, 234, 15: 409, 38: 410, 18 を参照。

(27) Erich Seeberg, Luthers Theologie in Grundzügen, S. 187.

(28) ルターにおける ordines の意義について Friedrich Gogarten, Der Mensch zwischen Gott und Welt, S. 112f. および Paul Althaus, Die Ethik Martin Luthers, S. 43ff. を参照。

第五章　パスカルとキルケゴール

(1) B. Pascal, Pensée sur la religion et sur quelques autres subjets, avant-propos et notes de L. Lafuma, 1960. 田辺保訳、教文館版「パスカル著作集」VIとVIIを用いる。パスカルの引用は以下ラフュマ版（略記号L）と従来の定本ブランシュヴィック版（略記号B）の番号のみを記す。L四一三、B一六二。

(2) パスカル『恋愛の情念について』田辺保訳「パスカル著作集」I。パスカルは一六五二―五三年にわたって社交界に出入りし、五三年末にこの書を著している。エミル・クランツは「パスカルにはごくわずかの期間カルテジアンの時期があったのであり、『愛の情念に関する説』は明らかにその時期である」と言っている。

(3) パスカル前掲訳書、一七頁。

(4) パスカル前掲訳書、二三頁。同じことをビンスヴァンガーが指摘している。金子晴勇『人間と歴史』（YMCA出版）二八七頁以下の叙述を参照されたい。

(5) パスカル前掲訳書、三七頁。

(6) パスカル前掲訳書、四一頁。

(7) キェルケゴール『現代の批判』桝田啓三郎訳、岩波文庫、二三頁以下。

(8) パスカル『パンセ』前田・由木訳、世界の名著、四六六頁。愛をこのように理性と一つに結びつけ、「性急な思考」とみなすのは、アウグスティヌスの神秘的脱自体験における rapida cognitio と同じ事態であるといえよう。Augustinus, Conf. VII, 10, 25. この点に関して金子晴勇『アウグスティヌスの人間学』創文社、一一四頁参照。

(9) 本書の五一―五三頁参照。

(10) シュヴァリエ『パスカル』松浪・安井訳、パンセ書院、一七七頁からの引用。

(11) パスカル『パンセ』（前出）L三〇八、B七九三。

(12) パスカル前掲訳書、L一一〇、B二八二、L三一九、B七〇一。心情の直感が信仰の目と呼ばれるのは、すべての出来事を福音の栄光に向けて見るからである。このことは新・旧の二つの聖書がイエス・キリストを中心とみなしているように（L三八八、B七四〇）、啓示の事実を証拠として心情が捉え、中心への連繋においてそれを見ることをいう。この連繋こそパスカルのいう秩序である。つまり「秩序、ユダヤ人のあらゆる状態のなかで、明白なものと争う余地のないこのとを見ること」（L八、B六〇二）とあり、この中心に導く運動こそ愛なのである。「すべて愛にまでいたらぬものは表徴である。聖書の唯一の目的は愛である」（L二七〇、B六〇二）と言われている。

(13) パスカル『説得の術』シュヴァリエ前掲訳書、一八三頁からの引用。

(14) パスカル『パンセ』（前出）L一一〇、B二八二。

(15) パスカル前掲訳書、L四二三、B二七七。

(16) パスカル前掲訳書、L一八八、B二六七。

(17) パスカル前掲訳書、L二二一、B四〇九。

(18) L. Haikola, Studien zu Luthertum, 1958, S. 27. ルターも同じように語っている。「われわれが身に帯びている悪から、われわれが喪失した善がいかに大きなものであるかを推論すべく強いられる」（WA. 42, 126, 22f.）。金子晴勇『ルターの人間学』創文社、九八頁参照。

(19) パスカル前掲訳書、L二九八、B二八三。

(20) パスカル前掲訳書、L四二二、B二七七。

(21) パスカル前掲訳書、L二九八、B二八四。

(22) ジルベルト・ペリエ『パスカルの生涯』田辺保訳、パスカル著作集I、八六節六二頁。

(23) カント『純粋理性批判』B573 参照。

(24) パスカル前掲訳書、L二六六、B一六九。

(25) パスカル前掲訳書、L四二二、B二七七。このように「人間はみんな、幸福になりたいと願い求めている。このことには例外がない。……しかしながら、ずいぶん遠い昔から、これまでまだ、だれ一人として、みんながたえず目ざしているこの地点に、信仰なしにはたどりつくことができなかった。……それでは、こんなにもはげしい願いがあるというのに、それを果たす力がないということは、わたしたちにいったいどういうことを告げ知らせているのであろうか。……ただ神のみが、人間にとって真の幸福である」(パスカル前掲訳書、L三〇〇、B四二五)。

(26) パスカル前掲訳書、L三六四、B九八。

(27) 「神はその人たちの心を信仰へとかたむけさせたもう。もし神が心をかたむけさせたまわないならば、かならず成るとの信頼と心の信頼と心からの信仰をもって信じることは決してないであろう」(パスカル前掲訳書、L七三〇、B二八四)。

(28) 「わたしが何か目新しいことを言っていないではないかなどと、言わないでほしい。題材の配列が新しいのだ。……同じ言葉でも、ちがった配列にすれば、別な思想を形づくるのと同じように、同じ思想でも、配列を変えれば、議論全体が別なものになるかもしれないではないか」(パスカル前掲訳書、L四、B二二)。

(29) 本書一二六頁参照。

(30) パスカル前掲訳書、L九九、B一〇〇。

(31) パスカル前掲訳書、L三六二、B四七二、L三九六、B四七一。

(32) パスカル前掲訳書、L四二一、B四七七。

(33) 「素朴な人たちが、理屈をこねずに信じるのを見て、驚いてはならない。神は、ご自身に対する愛と、自分たち自身に対する憎しみとを、その人たちに与えておられる」(パスカル前掲訳書、L七三〇、B二八四)。

(34) これは有名な「考える葦」との連想から発しており、自己がその「肢体」である共同体との関係から愛の調整を試みている。「肢体。そこからはじめること――どうしても自分自身の方へと向かう愛を、正しく律するためには、考える肢体にみちた一つのからだを、思いうかべてみるべきである。つまり、わたしたちは全体の肢体なのである。そこで、肢体はそれぞれ、どんなふうに自分を愛することができるかを考えてみるべきである」(パスカル前掲訳書、L六八四、B四七四)。

(35) パスカル前掲訳書、L三七三、B四七六、L三七四、B四七五参照。

(36) 「肢体はからだを愛することによってはじめて、自分を愛することができる。肢体はからだの中にのみ、からだによってのみ、からだのためにのみ存在するからである」(パスカル前掲訳書、L六八八、B四八三)。だが、肢体は本性上ただ自分のものしか求めないため、キリスト教はまず自己を憎まなければならないと教えている(前掲訳書、L二二〇、B四六八)。「だから、まことの徳、ただ一つの徳は、自分を憎むことである(自分こそ、その欲望のゆえに憎むべきものである)。また、真に愛するにたる存在をさがし求めて、これを愛することである」（前掲訳書、L六九九、B四八五）。もちろん真に愛するにたる存在とは「わたしたちの中にある神の国たる普遍的存在」である。

(37) この言葉はキルケゴールの『我が著作活動の視点』にある。詳しくは金子晴勇『人間と歴史』第八章の全体を参照。

(38) キルケゴール『ギーレライエの手記』桝田啓三郎訳、世界の名著「キルケゴール」二〇頁。

(39) Kierkegaard, Die Krankheit zum Tode, übersetzt v. Hirsch, S. 40. 邦訳『死に至る病』桝田啓三郎訳、世界の名著、四七四頁。

(40) Kierkegaard, op., cit. S. 8.

(41) Kierkegaard, Der Begriff Angst, übersetzt v. Hirsch, S. 72, 68, 47.

(42) Kierkegaard, Entweder-Oder, übersetzt v. Fauteck (Dünndruck-Ausgabe dtv-bibliothek) S. 762.

(43) Kierkegaard, Stadien auf des Lebens Weg, übersetzt v. Hirsch, S. 506f. 邦訳『人生航路の諸段階』下巻、佐藤晃一訳、白水社版「キルケゴール著作集」14、三六四―六五頁。訳文は一部修正の上で引用する。

(44) キルケゴール前掲訳書、三二八頁。

(45) キルケゴール前掲訳書、三六八頁。

(46) パスカルと同様キルケゴールも論理的合法則性ではなく質的変化と飛躍を移行において考えている。たとえば『死に至る病』ではこう説かれている。「ついでながら、いつか公平な思想家が出てきて明らかにしてもらいたいものだと思うのだが、論理と文法との最初の関係〔二重の否定は肯定である〕や数学上のそれを思わせるこの純粋に論理的なものは、どこまで現実の世界、質の世界において妥当するものなのであろうか、一般に、質の弁証法はそれとは違ったものなのではあるまいか、〈移行〉はここではそれとは違った役割を演じているのではあるまいか。〈永遠の相のもとに〉〈永遠の様相において〉等々から見られると、もちろん、継起的なものはまったく存在しない、それゆえに、一切はあるのであって、そこには移行は存在しない。それゆえ、このような抽象的な媒体のなかでは、措定することは、そのままただちに止揚することと同じことである。しかし、現実をこういうふうに考えるのは、ほとんど狂気の沙汰である」(Kierkegaard, Die Krankheit zum Tode, S. 97f.『死に至る病』桝田啓三郎訳、世界の名著「キルケゴール」五一四頁)。

(47) Kierkegaard, Der Leibe Tun, übersetzt v. H. Gerdes, S. 8f. 邦訳『愛のわざ』上巻、武藤・芦津訳、キルケゴール著作集

15、白水社、一五頁。

(48) Kierkegaard, op. cit., S. 11, 12. 前掲訳書、一八―二〇頁。

(49) Kierkegaard, op. cit., S. 25. 前掲訳書、三八頁。

(50) Kierkegaard, op. cit., S. 27. 前掲訳書、四〇―四一頁。

(51) 「自然的な愛はその対象によって、友情はその対象によって規定されている。ただ隣人に対する愛のみが愛そのものによって規定されている。つまり、隣人とはすべての人、無条件にすべての人なのであるから、その対象からはあらゆる特殊性というものがとり除かれているのである。それゆえに、この愛はまさに、その対象が独自な特色についてのより詳細な規定をもっていない、ということによってこそ見分けられる。そして、この愛そのものによってのみ認識されるということが言われるのは、まさしくこの理由によってなのである。これが最高の完全性というものではなかろうか? なぜなら、愛がなにかそれ以外のものにおいて認識され得るものであり、またそのように認識されねばならぬものである限り、この他者は、愛の制約として、いわばその愛に対する疑念となり、その愛が充分に包容的でなく、またその限り、永遠の意味においては無限ではないのだというふうに考えるからである」(Kierkegaard, op. cit., S. 75f. 前掲訳書、一一四頁)。

(52) Kierkegaard, op. cit., S. 64. 前掲訳書、九七頁

(53) Kierkegaard, op. cit., S. 65. 前掲訳書、九八頁。

(54) Kierkegaard, op. cit., S. 30. 前掲訳書、四五頁。

(55) マランツク『キルケゴールその著作の構造』藤木正三訳、ヨルダン社、一〇七頁。

第六章　マックス・シェーラーにおける愛の秩序

(1) ordo amoris はシェーラーの道徳哲学の中心概念であるのに批評家たちによって無視されてきたことをフリングスが指摘している。たとえば Maurice Dupuy, Wilfried Hartmann, Johannes Hessen, Heinrich Lützer, Erich Rothacker の著作があげられている。Manfred S. Frings, Der ordo amoris bei Max Scheler. Seine Beziehungen zur material Wertethik und zum Ressentimentbegriff, in: Zeitschrift für philosophische Forschung, XX (1966), S. 57.

(2) たとえば小倉貞秀『愛の価値論的考察』以文社、第一章第三節「愛の秩序」(四七―七九頁) にはアウグスティヌスとパスカルとの関連について述べられている。なお金子晴勇『倫理学講義』創文社、第七章「愛の秩序」もこの思想の歴史的発展につ

いて概観を与えている。

(3) こういう哲学的企図のもつ一般的意義についてフュルストナーは次のように語っている。「愛はその究極の本質において定義できるものではなく、ただ直観できるものとなし得るにすぎない。したがってそれは概念による規定の中に自分を強制的に入らせはしない。このように解明しがたいため、認識に残余が残ってしまうという意識をもって、シェーラーは、とりわけ『共同感情の本質と諸形式』という著作において、現代の思想家が、自ら承認するかそれとも批判的に対処するかすることなしには、愛を考察の対象となし得ないほどの深遠な仕方で、愛の本質について哲学したのである」(Fürstner, H., Schelers Philosophie der Liebe, in: Studia Philosophica 17 (1957), S. 23.)。

(4) M. Scheler, Gesammelte Werke = GW Bd. 2, S. 82.『倫理学』吉沢伝三郎訳、シェーラー著作集1、一三三頁。

(5) なぜなら、対象と志向体験との間には本質連関が成立していて、「カントが言うように、対象の法則が対象を把握する作用にしたがって〈規整〉されねばならないのではない、つまり対象把握の法則はまた把握対象の法則でもある、と主張されているのではない」から。これでは連関は一面的になってしまう。それゆえ「或る対象種が存在するという主張はすべて、この本質連関に基づいて、この対象種がそのうちに与えられている経験種の申し立てをも要求する。そのかぎりにおいて私たちは、〈価値はその本性上感得する意識のうちに現出し得るのでなければならない〉と主張するのである」。M. Scheler, op. cit., S. 270. 前掲訳書第二巻、一七五頁以下。

(6) M. Scheler, op. cit., S. 260–61. 前掲訳書、一六〇－六一頁。

(7) M. Scheler, Wesen und Formen der Sympathie, GW Bd. 7. S. 151.『同情の本質と諸形式』青木・小林訳、著作集8、二四九頁。

(8) 「愛と憎しみの志向がめざす当のものは、他の価値にくらべてある価値を〈先取する〉場合のような、価値もしくは〈より高い〉価値そのものではなく、むしろ価値を含んでいるものでありかつ価値を含んでいるかぎりでの諸対象である。わたしは価値そのものを愛するのではなく、価値を含んでいるなにものかをつねに〈愛する〉のである」(M. Scheler, op. cit., S. 151.)。

(9) したがって「愛および憎しみは、価値内容そのものに対して、情緒的態度のもつまったく根源的かつ直接的なあり方であり、したがって価値受容の機能(たとえば感得や先取の機能)はその場合現象学的には与えられていない」(M. Scheler, op. cit., S. 152. 前掲訳書、二五〇頁)。

(10) 「評価可能な諸価値へと、いわんや、別々に感得可能な諸価値へと全面的に解消してしまうのでは断じてないような価値中核へと向かっている」(M. Scheler, op. cit., ibid. 前掲訳書、二五一頁)。

(11) M. Scheler, op. cit., 前掲訳書、二五二頁。

(12) だからそれが愛する働きの生じる以前にあらかじめ与えられた価値に対する反応であるとしたら、他の第三者によってもそれは可能であり、代替可能なものとなってしまう。したがってより高い価値への志向と運動が加わる場合にのみ愛は存在することになる。「なるほど愛のうちには、愛されている事物の積極的価値、たとえばある人のもつ美、優雅さ、善良さが感じられるが、このことは、その人に対するあらゆる愛なしにも可能である。愛は、愛において〈実在的なものとして〉すでに与えられている価値に対し、運動、すなわち、すでに現存し与えられてはいるけれども、積極的性質としてはいまだ与えられていない可能的な〈より高い〉価値への志向、がつけ加えられたときに、はじめて存在するものとなる」(M. Scheler, op. cit., 前掲訳書、二五八頁)。

(13) M. Scheler, op. cit., 前掲訳書、二七一頁。この人格的愛の解釈は多くの賛同者をもっている。たとえばディートリヒ・フォン・ヒルデブラントの『愛の本質』(Das Wesen der Liebe, 1971) の全体、カール・ヤスパースの『世界観の心理学』(Psychologie der Weltanschaungen, 1954) S. 123-29、ニコライ・ハルトマンの『倫理学』(Ethik, 4Auf., 1962) S. 532-44.

(14) M. Scheler, op. cit., S. 155. 前掲訳書、二五六頁。

(15) M. Scheler, Ordo Amoris, GW Bd. 10, S. 358.『愛の秩序』平木幸二郎訳、著作集10、二三九頁。

(16) そこで五標識の骨子のみを示すと、㈠、価値は持続的であればあるほど高い。㈡、価値は分割されることが少なければ少ないほど高い。㈢、基礎づける価値は基礎づけられた価値より高い。㈣、価値の高さの基準とみなされるものには価値感得に伴う「満足の深さ」がある。㈤、高い価値ほど相対的ではなく、最高の価値は絶対的な価値である、ということになる (M. Scheler, GW Bd. 2, S. 107ff.)。この標識により価値は、精神価値・生命価値・快適価値・有用価値の四つの段階、さらに精神価値の最上位の聖価値を分けると五段階となり、高低による序列がそこに与えられ、価値世界を客観的に構成している。このような序列はキリスト教的ヨーロッパの伝統的価値観に基づいており、様々な疑義はあっても、いちおうの妥当性が認められる。

(17) M. Scheler, op. cit., S. 335ff. 参照。

(18) つまり共同感情は追体験を前提していても、追体験から共同感情が「感情移入説」が説くようには成立しない。「あなたのことはとてもよく追感得できますが、同情できません〔共苦をもてません〕」ということは完全に有意味だからである(M. Scheler, GW Bd. 7, S. 20.『同情の本質と諸形式』(前出) 三四頁)。

(19) そのため、自他の体験の共通性から他者の理解を説くディルタイ的類推説は感情移入説と同じく批判されている。次に共同感情の本質には他我の体験を、その内容や状態においてではなく、その情緒的機能において自らも共に感じることが属している。こうしてまず「ここでAの苦しみはAに帰属するものとして、さしあたり、作用として体験された理解もしくは追感得の作用のなかで現在しており、ついでBの根源的な共苦がAの苦しみの質料へ指し向けられる。すなわち、私の共苦と彼の苦しみとは現象学的に二つの異なった事実である」(M. Scheler, op. cit., S. 24. 前掲訳書、四二―四三頁)。

(20) 共同体の成員間の関心の発展により形成されたとみなすのはダーウィン説であり、共同感情により世界根拠の統一性という普遍的生命の実在と一体化し解脱するということを説いたのはショーペンハウアーであるが、シェーラーは共同感情を宇宙的生命との「一体感」(Einsfühlung)と混同してはならない点を力説した(M. Scheler, op. cit., S. 61ff., 138f. 参照)。

(21) M. Scheler, op. cit., S. 107. 前掲訳書、一七八頁。

(22) M. Scheler, op. cit., S. 146f. 前掲訳書、二四二頁。

(23) M. Scheler, op. cit., S. 147. 前掲訳書、二四三頁。

(24) M. Scheler, op. cit., S. 148. 前掲訳書、二四四頁。

(25) M. Scheler, Vom Umsturz der Werte, GW Bd. 3, S. 74, Fußnote.

(26) M. Scheler, Sympathie, GW Bd. 7, S. 30-40. シェーラーのあげている事例を列挙すると以下の十一の場合がある。㈠、トーテムの動植物と自己とを同一視する未開社会の心理や指導者と群衆の結合もしくは同一視。㈡、神人の脱自的合一を説く神秘主義や古代の秘教。㈢、催眠術にかかった人とかけた人。㈣、外界の事物や生命体と自己とを区別しない子供の心理。㈤、憑かれた人や神がかりの状態。㈥、性愛の作用。㈦、群衆心理。㈧、他我との一体感に成立する他我への愛。㈨、母の子に対する情愛。㈩、生命体の共力関係。たとえばスズメ蜂とアオ虫。(十一)、テレパシー作用。これらの一体感現象の中で私たちの主題に最も関係の深い性愛の作用について考えてみよう。

(27) 「この一体感のもっとも基本的な形式は、疑いもなく、愛にみたされた性行為(すなわち、享受したり使用したり目的をめざしたりする行為とはまったく反対の行為)において与えられる」(M. Scheler, op. cit., S. 36. 前掲訳書、六一頁)。

（28）「宇宙的生命との一体感にいたる入口は、人間にとってまさしくもっとも身近でもっとも縁の深いところ、つまり他者のなかにある、宇宙的生命である」（M. Scheler, op. cit., S. 116. 前掲訳書、一九三頁）。

（29）M. Scheler, op. cit., S. 121. 前掲訳書、二〇〇―一頁。

（30）M. Scheler, op. cit., ibid., 前掲訳書、二〇一頁。

（31）このようなシェーラーの人間の身体的理解は各人が全体的生命により生まれた「独創的個体」であるという主張となり、それは、①代替不可能性、②具体的全体性、③生の必要を超える余剰性格という三つの特性を具えている（M. Scheler, op. cit., S. 129-31.）。

（32）M. Scheler, op. cit., S. 185. 前掲訳書、三〇三―四頁。ここでの「期間婚」（Ehe auf Zeit）、「試験婚」（Versuchsehe）というのは結婚前に農村などでテスト期間花嫁が見習いという形で婚家に行く風習を指していると思われる。しかし、家柄・血統・格などを重視する日本古来の婚姻の仕方はシェーラーが指摘するように生命価値にもとづいていて、人格の精神価値を否定している。

（33）田中熙『マックス・シェーラー』弘文堂、一一八頁以下参照。

（34）たとえば愛を社会的本能から発生的に説明する進化論（ダーヴィン、スペンサー）は両性動物について次のように言う。「両性動物においてはすべての場合、つねに同時に、ある社会的な衝動のような本能と衝動が存在する。それは両性相互のあいだの衝動である。このことから、衝動があらゆる種類の社会的衝動一般の〈根〉であることを推論してよいと考えられる」（M. Scheler, op. cit., S. 175. 前掲訳書、二九〇頁）。これはきわめて疑わしい推論であり、両性動物は性衝動をもつが、すべてが必ずしも社会的衝動をもっているわけではない、と批判されている。

（35）つまり生命の領域を超えた聖なる愛と心的愛という「完全に新しいもろもろの作用と質とが、生命と人間性との発展の過程のなかに登場し、また登場しうるということ、またこれらの質が本質的に飛躍的に現出し、古いものからの単に程度的な継続的形成とは断じてみなされないということ」（M. Scheler, op. cit., S. 180f. 前掲訳書、二九八頁）を見落としている。したがって「自然主義的理論にとって、あらゆる新しい質はある新しい幻想を意味する。〈真なる〉世界は、与えられた世界よりもつねに〈より豊か〉であるという基本的事実を自然主義的理論は原理的にみそこなっている」（M. Scheler, op. cit., S. 181. 前掲訳書、二九九頁）。

(36) M. Scheler, op. cit., S. 186. 前掲訳書、三〇七頁。このテキスト以前においては愛が究極的にすべてを決定する原理であるとみなされていたのに、ここでは衝動体系が私が何を愛するかを、したがって価値感得・認識・意欲を規定するものとなっている。衝動の意義は以後の著作で次第に高まってゆき、後期の『宇宙における人間の地位』では生命の領域が独立し、すべての精神活動に対しての優位性をもたされている。こうして「衝動と情意の生はすべての〈意識的〉表象像に対し優位をもっている」(M. Scheler, Die Stellung des Menschen im Kosmos, S. 73.)、また「すべての真正な生命活動と意識内実とのあいだに衝動が統一を形成し、媒介を打ち立てている」(M. Scheler, op. cit., S. 76.) といわれる。

(37) M. Scheler, Die Scham und Schamgefühl, GW Bd. 10, S. 97.

(38) エロースの生産と創造について次のように言われる。「ここで〈生産〉とか〈創造〉とか呼ばれているものは、事実としては単に〈われわれにとって〉の、つまり〈表象〉(ドクサ)の領域にとっての、〈創造〉のたんなる像でしかない。そして厳密な認識(エピステーメー)にとっては、〈創造〉と想われているものは創造ではないし、また形態の〈生産〉ではなく再=生産にすぎない」(M. Scheler, Liebe und Erkenntnis, S. 14.『愛と認識』著作集(前出)9、一三五頁)。

(39) M. Scheler, op. cit., S. 18. 前掲訳書、一四一頁。

(40) Leonardy, H., Liebe und Person, 1976, S. 72. なお、シェーラーによる愛の認識に対する優位についてアウグスティヌス解釈が間違っているという批判がある。J. Malik, Wesen und Bedeutung der Liebe im Personalismus Max Schelers, in: Philosophische Jahrbuch, LXX I, 1963, S. 112. 愛と認識とは『ヨハネ福音書講解』第九六説教の四に示されるように相互作用の関係にあるといえよう。この箇所でアウグスティヌス的伝統といわれているものでも、それによりスコトゥスやオッカムの意志優位説が考えられているのではなく、パスカルやマールブランシュの思想が考えられている。それは愛と関心が精神の最も原初的な根源であるとみなす立場である。たとえばキリストの愛に対するマグダラのマリアの応答愛が人々の目に隠されていた主イエスの姿を観るのであって、「ただ愛している者たちの眼が――彼らが愛している程度に応じて――開かれたのである」(M. Scheler, op. cit., S. 19. 前掲訳書、一四二頁)。愛にはこのような開顕作用が存在する。

(41) M. Scheler, op. cit., S. 26. 前掲訳書、一五三頁。

(42) M. Scheler, op. cit., S. 27. 前掲訳書、一五四頁。

(43) M. Scheler, Ordo amoris, GW 10, S. 355.『愛の秩序』(前出)二三八頁。

(44) M. Scheler, op. cit., S. 355f., 前掲訳書、二三八—三九頁。「人間の愛は、たんに一つの特殊な変種、それどころか、あらゆるものの中で、またあらゆるものにおいて活動している普遍的な力の一つの部分的な機能にすぎない。いずれにせよその際、われわれにとって愛は、動的に、原像——事物から神の内へと置き入れられている原像——の方へと向かう、事物の一つの生成、生長、流れであった。……あらゆる愛は、いまだ不完全な、しばしば眠り込んだり或いはものの虜になって途中でいわば休止している神への愛である。もし人間が、ある事物、価値、認識の価値を愛するなら、……彼は自分の人格中心において身体統一としての自己から歩み出るのだということ、そして、人格中心の活動を通じて、かつその中で、他の対象におけるこの傾向をそれ固有の完全性へと向けて肯定し、この傾向をともにし、促進し、祝福することに協力するのだということを意味している」。

(45) M. Scheler, Sympathie, GW Bd. 7. S. 168.『同情の本質と諸形式』(前出) 二七八頁。

(46) このテキストは新全集版に収められた第三版 (一九二六年) に依っている——第二版 (一九二三年) も同じ——が、第一版 (一九一三年) の方は「統一」(Einheit) とあるところが「統一実体」(Einheitssubstanz) と言い換えられている (M. Leonardy, op. cit., S. 136. の指摘に依る)。なにゆえに第二版に「実体」概念が加えられたのか。元来人格は対象化できないし、対象として与えられているものは「つねにただ、(1)他者の身体、(2)身体統一、(3)自我とそれに帰属する (生命的)〈魂〉のみである」(M. Scheler, Sympathie, GW Bd. 7. S. 168. 前掲訳書、二七九頁)。したがって「人格はもっぱら、わたしがその人格の諸作用を〈共同遂行する〉(Mitvollziehen) ことによってのみ、すなわち、認識的には〈了解〉と〈追随的生〉(Nachleben) によって、道徳的には〈服従〉(Gefolgschaft) によってのみ与えられている」(M. Scheler, op. cit., ibid., 前掲訳書、二七七頁)。

(47) M. Scheler, op. cit., S. 169. 前掲訳書、二八〇頁。

(48) このきわめて不明確である「作用の統一実体」(Einheitssubstanz der Akte) という概念については金子晴勇『マックス・シェーラーの人間学』一七九—八五頁参照。なおM. Leonardy, op. cit., S. 148. は実体の意味を「志向定数」(Intentionskonstante) とみなし、それが愛の秩序となっていると、次のように説いている。「人格に恒常的にとどまっているもの、志向定数の概念でもって言い表わすことができる。シェーラーが人格を定義した作用実体の〈実体〉はこの人格のordo amorisなのである」。

(49) M. Scheler, Vorbilder und Führer, GW Bd. 10, 282.『典型と指導者』水野・田島訳、著作集15、一八八頁。このテキストにある「存在と生とわざ」(Sein, Leben und Werk) が一つに結合している人格はフィヒテの「事行」(Tathandlung) と同じ行為性的性格をもっている。

(50) M. Scheler, Ordo amoris, GW Bd. 10, S. 347.『愛の秩序』（前出）二三三頁。

(51) E. Pravas, The greate themes of Scheler, in: Philosophy Today XII (1968) p. 8.「人間の ordo amoris は、わたしたちが分かちもっている価値の位階の所与ゆえに、すべての人間存在において同一であるが、各個人がそれを自分で感じるために、すべての各個人は価値の特別な宇宙をもっていることに注意すべきである」。また A. Deeken, Process and Performance in Ethics. Max Scheler's Moral Philosophy, 1974, p. 178f.「ordo amoris の規範的意味では愛の客観的な正しい秩序もしくは人間の心に反映している価値の位階の秩序づけられた写しを言い表している。……人間の心は ordo amoris の所在地であり、いわば価値の客観的全世界の小宇宙である」。

(52) M. Scheler, op. cit., S. 348. 前掲訳書、四二頁。

(53) 愛の秩序の記述的方法による把握について次のように説かれている。「ここではこの〔愛の秩序という〕概念は、道徳的に重要な人間的行為、表現現象、意欲作用、習俗、習慣、精神的所産の最初は混乱している事実の背後に、合目的的に働く人格核心の最も基本的な目的の最も単純な構造——この主体がそれに従って道徳的に存在し生きるいわば道徳的根本的形式——を見出すための手段である」(M. Scheler, op. cit., ibid. 前掲訳書、四二頁)。

(54) M. Scheler, op. cit., ibid. 前掲訳書、四二頁。

(55) M. Scheler, op. cit., S. 357. 前掲訳書、四二頁。

(56) M. Scheler, op. cit., S. 360. 前掲訳書、四二頁。

第七章　批判的考察

(1) 金子晴勇『倫理学講義』創文社、六四頁以下、とくに七〇―七一頁を参照。

(2) 本書二二八頁以下、および第二部第六章の注(51)を参照。

(3) この点に関して金子晴勇『愛の秩序』創文社、一四六―六八頁の叙述を参照されたい。

(4) ブーバー『我と汝・対話』植田重雄訳、岩波文庫、八〇、二三頁。

(5) アリストテレス『ニコマコス倫理学』一一三b三〇以下。

(6) アウグスティヌス『神の国』一九・一三。

(7) たとえばカント『プロレゴメナ』土岐邦夫訳、世界の名著32、一五三頁。「したがって、経験一般の可能性は、同時に自然の普遍的法則であり、前者の諸原則は、それ自身、後者の法則である。なぜなら、われわれは自然を、現象の総体、すなわち、われわれのなかの表象の総体として以外には知らないからであり、したがって、自然の結合の法則を、われわれのなかの表象の諸原則、すなわち経験の可能性をなすところの、意識における必然的統一の諸制約以外のどこからも得ることはできないからである。」なお、この点についてGerhard Krüger, Grundfragen der Philosophie, 1965, S. 190ff. を参照。

(8) パスカル『パンセ』田辺保訳、L二九八、B二八三。

(9) アウグスティヌス『神の国』一九・一七。

(10) シュルツ『変貌した世界の哲学』4、藤田健治他訳、二玄社、九頁。

(11) アリストテレス『政治学』山本光雄訳、岩波文庫、三三九頁。

(12) この点に関してアリストテレスは『ニコマコス倫理学』でいう。「われわれが思量するのは目的に関してではなく、目的へのもろもろのてだてに関してである。たとえば、思量されるのは、医者の場合にあっては病人を健康にすべきかいなかではなく、弁論家にあっては相手を説得すべきかいなかではなく、政治家にあっては良政を行なうべきかいなかではないのであり、その他何びとにあってもその目的に関してではない。かえって、ひとびとは目的を設定した上、この目的がいかなる仕方で、いかなる手段によって達成されるであろうかを考察する」(アリストテレス『ニコマコス倫理学』高田三郎訳、岩波文庫、上巻九六頁)。

(13) ヴェーバー『社会学の基本概念』清水幾太郎訳、岩波文庫、八頁。

(14) ヴェーバー前掲訳書、三九頁。

(15) ヴェーバー前掲訳書、四一頁。

(16) ヴェーバー前掲訳書、四一頁。

(17) ヴェーバー前掲訳書、五〇頁。

(18) Fürstner, H., Schelers Philosophie der Liebe, in : Studia Philosophica 17, 1957, S. 23.

(19) シェーラー『同情の本質と諸形式』(前出)二六五頁。

(20) プラトン『パイドン』池田恵美訳、新潮文庫、六七D。

(21) この点に関して茅野良男『哲学的人間学』、塙新書、一八一頁以下を参照。

(22) これらのことに関してわたしは『愛の秩序』第五章で考察しているのでここでは割愛する。

初出一覧

第一部　愛の類型――原題「愛の類型について」『愛の秩序』創文社、第二章（全面的な改作）
第二部の序論　愛の秩序とその伝統――「創文」創文社、一九八九年
第一章　プラトンとプラトン主義における愛の秩序――『〈愛の秩序〉の思想史的研究』岡山大学文学部研究叢書、第五号、一九九〇年
第二章　アウグスティヌスにおける愛の秩序の展開――『岡山大学文学部紀要』第一〇号、一九八八年
第三章　中世哲学における愛の秩序の展開――『〈愛の秩序〉の思想史的研究』（前出）
第四章　マルティン・ルターと愛の秩序――原題「ルターとアウグスティヌス―〈愛の秩序〉の理解と関連して―」『ルター研究』第二巻、聖文舎、日本ルター学会編、一九八六年
第五章　パスカルとキルケゴールにおける愛の秩序――『キリスト教文化研究所年報』第一二号、岡山ノートルダム清心女子大学、一九九〇年
第六章　マックス・シェーラーにおける愛の秩序――原題「シェーラーにおける愛の秩序」『岡山大学文学部紀要』第九号、一九八八年
第七章　批判的考察――『〈愛の秩序〉の思想史的研究』（前出）

人　名　索　引

事 項 索 引

あ　行

か　行

さ　行

た　行

な　行

は　行

ま　行

金子 晴勇（かねこ・はるお）
昭和7年静岡県に生まれる．昭和37年京都大学大学院文学研究科博士課程修了．立教大学，国立音楽大学，岡山大学，静岡大学を経て，現在聖学院大学大学院教授，岡山大学名誉教授，文学博士（京都大学）
〔著訳書〕『ヨーロッパの人間像』（知泉書館），『ルターの人間学』『アウグスティヌスの人間学』『マックス・シェーラーの人間学』『近代自由思想の源流』『ルターとドイツ神秘主義』『倫理学講義』『人間学－歴史と射程』（編著）（以上，創文社），『宗教改革の精神』（講談社学術文庫），『近代人の宿命とキリスト教』（聖学院大学出版会），アウグスティヌス『ペラギウス派駁論集 I，II，III，IV』（教文館）ほか

〔愛の思想史〕　ISBN4-901654-13-6

2003年3月25日　第1刷印刷
2003年3月31日　第1刷発行

著　者　金　子　晴　勇
発行者　小　山　光　夫
印刷者　藤　原　良　成

発行所　〒113-0033 東京都文京区本郷1-13-2
電話(3814)6161 振替 00120-6-117170
http://www.chisen.co.jp
株式会社 知泉書館

Printed in Japan　印刷・製本／藤原印刷